新闻传播专业 前沿教材系列

数字交往概论

张苏秋 ◎ 编著

Digital Interaction
Introduction

中国传媒大学 出版社
·北京·

图书在版编目(CIP)数据

数字交往概论 / 张苏秋编著. -- 北京：中国传媒大学出版社, 2025.3.
ISBN 978-7-5657-3827-2
Ⅰ.C912.3-39
中国国家版本馆CIP数据核字第20250Z9L73号

数字交往概论
SHUZI JIAOWANG GAILUN

编　　著	张苏秋
策划编辑	曾婧娴
责任编辑	曾婧娴
特约编辑	王玉凤
责任印制	李志鹏
封面设计	拓美设计
出版发行	中国传媒大學出版社
社　　址	北京市朝阳区定福庄东街1号　　邮　编　100024
电　　话	86-10-65450528　65450532　　传　真　65779405
网　　址	http://cucp.cuc.edu.cn
经　　销	全国新华书店
印　　刷	艺堂印刷（天津）有限公司
开　　本	787mm×1092mm　1/16
印　　张	13.5
字　　数	280千字
版　　次	2025年3月第1版
印　　次	2025年3月第1次印刷
书　　号	ISBN 978-7-5657-3827-2　　　　定　价　49.00元

本社法律顾问：北京嘉润律师事务所　郭建平

前 言

"人类天生具有八卦的需求",汤姆·斯丹迪奇看似平淡的一句话却道出社交对于人的重要性。人是社会性动物,社交活动建立起的一系列社会关系使得人类社会得以形成。柏拉图在《会饮篇》中讲过这样一个故事:人类在很久以前都是"双体人",两个脑袋、四只手、四条腿,但因为人类傲慢自大,宙斯就把人劈成了两半,于是,人类终其一生都在苦苦寻找自己的另一半。由于被劈开的人太多了,找到自己的另一半就成了很难的事情,但是孤独的"半人"依旧执着寻找。① 千百年来,人类在不断的交互中创造了璀璨的文明,人类社会先后经历了原始社会、农耕社会、工业社会等阶段,如今正进入数字社会。数字社会中,人们可以在网络虚拟空间开展数字交往活动。在漫长的人类文明发展史中,沧海桑田,物换星移,但人类交往的需求却亘古不变,交流互动推动了社会发展和文明进步。

人类交往的需求不变,变化的是交往的条件和形式。从人与人的对话到人与数字的对话,交往的对象变了;从具身在场的面对面的对话到虚拟空间的对话,交往的空间变了;从日常生活的家长里短到尽人皆知的流行话语,交往的内容变了;从口口相传、书信往来到电报、电话、网络,交往的工具变了……

在变与不变之中,数字交往始终遵循三条底层逻辑。第一,大脑进化。人类是灵长类动物,天生就是社会性动物,大脑进化使人类组成的群体能够更有效地运作。第二,流言传播。人在社交关系网中评估和维持自己地位的一个主要方法是与别人交流信息和交流关于别人的信息,这是人的本能。第三,媒介技术。书信的发明使识字的人得以扩展信息交流的时间和空间,不在场的人被包括进来,而视听语言的出现从感官与情感方面刷新了人的交往体验,甚至赋予人以数字生命。这三条逻辑在历史长河中汇聚,将数字交往推向前台,人类社会不可避免地进入数字交往时代,人的交往行

---

① 柏拉图.会饮篇[M].王太庆,译.北京:商务印书馆,2013:48-53.

为、人与人之间的交往关系均受到影响，发生改变。

数字交往课程具有社会学、经济学、管理学、传播学、网络计算机科学等跨专业知识的特征，其理论体系和知识架构主要围绕两个核心问题展开：一是什么是数字交往。这涉及数字交往的概念、数字时代社会交往的特征和形式，尤其是数字空间中人类社会交往的新实践。二是如何进行数字交往。这涉及社会交往的理论、数字交往的原理、数字交往主体、数字交往内容、数字交往空间、数字交往工具、技术影响、安全治理等。

在构思这样一本教材的时候，时任中国传媒大学党委书记、校长廖祥忠教授的雄文《视频天下：语言革命与国际传播秩序再造》刚刚在《现代传播》公开发表。文中提到，"语言是人类社会交流和传播的基本工具……从有声语言的诞生到文字语言的创造，从以电影和电视为代表的视听语言的滥觞到以短视频和直播为代表的视频语言的兴盛，再到未来基于智能 VR 的独立性、立体化视频语言的普及，每一次语言革命的发生、每一种语言体系的独立，都推动着基于这种语言形态的信息传播新秩序的形成……基于这一全民视频、人人视频的创新动能和视频语言的文化可通约性，源自中国的视频平台正在走出去的过程中，在全球范围内创造着新的人人互联的视频传播景观。"[①] 那么数字交往的语言是什么？"人人互联的视频传播景观"不正是当下数字交往的新范式吗？当然，数字交往推动了人类文明的发展，开启了数字文明的大门，其包罗万象，精彩纷呈。

编者总结了自己多年来教授"数字空间的社会交往"通识核心课程形成的教学讲义、教案，结合网络文化传播领域的科研经验，编成本书。本书收录了近年来数字交往领域最新研究成果，融合了数字时代因移动互联技术、人工智能、大数据所带来的社会交往方式变革激发的最新社交需求；并且结合通识教育的目的，教授所有大学生（包括文科生、工科生、社科生和理科生）基本且全面的社会常识，这种社会常识不仅仅包括基础知识，还包括处理问题的方法。本书能有效地帮助大学生建立一套完整的知识体系和框架，以帮助大学生形成自己的价值观、世界观，更好地认知世界，更好地通过自己的常识和科学的思维方法独立思考。本书旨在帮助同学们认识我们所处的数字时代的特征，以及构建自己在学习、工作、生活中的行事逻辑与法则，从而有效面对千变万化的数字场景。

总而言之，《数字交往概论》既是系统介绍数字空间社会交往实践的教科书，又是一部从社交视角和逻辑理解人们数字空间行为与实践的工具书，是帮助人们理解并适应虚拟社会和未来社会的实用手册。

---

① 廖祥忠.视频天下：语言革命与国际传播秩序再造[J].现代传播（中国传媒大学学报），2022(1)：1-8.

前言

编写这样一本全新话题的教材，难度非常大，从撰稿到编辑出版，笔者得到了许多师友的帮助。他们是中国传媒大学廖祥忠教授、李怀亮教授、张艳秋教授、王四新教授、刘丰海老师、葛艳玲老师、孙玉红老师，中国传媒大学通识教育中心李有兵老师、中国传媒大学出版社曾婧娴老师、南京大学顾江教授，在此一并感谢。我还要感谢我的妻子，没有她的包容与支持，我无法得空完成书稿的编写。除此之外，我还要感谢中国传媒大学选修"社交媒体理论与案例分析""数字空间的社会交往"课程的一群可爱学生，他们在课堂上的积极互动和分享，为本书提供了许多启发。

当然，本书的编写只是数字交往领域研究的开始，笔者希望能给有志于该领域学习研究的学子以帮助，也欢迎大家不吝赐教。

张苏秋

2023 年 10 月于北京

目 录

第一章 导论——数字时代的社会交往 ·· 1
  第一节 数字时代 ·· 1
  第二节 群体性孤独 ·· 10
  第三节 理解数字：数字交往的基础 ·· 18
  第四节 数字交往理论 ·· 28

第二章 数字交往主体 ·· 37
  第一节 概念解释：从自然人到虚拟生命 ·· 37
  第二节 虚拟数字人的演化历史与特征 ·· 40
  第三节 数字交往主体的可供性 ·· 45
  第四节 数字交往中的人机交互 ·· 49
  第五节 回到传播：数字交往中的人际传播 ·· 53

第三章 数字交往内容：社交货币 ·· 58
  第一节 社交货币的定义 ·· 58
  第二节 社交货币的生产 ·· 62
  第三节 案例分析 ·· 66

第四章 数字交往空间 ·· 72
  第一节 日常交往空间 ·· 72
  第二节 数字空间与数字交往空间 ·· 81
  第三节 数字交往空间的信息流动 ·· 89

第五章 数字交往工具：网络社交媒体 ·· 104
  第一节 社交媒体的定义与演化 ·· 104
  第二节 网络社交媒体市场 ·· 110

第三节　通信与交流："传统"的社交 …………………………………… 121

第六章　电商社交 …………………………………………………………… 130
　　第一节　电商社交的类型 …………………………………………………… 130
　　第二节　基于内容的电商社交：小红书 …………………………………… 133
　　第三节　基于直播的电商社交：淘宝 ……………………………………… 141

第七章　游戏社交 …………………………………………………………… 147
　　第一节　游戏与社交 ………………………………………………………… 147
　　第二节　MOBA 游戏社交 …………………………………………………… 151
　　第三节　游戏社交理论分析 ………………………………………………… 154

第八章　视频社交 …………………………………………………………… 161
　　第一节　视频社交时代 ……………………………………………………… 161
　　第二节　视频内容社交：Vlog ……………………………………………… 164
　　第三节　短视频社交：抖音 ………………………………………………… 171

第九章　数字全球化与国际交往 …………………………………………… 176
　　第一节　数字全球化 ………………………………………………………… 176
　　第二节　网络人文共同体 …………………………………………………… 181
　　第三节　全球数字共同体的构成 …………………………………………… 186

第十章　数字交往安全 ……………………………………………………… 189
　　第一节　总体国家安全观 …………………………………………………… 189
　　第二节　数字交往空间的潜在风险 ………………………………………… 193
　　第三节　数字交往安全治理 ………………………………………………… 201

参考文献 …………………………………………………………………………… 207

第一章 导论——数字时代的社会交往

> **教学目标**
>
> 了解数字时代背景及数字时代背景下社会交往的特征
> 了解数字交往的普遍性表现及其可能产生的影响
> 掌握数字交往基本概念和数字技术特征
> 掌握社交理论基础

第一节 数字时代

一、数字社会

今天，我们拥有互联网、智能手机、App、社交网络服务、博客以及众多媒介分享平台。一个个惊人的统计数据告诉我们，海量的信息和知识——大多是由"普通人"生产的——流经天上地下所铺设的硅、铜电缆，光导纤维以及无线基础设施，被存储在我们的笔记本电脑中。人们被高度联系在一起，进入一个数字化的社会。正如车轮、打印机、蒸汽机、电话、电视在它们的时代留下过印记一样，数字媒体也在当今社会留下了它的印记。与此同时，生活在社会中的人们也会继续以他们惯常使用、适应或抵抗的方式来塑造全新的媒体。①

曼纽尔·卡斯特（Manuel Castells）的一个重要的观点是"流动的空间"，它主要指的是随着通信技术的发展，对于社会互动而言，人们是否在同一时空变得不那么重

---

① 林德格伦. 数字媒体与社会[M]. 王蕾, 译. 北京：中国传媒大学出版社，2022：4.

要了，因为不同物理地点的人可以"通过电子驱动的通信网络来彼此连接，而网络上的信息流确保了在此空间中传播和互动的时间共享实践"[①]。伴随着数字技术的发展，数字社会是对当前移动互联背景下网络虚拟社会的简称，它代表了一个网络与现实同频共振、一体同构的时代。

1. 数字基础设施

移动互联网是数字基础设施的代表，其固定投入及互联网基础资源反映了互联网规模的大小和发展的前景，同时也构成数字基础设施的主要部分。如表1-1所示，就互联网基础资源而言，截至2022年12月，我国IPv4地址数量为39,182万个，IPv6地址数量为67,369块/32，IPv6活跃用户数达7.28亿；我国域名总数为3,440万个，其中，".CN"域名数量为2,010万个，占我国域名总数的58.4%；我国移动电话基站总数达1,083万个，互联网宽带接入端口数量达10.71亿个，光缆线路总长度达5,958万公里。互联网基础资源一直处于稳步增长状态。

表1-1　2020年12月—2022年12月互联网基础资源对比

分类	2020年12月	2021年12月	2022年12月
IPv4（个）	389,231,616	392,486,656	391,822,848
IPv6（块/32）	57,634	63,052	67,369
IPv6活跃用户数（亿）	4.62	6.08	7.28
域名（个）	41,977,611	35,931,063	34,400,483
其中".CN"域名（个）	18,970,054	20,410,139	20,101,491
移动电话基站（万个）	931	996	1,083
互联网宽带接入端口（亿个）	9.46	10.18	10.71
光缆线路总长度（万公里）	5,169	5,488	5,958

资料来源：根据第49-51次《中国互联网络发展状况统计报告》整理。

2. 时空压缩

数字社会的一个倍受关注的特征是压缩时间和空间并使它们变得不那么重要。举个例子，当我们发送短信、在线聊天或邮寄信件的时候，我们彼此交流的地理位置并不是特别重要。我们可以在方便的时候回复信息，这降低了沟通反馈对即时性的要求。

---

① 卡斯特. 网络社会：跨文化的视角［M］. 周凯，译. 北京：社会科学文献出版社，2009：34.

> **案例——没有人知道你是一条狗**
>
> 1993年,《纽约客》杂志刊登了一张常被摘录引用的卡通画,它描绘了蹲在电脑前面的两条狗,并附注文字说明:"在网络上,没有人知道你是一条狗。"维基百科将此卡通画誉为互联网进入普通思想的重要时刻,这群人中不包括政府工程师和学术界人士。在"真实"与"虚拟"身份之间存在的差异确实对人们最初理解数字在线互动发挥着重要的作用。
>
> 数字技术对于时空的压缩,让用户可以离开他们的物理身体自由地选择和建构自我的在线身份。这种情形也让用户暂时逃离与线下自我黏附紧密的社会期望和规范。

二、数字应用

数字技术为人们提供的应用场景越来越丰富。从网络使用程度上看,截至2022年6月,我国网民的人均每周上网时长为29.5小时,上网正变得越来越频繁。换言之,进入数字时代,数字应用重新定义了生活,包括社交。正如美国知名科技媒体人希格恩·布鲁斯特(Higgen Brewster)在River VR启动加速器的SXSW展会上所言,"我戴着三星Gear虚拟现实头戴设备,看着马丁在7-11便利店购买食物饮料,那是监控摄像头拍摄的微粒感很强的视频。然后我的视角转换到了马丁和齐默曼最初遭遇的动画重建场景上。当两人奔跑到我的视野之外后,真实的911报警音频开始播放,我被切换到目击者角度。枪响了,我打了个哆嗦。"[1]南加州大学高级研究员德拉佩纳(Derapena)说,"它让你产生自己分身两人、双重存在的感觉,你知道自己明明在这里,却仍有在那里的感觉,它带给你的体验是发自内心的。这是一种非常独特的全身心体验,比广播、电视或任何其他形式的媒介讲出的事实都要生动感人。"[2]尼古拉·尼葛洛庞蒂(Nicholas Negroponte)说:"计算,不再只是与计算机有关,它还决定我们的生存。"[3]

截至2022年12月,我国各类个人互联网应用持续发展。即时通信的用户规模保持第一,较2021年12月增长3,141万,使用率达97.2%;互联网医疗、线上办公的

---

[1] 广电网.虚拟现实或彻底改变新闻业:让读者亲临新闻现场[EB/OL].(2017-02-26)[2024-09-19].http://www.dvbcn.com/p/7804.html.

[2] 广电网.虚拟现实或彻底改变新闻业:让读者亲临新闻现场[EB/OL].(2017-02-26)[2024-09-19].http://www.dvbcn.com/p/7804.html.

[3] 尼葛洛庞蒂.数字化生存[M].胡泳,范海燕,译.北京:电子工业出版社,2017:16.

用户规模较2021年12月分别增长6,466万、7,078万，增长率分别为21.7%、15.1%（见表1-2）。

表1-2 2021年12月—2022年12月各类互联网应用用户规模和网民使用率

应用	2021年12日用户规模（万）	2021年12月网民使用率（%）	2022年12月用户规模（万）	2022年12月网民使用率（%）	增长率（%）
即时通信	100,666	97.5	103,807	97.2	3.1
网络视频（含短视频）	97,471	94.5	103,057	96.5	5.7
短视频	93,415	90.5	101,185	94.8	8.3
网络支付	90,363	87.6	91,144	85.4	0.9
网络购物	84,210	81.6	84,529	79.2	0.4
网络新闻	77,109	74.7	78,325	73.4	1.6
网络音乐	72,946	70.7	68,420	64.1	-6.2
网络直播	70,337	68.2	75,065	70.3	6.7
网络游戏	55,354	53.6	52,168	48.9	-5.8
网络文学	50,159	48.6	49,233	46.1	-1.8
网上外卖	54,416	52.7	52,116	48.8	-4.2
线上办公	46,884	45.4	53,962	50.6	15.1
网约车	45,261	43.9	43,708	40.9	-3.4
在线旅行预订	39,710	38.5	42,272	39.6	6.5
互联网医疗	29,788	28.9	36,254	34.0	21.7
线上健身	—	—	37,990	35.6	

资料来源：根据第49-51次《中国互联网络发展状况统计报告》整理。

1. 即时通信

通信是传播的表现形式，是数字交往的基础。随着企业端即时通信市场的日渐成熟，个人端即时通信产品也在持续探索新功能。

在企业端，产品的日趋成熟加深了市场对企业即时通信的认可程度。一是在产品方面，企业即时通信持续拓展功能，形成业务闭环。以钉钉、飞书为代表的企业即时通信产品目前均已将办公协作和组织管理作为两大主要服务模块。2022年5月，抖音集团发布飞书People系列产品，集成招聘、绩效和OKR[①]等多款人事管理产品，以"人才"为业务流程核心，实现了简历投递、招聘、评价、激励、培养的全周期管理。二是在客户方面，企业即时通信对大型机构的渗透水平进一步提升。腾讯2022年第三季度财务报告显示，他们支持客户在私有云上集成和部署腾讯的公有云产品的功能，这能够满足银行、政务等行业对安全与合规的需求。钉钉也在2022年9月对外阐释大客户战略，并在年底宣布拥有上百万人以上的企业组织超过30家，10万人以上的企业

---

① OKR：指目标与关键成果考核法（Objectives and Key Results），该方法以公开透明的方式，对组织各环节制定可量化的关键成果并据此考核，从而推动组织目标实现。

组织超过 600 家，2,000 人以上的企业组织贡献了近 1/3 的活跃度。①

在个人端，新功能的探索有望为即时通信企业带来新的增长点。一是丰富广告形式，拓宽收入来源。上半年，微信朋友圈推出"出框式广告"②，这让广告呈现效果不再受朋友圈界面边框的限制，它结合裸眼 3D③ 的立体效果增强视觉冲击力，进而提升广告传播效果。此外，小程序广告和第三季度新上线的视频号信息流广告收入也实现高速增长，成为推动即时通信广告营收增长的新助力。④ 二是推进功能迭代，加码视频内容。2022 年 8 月，QQ 的文字资讯类功能"看点"被短视频兴趣分享的"小世界"功能替代。这种功能的迭代体现了即时通信的信息传播由文字、图片到视频的演变趋势，其内容呈现形式、用户操作难度等都得到了优化。

2. 网络新闻

网络新闻是数字时代新闻界变革的重要表现，它丰富了受众获取新闻的途径，成为数字交往的重要基础。截至 2022 年 12 月，我国网络新闻用户规模达 7.83 亿，较 2021 年 12 月增长 1,216 万，占网民整体的 73.4%。2022 年，为了提升人民群众对国际国内重大事件的理解认知水平，网络新闻行业围绕重点新闻事件开展宣传报道。与此同时，新闻信息获取渠道更加多元，短视频、生活平台已成为网民在"两微一端"之外获取新闻信息的重要渠道。

2022 年 10 月，中国共产党第二十次全国代表大会胜利召开。网络新闻媒体多渠道、全方位报道大会盛况。一是组织全方位网络直播。党的二十大开幕式期间，网络新闻媒体通过微博、微信、新闻视频网站、App 等全程直播开幕式，为用户及时收看提供多种选择。开幕式当日，仅新浪微博的直播观看量就达 1.26 亿人次。二是开展学习宣传活动。大会期间，媒体官微联合各个部委官微、地方政务官微共同引导用户参与党的二十大相关话题的互动，掀起学习党的二十大精神的热潮。央视新闻微博账号开设的党的二十大相关话题的总阅读量突破 147 亿人次。

同时，抖音、快手、小红书等应用逐渐从娱乐、生活、社交平台转变为具有新闻属性的信息平台，它们成为网民获取新闻信息的重要渠道。首先，主流媒体积极入驻，提升影响力。2022 年上半年，新华社、中央广播电视总台、《人民日报》等 8 家主要央媒

---

① 钉钉.现场直击！"数字韧性"2022 秋季钉峰会［EB/OL］.（2022-09-21）［2024-01-18］.https://alidocs.dingtalk.com/i/p/nb9XJlJ9bZRqlGyA/docs/e5vdDPq4wYa8av7AGwjxWj7nbm10NkB9.
② 出框式广告，指呈现效果超出原有边框的广告类型，可以起到提升视觉冲击力的作用。
③ 裸眼 3D，是不借助偏振光眼镜等外部工具，实现立体视觉效果的技术的统称。该类型技术的代表主要有光屏障技术、柱状透镜技术。
④ 腾讯.2022 年第三季度财务报告［EB/OL］.（2022-11-16）［2024-01-18］.https://static.www.tencent.com/uploads/2022/11/16/34c3cf298649e8f63e2377fe902a4818.pdf.

机构在该类平台中累计生产1.5万个爆款短视频。① 其次，网民个人、自媒体等多元主体也纷纷利用短视频、生活平台跟进舆论热点，传播新闻信息，用户有了及时获取热点资讯的条件。

3. 线上办公

线上办公是指将传统事务转移到在线网络中办理，包括在线视频会议、在线文件传输等。截至2022年12月，我国线上办公用户规模达5.40亿，较2021年12月增长7,078万，占网民整体的50.6%。

线上办公市场快速发展。第一，线上办公应用加快商业化进程。经过前期用户免费培养阶段，用户规模持续增长，线上办公应用不断加快商业化进程。钉钉提出商业化布局方案，腾讯会议、飞书等线上办公应用也推出收费服务。商业化发展不但为企业开辟了新的营收途径，降低了运营压力，还通过区分用户的不同需求实现服务的差异化。第二，线上办公应用向平台化发展。企业微信与腾讯会议、腾讯文档等应用相融合，为用户提供丰富的协同办公体验；腾讯会议上线应用市场，集成多种应用，通过一个入口提供会前至会后全流程服务以满足更多需求。平台化的线上办公应用吸引了更多用户，截至2022年12月，在线视频会议/电话会议、在线文档协作编辑、在线签约、在线任务管理/流程审批的使用率分别为36.8%、29.0%、17.2%和16.9%。②

线上办公厂商进行新技术应用创新。一是开展解决方案层面的合作。钉钉与国内AR（Augmented Reality，即增强现实）眼镜厂商合作，推出AR智能眼镜，创新数字化办公模式。此后，双方深化合作，发布AR数字展厅解决方案，助力企业打造虚实结合、全方位交互的个性化定制展厅，这带来了全新的工作方式和数字化体验。二是进行场景融合创新。裸眼3D技术与办公场景融合，屏幕两端的通话者在标准办公网络环境下无须佩戴设备即可体验逼真的视频效果，这成为线上办公厂商的新探索方向。未来，随着新技术的迭代升级，办公场景将更加多元，办公体验将更加丰富。

4. 网络支付与商务交易

从早期的支付宝开始，微信支付、电子货币不断发展，网络支付已经逐渐成为人们经济活动中必不可少的服务。截至2022年12月，我国网络支付用户规模达9.11亿，较2021年12月增长781万，占网民整体的85.4%。③

---

① 央广网.2022上半年主流媒体网络传播力成绩出炉，总台登顶各大榜单！[EB/OL].（2022-07-14）[2024-01-18]. http://ad.cnr.cn/hyzx/20220714/t20220714_525914643.shtml.
② 中国互联网络信息中心.第51次中国互联网络发展状况统计报告[EB/OL].（2023-03-23）[2024-09-19]. https://www.100ec.cn/detail--6625554.html.
③ 中国互联网络信息中心.第51次中国互联网络发展状况统计报告[EB/OL].（2023-03-23）[2024-09-19]. https://www.100ec.cn/detail--6625554.html.

具体来看，网上外卖对方便网民生活、拉动日常消费的意义重大，互联网应用在人们的日常生活中变得越来越重要。在线旅行预订成为"驴友"新的旅行方式，提前在网上做好旅行攻略已经成为出行必备操作，而攻略的分享成为数字交往的重要部分。网络娱乐正成为年轻人的重要娱乐方式，网络视听平台不断推出高质量节目，努力讲好新时代故事。短视频行业两强格局持续强化，短视频内容与电商进一步融合，电商产业生态逐步完善。近年来，抖音、快手等短视频平台一方面持续促进从内容引流到电商营销，另一方面加速布局在线支付业务，短视频电商产业生态逐渐形成。网络直播、网络游戏、网络音乐、网络文学等业态日趋成熟。此外，网络支付与商务交易在社会服务应用方面，如网约车、互联网医疗、线上健身等也发展迅速。

三、网络新媒体

网络新媒体的定义众说纷纭，但所有的定义都有一个共同的基础条件，即数字基础设施的飞速发展和数字应用的持续更新助推了网络新媒体的出场。美国《连线》杂志对新媒体的定义是"所有人对所有人的传播"[1]；阳光文化集团首席执行官吴征认为，"相对于旧媒体，新媒体的第一个特点是它的消解力量——消解传统媒体（电视、广播、报纸、通信）之间的边界，消解国家之间、社群之间、产业之间的边界，消解信息发送者与接收者之间的边界等。"清华大学新闻与传播学院熊澄宇教授认为，网络新媒体是"在计算机信息处理技术基础上出现和发挥影响的媒介形态"[2]。科技日报社汤东宁副社长认为，新媒体主要是指以网络为主体的传播平台。上海东方宽频总经理张大钟对新媒体的定义是，新媒体是一个宽泛的概念，它是利用数字技术、网络技术，通过互联网、宽带局域网、无线通信网、卫星等渠道，以及电脑、手机、数字电视机等终端，向用户提供信息和娱乐服务的传播形态。

实际上，新媒体是一个相对的概念，"新"是相对"旧"而言的。纵观媒体发展的历程，我们可以看到新媒体在不断变化。广播相对报纸是新媒体，电视相对广播是新媒体，网络相对电视是新媒体。我们现在所说的新媒体有两个核心，一个是出现，是指以前没有的；另一个是技术，受计算机信息技术影响而发生变化。新媒体处在发展过程中，其内涵不断变化，而技术是促使其发生变化的主要因素。

简单地说，新媒体就是以新技术为平台，全方位、快捷、便利传达资讯的公共服

---

[1] 王晓彤.新媒体对社会空间的挑战[J].青年记者，2015（23）：5-6.
[2] 熊澄宇.新媒体与移动通讯[J].广告大观（媒介版），2006（5）：31-33.

务媒体。其核心特征包括渠道的先进性和即时性、内容的平实性、受众的组织性、交流的世界性、传播的互动性以及增值的创新性。

1. 渠道的先进性和即时性

新媒体是借助数字技术而产生的。数字技术让广电、电信的传输质量发生了深刻变革。过去的模拟信号只能传输十几套广电节目，而数字技术可以同步传输上百套广电节目，而且图像和声音更清晰，这可以满足人们对广播电视节目的更高需求。进入新媒体时代，传播技术更加先进，传播速度更快，异地传播可以达到零时差。

2. 内容的平实性

新媒体以服务、贴近为标志，它所传播的内容立足于日常生活，是我们常说的"草根新闻"。新媒体为用户赋权，满足了用户"发声"的需求。越来越多的自媒体开始涌现，它们分布在各行各业，在数字空间中生产出无数平实的内容。

3. 受众的组织性

新媒体拥有更广泛的受众，他们的组织性特征明显。2015年被称为社群元年。社群几乎可以代表数字空间用户的组织形态，除了分散的个体，社群是数字空间的最小结构单元，网络新媒体为用户的社群组织提供了条件和服务。尤其是在新媒体所代表的传播变革中，网络基础设施发展迅速，媒介的技术可供性强，用户接入度高。这实现了从大众传播到分众传播的跨越，大大增强了用户的组织性。

4. 交流的世界性

过去，计算机让世界变小了，世界成为麦克卢汉所说的地球村。现在，新媒体可以让自己的亲人、朋友、同事在世界每一个角落同步看到、听到同样的信息。一方面，新媒体将媒介的信息传播作用发挥到极致，网络信息高速公路畅通无阻；另一方面，新媒体为世界各地的用户提供了无差别的交往场景，数字交往和具身传播被融合，那是交往意义上的媒介融合。尤其当面对面的交往由于某些原因不能实现时，网络连接被认为是一种可能的替代品：没有时间打电话吗？发条文字短信吧。人们发现，网络连接与超工作量和超日程负荷的生活相当匹配。现在，一方面我们用网络来控制我们交往的强度，另一方面我们也指望它保护我们免于孤独。当我们需要开始或停止交流时，技术让这一切变得轻而易举。

5. 传播的互动性

我们都希望在信息时代能相互交流，新媒体帮助我们实现了这一愿望，它将交往互动融入传播。弹幕视频、即时评论、点赞等新媒体功能的开发让互动变得无处不在，甚至还有专门的互动社区。它们为游戏、阅读、视频、音乐等提供互动讨论的数字空间，延展了用户吃穿用行等日常行为的边界。

6. 增值的创新性

新媒体成了新的创业板块，只需一个网名，个人便可在新媒体上驰骋，无论是传播信息，还是发布照片，都可以赢利。智能手机及相关产品足以让人实现"淘金梦"，这催生了网红产业。以新媒体为基础的数字化的线上购物、教育、演艺、会议等成为常态，这为新媒体产业的发展提供了旺盛的需求。与此同时，新媒体产业内部也在发生日新月异的变化，商业模式、运营方式、盈利手段等都在不断探索中愈加明确。整体来看，新媒体产业上下游之间的链接、不同类型新媒体之间的合作越来越紧密，各大新媒体都着力打造传播平台，平台成为整合内容、形成生态的中心载体。①

案例——异步传输：非同步的交流方式

面对面的谈话或两人在电话上的交谈都是实时的同步交流。我们做"电话迷藏"（当电话通话量增多时，下列情况常常发生：要找的人正在打电话，因此其电话占线，或受话人临时离开座位，以致发话人总是找不到受话人等，这被统称为电话迷藏）的游戏也是为了找到同步沟通的机会。具有讽刺意味的是，我们这么做往往是为了彼此交流意见，但实际上意见的交换完全不需要同步进行，非实时信息传递的效果毫不逊色。从历史上看，非同步的交流方式，例如写信，倾向于采取一种比较正式的、无法即兴发挥的形式。但是，随着语音邮件和电话应答机的出现，情况已经大为改观。②

---

① 胡钰，王嘉婧.当代新媒体产业：趁势而上与守正创新[J].青年记者，2021（4）：61-63.
② 尼葛洛庞蒂.数字化生存[M].胡泳，范海燕，译.北京：电子工业出版社，2017：162.

第二节　群体性孤独

一、定义与表征

北京大学社会化媒体研究中心帕孜丽娅做过一项调查，以考察当代青年群体的社交行为。她发现当下在青年群体中存在以下两种普遍现象：

- 和一群久未见面的朋友相聚时，一开始大家都还有说有笑，但没过多久，他们各自打开手机，一边聊天，一边随意浏览手机信息；
- 过年回家，一家人坐在一起，电视里的春晚兀自热闹着，而电视机前的一家人各自拿着手机或 iPad 忙自己的事情。

上述情况已经成为普遍的社会现象，这种现象在青年群体中尤甚。根据《中国统计年鉴》数据，2019 年我国单身成年人口超过 2.6 亿，其中超过 7,700 万成人是独居状态，2021 年这一数字高达 9,200 万。2020 年，《南方都市报》联合探探发起了一项关于现代城市中"独居生活"的调查，这份针对 18 岁至 35 岁用户发放的问卷显示，单身未婚样本占比高达 91.83%，他们中的 49.64% "目前一个人居住"。但是当被问到对独居生活是否满意时，67.8% 的被调查用户表示想早日告别独居。① 这意味着，独居的青年非常多，但独居状态并不能令他们满意，也就是说，独居有着不可抗力的作用，并不是单身青年的主观选择，只要条件允许，他们愿意早日结束单身。由此可见，在独居青年群体中，大部分人是孤独的，尽管他们身处一个随时随地可以社交的数字时代。

雪莉·特克尔（Sherry Turkle）将这种一群人同处一个空间但注意力不在一处的相处模式称为 Alone Together，也就是群体性孤独。这种群体性孤独的特征是，我们"在一起"的"独处"，或者说，身体在场，心却远离。② 群体性孤独具体表现出以下特征：

- 第一，"被迫打扰"与"寻求打扰"。人与人之间的联系并不取决于距离，而是取决于可使用的交流技术。传媒技术正在改变人们的交流方式——时刻保持在

---

① 南方都市报.当代独居青年：我才不孤独！[EB/OL].(2020-08-12)[2024-01-18].https://mp.weixin.qq.com/s/fPmbDDZ-o1ZjHttmGcJkXA.
② 樊清丽.社交网络中的"群体性孤独"现象及原因分析[J].新闻世界，2019（7）：94-96.

线，以便随时与他人连接，这已成为现代人交流的常态。人们会被随时而来的信息吸引，当手机有信息提示时，由于害怕错过"一些重要的消息"，人们往往会暂停正在进行的活动，随即连接到网络。现代人已逐渐习惯被迫打扰，社交网络时代，人们往往还会主动寻求打扰。聚会交谈中，即使没有新消息提示，有人还是不断拿起手机，甚至长时间关注手机。为了缓解现实交流中"无话可说"的窘迫，人们往往选择连接网络以寻求打扰。

➤ 第二，"背对背"式的相互窥视。现实交流的"无话可说"让人们认识到交流的困难，而社交网络中的交流比现实生活中容易得多。从发布者角度来说，发表状态与潜在接受对象建立了一个安全距离，我发布的信息你会看到，如果你回复，那发表的目的就达到了；如果你没有回复，这种状况也不会将发布者置于尴尬的境地。对接受者来说，"背对背"的查看方式——我看过你的状态，你看过我的状态，可彼此并不会留下痕迹——使其拥有了自由的表达态度。社交网络形成的以自我为中心的网状关系结构，每个人都是以自我为中心的发布者，同时也在"背对背"查看他人的状态，这种"背对背"式的相互窥视成为社交网络语境下获取他人状态的主要方式。

➤ 第三，"越来越孤独"的循环。人们通过社交网络"连接"与好友交流排解内心的孤独，而当他们回到现实生活中，交流的种种困境与障碍使之选择再次进入网络以摆脱孤独。社交网络总能提供消磨时间的内容，而这只会使人们陷入"孤独—连接缓解孤独—离开网络后回归孤独—再次连接网络缓解孤独"的循环中，在这个过程中，人们将无意识地被技术控制。

1998年，罗伯特·克劳特（Robert E. Kraut）等心理学家率先提出了对在线社交的批评。他们通过对早期互联网用户的追踪研究发现，随着互联网使用时间的增加，个人与家庭成员的相处时间减少，社交规模缩小，社区参与度日益下降，而孤独感和抑郁水平则不断上升。他们认为，导致这一结果的主要原因是，频繁的在线活动会挤占原本用于面对面沟通的时间，而线上的弱社交纽带并不能提供线下社交带来的社交支持，因此所谓的"互联网社交悖论"出现了。[①]一些学者支持他们的研究结论，认为互联网减少了人们的社会联系，导致社会孤立，催生孤独感。罗伯特·普特南（Robert Putnarn）认为，互联网技术最初的目的是娱乐而非社交，并且由于时间配置问题，人

[①] KRAUT R, PATTERSON M, LUNDMARK V, et al. Internet paradox: a social technology that reduces social involvement and psychological well-being? [J]. American Psychologist, 1998（9）: 1017-1031.

们花在互联网上的时间会挤占社会活动时间，这会造成社会孤独。[①] 米勒·麦克菲森（Miller Mcpherson）等也发现，美国人正变得更加孤独，他们的核心交际圈也变得越来越小，而手机和互联网的使用是导致这种现象的重要原因。[②] 与此同时，有不少学者对克劳特等提出的"互联网社交悖论"进行了严厉的批评。朱迪思·夏皮尔（Judith Shapil）认为，克劳特等人的研究对象主要是大学生和社区精英，这些群体即便不使用互联网也会变得越来越孤独，他们因此质疑互联网增加孤独感的结论。[③] 此外，很多心理学研究也指出，孤独者更倾向于使用互联网来缓解孤独，孤独影响了人们的互联网使用，而不是相反，克劳特等颠倒了互联网使用与孤独感之间的因果关系，因而互联网会加剧孤独的结论是错误的。实际上，特克尔提出"群体性孤独"也并不是反对人们使用社交媒体，而是批判一种病态的社交媒体使用方式，即过度沉溺于社交网络而缺乏现实中的人际交往。[④]

二、数字谜因

在数字空间中，为什么数字交往没能解决群体性孤独，反而加剧了孤独？

1. 技术滥交

技术滥交是指在便利的技术帮助下进行的频繁的社会交往，这是一种表面上交往紧密、实际上浅尝辄止的社交行为，它是造成数字空间群体性孤独的重要原因。波斯曼在《技术垄断》中认为，技术和人是亦敌亦友的关系，技术与文化的关系有三个发展阶段：一是技术属于文化阶段。作为一种工具，技术主要用来解决物质生活中的具体问题和如何更好地为符号世界服务的问题，即技术是服务，它从属于社会和文化。二是技术统治文化阶段。工具在思想世界里扮演着核心角色，一切都必须为工具发展让路，只是程度不同而已。社会文化等符号意义的世界都必须满足工具发展的需要，此时，技术向文化发起攻击，并试图取而代之，但仍然难以撼动文化的地位。三是技术垄断文化阶段。技术使信息泛滥成灾，这影响了传统的世界观，也造成符号世界的意义流失，而人们的情感世界就是由被技术垄断所驱赶的符号意义世界所建构和定义

[①] PUTNAM R D. Bowling alone: the collapse and revival of American community[M]. NY: Simon & Schuster, 2000: 233-267.
[②] MCPHERSON M, SMITH-LOVIN L, BRASHEARS M E. Social isolation in America: changes in core discussion networks over two decades[J]. American Sociological Review, 2006(3): 353-375.
[③] SHAPIRO J S. Loneliness: paradox or artifact?[J]. American Psychologist, 1999(9): 782-783.
[④] 许琪,付哲.群体性孤独——社交媒体使用对孤独感的影响[J].华中科技大学学报（社会科学版），2023(2)：119-129.

的。特克尔认为，技术是极具诱惑力的，因为它能弥补人性的脆弱。而人类的确是非常脆弱、敏感的物种。人时常感到孤独，却又害怕被亲密关系所束缚。数字化的社交关系和机器人恰恰为我们制造了一种幻觉——我们有人陪伴，却无须付出友谊。在网络世界中，我们彼此连接，同时也可以互相隐身。比起面对面交谈，我们更习惯于发短信交流。一位年近五旬、忧心不已的母亲讲述的这个故事，能很好地说明这一点：

我当时正在寻找一个新保姆。通常，我都希望在应聘者自己的住所面试她们，因为我认为这样就能够在她们自己的生活环境中更好地考察她们，而不是在我的家中。所以，当一个叫罗尼的人来应聘时，我立刻和她约定了面试时间。我来到她的公寓，她的室友为我开了门。室友是个年轻女孩，21岁左右，很专注地在她的黑莓手机上打字。她的两个大拇指被绷带严严实实地包扎着，小拇指上还夹着夹板，让人看着都心疼。我觉得应该安慰一下她，就说："那一定很疼吧？"但她只是耸了耸肩膀，说："没事儿，我还能打字。"我告诉她我是来面试罗尼的，能否帮我敲敲罗尼的门告诉她我来了。这个女孩看上去非常惊讶："噢，不行。我从不敲门，那样太冒昧了，我会给她发短信。"于是，她发了一条短信给离她不到5米的罗尼。①

虚拟的亲密关系改变了人们对现实关系的体验。当人们发送短信、电子邮件、文本和使用Twitter时，技术也刷新了亲密和孤独之间的边界。人们谈论着如何摆脱电子邮件，好像太多邮件已经成了包袱。青少年避免使用电话，害怕自己在电话里"暴露得太多"。相比谈话，他们热衷于通过文本交流。成年人也一样，他们选择使用键盘打字，而不是直接说话。他们说这样效率更高，发生在"真实世界"里的事情占用了太多时间。有了技术，人们惊讶于世界之"苍白"——无事表达，无人取悦。在网络游戏里当两个使用化身的人整晚交谈之后，也许在某个时刻，他们会感到完全拥有一份真实的社会生活，但是接下来，在与陌生人牵强而脆弱的联系里，他会莫名地感到孤独。人们在Facebook、MySpace、微博等社交媒体上收获了一批支持者，他们想弄明白这些支持者在多大程度上能称为朋友。人们通过在线角色重新塑造自己，赋予自己新的身体、家庭、工作和爱情。然而，在虚拟世界的暗处，我们突然感到了彻头彻尾的孤独。当我们期待出名的时候，也放纵了自己。有时人们聊了好几个小时，却感受不到任何意义。他们对这种关系根本心不在焉，却口口声声地说感受到了亲密无间。

现实中的"单身""独居"推动了互联网社交的快速发展。在"宅文化"不断泛滥

---

① 特克尔.群体性孤独：为什么我们对科技期待更多，对彼此却不能更亲密？[M].周逵，刘菁荆，译.杭州：浙江人民出版社，2014：2.

的当下，越来越多的人选择通过社交软件来结交新朋友，即便是与好友的互动也大多停留在社交网络。互联网能够为人们提供一种现实中无法获取的舒适社交环境，例如在网络上，人们可以非常轻易地展现更为真实的自我，扮演各种身份，肆意发泄对现实生活的不满情绪等，这都是在面对面社交中无法实现的。一旦人们沉溺于这种虚假的线上社交，他们就会减少现实中的社交投入，但只有高质量的面对面社交才能提供足够的情感支持，因此，随着线上社交逐渐取代线下社交，孤独感也会不断上升。

另外，由于社交网络和智能手机的普遍使用，当下的社交正在转向米歇尔·马费索利（Michelle Mavriso）提出的"新部落"式表达，即社交不以组织性为基础，更多指一种氛围，它不再需要紧密的组织，网民可以自由选择所属"部落"，可以自由来去。[①] 但所谓"曲终人不见，江上数峰青"，群落间的斗争最终可能会引向个体与整体的分裂、群落与整体的分裂，这种分裂带来了个体更强烈的无力感和孤独感。

乌尔里希·贝克（Ulrich Beck）将"个体化"视为现代社会的一个重要特征。[②] "个体化"是指随着工业化、市场化和城市化进程的加快，人不再囿于家庭、宗教、阶级等既定的社会身份，而是"作为社会关系体系中的一个基本单元，作为社会行动过程中的一个实体单位"来创造自己的生活，个人的独立性、独特性和主体性不断凸显和增强。个体化进程的本质是个体从社会中逐渐"抽离"或"脱域"，然而，个体在获得越来越多自由的同时，也失去了既往各种共同体的庇护和支持，变得愈加孤立，每个人除了自己找不到其他的立法者，他们沦为自由的孤独患者。正如弗洛姆在《逃避自由》中指出的，"原始关系"给予人们安全感与归属感，一旦人们从整体中脱离，成为独立的个体，也就意味着他必须孑然地应付一个未知的新世界，这个世界与个人相比是强大且具有威胁性的，这时人便产生无助、孤独和无权利的感觉。所以，个体化进程一方面是自由的获得和增长，另一方面是孤独的日益加深。[③] 与个体化一同出现的是生存形式的一致化和标准化，即便和家人共处，每个人也都各看各的电视，各刷各的手机，久而久之，个体化观众的社会结构图景出现了，或者说是一种标准化的集体存在，即孤立化的大众型隐士。

于是，有人转向虚拟互动。虚拟互动主要以陪伴性、匿名化为特征，如网络直播。数据显示，典型平台（抖音、快手、B站）直播用户人均单日使用时长都超过了120

---

① 马费索利.部落时代：个体主义在后现代社会的衰落[M].许轶冰，译.上海：上海人民出版社，2022：97.
② 贝克.风险社会：新的现代性之路[M].张文杰，何博闻，译.南京：译林出版社，2022：155.
③ 林滨，江虹."群体性孤独"的审思：我们在一起的"独处"[J].中国青年研究，2019（4）：40-45.

分钟，远高于非直播用户。① 可见，越来越多的受众转向能提供更长陪伴时间的直播产品。

大多数直播观看者在观看网络直播过程中进行意义消费，他们表现出寻求认同、建构主体、躲避空虚、逃离孤独、寻找安慰、自我麻醉等行为特征。直播实质上依然是虚拟社交，是数字技术主导的数字交往。而当虚拟社交刻意营造的社交快感逐渐取代真实社会中复杂的交往时，网络群体孤独感则会加剧。

2. 互动仪式链

21世纪初，兰德尔·柯林斯（Randall Collins）提出互动仪式链理论，他认为互动仪式是际遇者由资本和情感的交换而进行的日常程序化活动。② 互动仪式带来的最重要的结果是个体的情感能量，即人们在行动时表现出的自信、兴高采烈、有力量、满腔热忱与主动进取的感觉。柯林斯提出，"虚拟"的互动仪式带来的情感能量远不及身体在场的互动仪式，"在线"互动仪式无法取代"在场"互动仪式。互动仪式的组成要素或起始条件有四个：第一，两个或两个以上的人聚集在同一场所，能通过身体在场而相互影响；第二，互动仪式对局外人设定了界限，因此参与者知道谁在参加，谁被排除在外；第三，人们将注意力集中在共同的对象或活动上，并通过相互传达而知道彼此关注的焦点；第四，人们分享共同的情绪或情感体验。当组成要素被有效地综合，参与者会有群体团结、满腔热忱、自信进取、富有道德感和集体感等感受。

数字空间中，网络直播在一定程度上形成了"在线"互动仪式链，用户在对主播所制造的话题进行弹幕或者评论时更能达到一种活跃的、双向的"体验式"互动。主播与直播间构成了"你中有我""我中有你"的一体化场景关系，二者相互作用，相互影响，呈现统一状态。从用户的角度来看，直播更重要的价值是其陪伴性，在这个看似虚拟的世界中，主播通过分享吃饭、学习等日常行为，在一定程度上满足了用户对陪伴的需求，他们获得了一场"虚拟约会"。

事实上，柯林斯也探讨过亲身在场是否必要，在大量实证研究之后他提出，人类的社会活动越是通过远程媒介、以强度较低的互动仪式来开展，人们就越会觉得缺少团结感，也越会缺乏对共同符号的尊重，而且以情感能量形式表现热情的个人动机也会越少。③

与人交往并建立社会关系是人的社会性诉求与人的本质形成的重要方式，而真正

---

① 中国互联网络信息中心.第51次中国互联网络发展状况统计报告［EB/OL］.（2023-03-23）［2024-09-19］.https://www.100ec.cn/detail--6625554.html.
② 柯林斯.互动仪式链［M］.林聚任，王鹏，宋丽君，译.北京：商务印书馆，2009：78-81.
③ 柯林斯.互动仪式链［M］.林聚任，王鹏，宋丽君，译.北京：商务印书馆，2009：78-81.

意义上的社会交往既包括主体与他人之间的情绪共鸣，也包含主体自身的身体姿势、面部表情和语音语调等方面的协调。有学者把这种"亲临在场"视为最有可能跨越人与人之间鸿沟的保证。网络社交借助网络技术消解时间和空间从而解构了"此刻当下的在场"，这使得具身交往被边缘化。因此，就群体性孤独问题的核心意义来看，它需要解决的是"在一起"的"独处"问题，即我们如何更好地"在一起"以消减群体性孤独。

因此，我们可以大胆预测，网络不会改变所有，人们最终会回归现实。如电商转向实体店经营，虚拟社交转向线下交往，网络游戏转向线下聚会等。当然，最重要的事是要厘清人们对媒介的态度。

案例——抖音短视频的青年互动行为

作为网络"原住民"的青年群体，短视频的碎片化、丰富性、互动性、嵌入性恰好迎合其网络社交的需要，他们因此获得了更多获取信息的机会及表达自我的权力。以抖音为代表的短视频互动社区，通过设置不同类型的视频内容吸引大量用户。青年群体通过抖音App寻找趣缘群体，形成"想象的共同体"。短视频的"爆裂式发展"充分满足了用户对碎片化时间的利用，但同时也带来了某些负面影响，"娱乐至上"的追求、视频内容的过度模仿等对青年群体产生了不可忽视的影响。①

（一）营造身体在场的情境

短视频具有制作过程简单、内容风格多样、传播互动广泛等特点，抖音App作为一个短视频平台，为作为互动仪式参与者的用户提供了营造身体在场体验的情境，它作为一个线上互动社区，打破了用户互动的物理界限，使用户可以与他人进行远程交流。简言之，抖音App提供了虚拟在场的平台，用户可以通过这个虚拟空间与他人进行文字、图片等形式的交流互动。

虽然用户不在一个面对面交流的空间，但他们可以把视频当作与他人产生互动的虚拟空间，与其他参与者聚集在一起，继而形成多元化的交流互动。此外，抖音App还为用户举办了一系列线下活动，使用户可以与他人进行真实的、面对面的交流互动。比如2017年在北京举办的"idou夜"，邀请众多抖音用户参加线下活动，为他们提供了进行真实交流的渠道，这更容易激发参与者持续、稳定的情感能量。线上在场延续到线下社会情境，短视频平台通过网络空间的联系构建、

---

① 李欣欣，孙蔷薇. 互动仪式链理论视角下短视频中的青年互动行为研究——以抖音App为例[J]. 东南传播，2020（10）：115-118.

强化生活空间的社会网络。

（二）对局外人设定界限

在抖音App中，用户通过自己感兴趣的视频与其他拥有共同关注点的参与者结成"趣缘群体"，他们在这个过程中产生团结的情感，进而形成情感能量，促进群体之间的互动。在"抖音爱DOU榜"活动中，用户可以在活动期间为喜欢的明星打榜，抖音将为夺冠明星打造专属街区，并联合中国少年儿童慈善救助基金会以及公益组织WABC（无障碍艺途）共同开展关爱自闭症儿童的相关公益活动。打榜的用户有共同的目标，他们通过该目标与其他人聚集在一起，并排除不属于该群体或可能对其目的产生危害的人，以保证群体目标的实现。

（三）共同关注的焦点

作为2019年春晚的独家社交媒体传播平台，2019年1月20日起，抖音正式开启"幸福又一年"活动，上线了包括"2019春晚看我的""春运看我瞬移回家""拜个抖音年"在内的多个话题，话题总播放量超过150亿次。

在#2019春晚看我的#话题中，用户可以带话题上传视频参与活动，也可以与@春晚官方发布的视频合拍。春节作为中国传统节日，被中国人寄予了无限情怀，相关话题引发大量关注，该话题内的视频总播放量达91.1亿次，@春晚官方发布的短视频也引发大量评论、点赞。

@贝壳有声：不论是相声、小品、幽默短句还是上综艺，贾玲总有办法让这个时间变得开心愉快，上至春节联欢晚会，下至地方台的综艺节目，贾玲实力派，大家认同吗？

@我布爱了：我这是第一次看春晚看到这么晚。

@用户16683：不错不错，喜欢搞笑的优秀演员，付出的一切，我们领会了，感谢有你们辛勤付出，祝福永远健康平安。

@金明笑：我曾参加过三次春晚，这也算是我人生最骄傲的幸事。

（四）分享共同的情绪和情感体验

用户会分享一些生活妙招，如网红火锅的吃法、如何清洗衣服、视频照片拍摄技巧、穿搭技巧、口红种草拔草等。这些体验的分享与情绪的渲染满足了青年群体的生活需求，迎合了他们追求新奇事物的心态，这种视频平台的情感体验很容易被带入日常生活，现实与网络交织在一起了。

第三节　理解数字：数字交往的基础

一、计算传播的出现

18世纪以来，牛顿在物理学上取得伟大成就，他使建立在数学分析方法基础之上的定量方法成为成熟学科的必备内容。19世纪是社会科学中各学科模仿物理学的时期，移动互联技术使自然科学与社会科学随着社交网络的兴起而再度重逢。近50年来，社会科学研究领域开始大量使用数学模型。计算传播学就是跨学科研究的成果，它关注人类传播行为的可计算性，以传播网络分析、文本挖掘、数据科学等为主要分析工具。

2019年，国际传播学会（International Communication Association，ICA）创立首个计算传播学专门期刊，主张从学科范式革新的角度重新认识这一新兴方向。ICA将计算传播学定义为一个使用计算算法收集和分析大数据集以探索和检验理论的新兴传播学子领域。传播学界开始承认计算传播学对于理论革新的巨大学科潜力。在网络化与智能化时代，计算设备、软件与应用程序爆发式革新，越来越多的人类行为在线上被记录，大量在线"数字踪迹"（Digital Traces）形成。数字踪迹涵括了丰富的人类行为多模态数据，为实证检验、阐释与理解传播行为提供了前所未有的机会。从数字踪迹出发，计算传播学带来了新材料、新工具、新问题与新理论，这为探索人类传播活动提供了新视角。①

计算传播学是计算社会科学的重要分支。学者们尤其重视网络科学研究在其中扮演的角色和数字媒体（社交媒体）所提供的机遇，这促使我们开始思考信息传播的可计算性。自2009年社会科学家拉泽（Lazer）与计算机学者彭特兰（Pentland）等在 Science 杂志上初次提出"计算社会科学"以来，计算传播学经历了从低迷到繁荣的演变，成为当前传播学的新兴研究取向。十余年来，传播学与计算机科学、管理学、心理学等进行对话，不同学科的学者共同描绘了一幅多彩、立体的计算传播大画卷。②

1. 计算政治传播

围绕政治表达与议程设置议题，作为政治言论的重要资料来源，议会录音、演讲文字稿、政务信息的数字化提供了学者将现有工具应用在自动化文本分析上的机会。邱明明等收集Debate.org网站上100场投票最多的政治辩论数据，考察在线辩论者在

---

① 塔娜，赵倩誉. 计算传播学：数据与计算驱动的传播学研究[J]. 青年记者，2022（30）：15-17.
② 刘嘉琪. 国内外计算传播学研究热点与前沿[J]. 青年记者，2022（30）：9-14.

争执时的礼貌策略对于说服听众接受其观点的有效性。① 科克伦（Cochrane）等在分析加拿大议院立法辩论的录音文字稿的基础上，揭示了词嵌入方法在政治文本分析中的优越性和局限性。②

围绕政治参与和意识形态议题，社交媒体场域容纳了各式各样的政治话题，为学者们观察人们的意识形态与价值取向提供了窗口。林芊语等选取2022年两会期间的微博话题，运用社会网络分析方法探讨网络公共领域民众政治参与的特征与趋势。③ 普雷特（Praet）等借助社交网络分析和社群识别等方法，探讨人们在政治生活中所形成的个体意识形态和情感归属如何潜移默化地延伸至非政治领域。④

围绕媒介算法与社会极化议题，学者们推测政治信息框架分化会使得阅读不同内容的受众因获取截然不同的信息而失去共识。张伊妍和特里菲罗（Trifiro）聚焦"COVID-19"污名化问题，收集了27家美国保守派和自由派媒体与新冠相关的新闻标题数据和Twitter数据，借助结构主题模型展现了党派政治差异和平台差异的交互作用对中国媒体该议题报道框架取舍的影响。⑤

2. 计算新闻

在实践中，新闻机构非常重视受众的交互参与，但它们对具体的新闻消费文化与受众参与特征知之甚少。为弥合认知空白，学者们从以下几方面提供细致入微的见解。

新闻接触向度。科利尔（Collier）等利用地方新闻广播网站上1,248,239条用户行为观察数据，检验了设备、接触途径、内容链接、标记链接的措辞、新闻链接的位置、图像存在状态对人们点击新闻链接行为的干预效果。⑥ 考虑到用户"新闻找到我"的认知可能会造成不积极的新闻接触行为，哈伊姆（Haim）等结合2,000名左右用户的问卷调查数据及Facebook上的追踪数据，阐明了相较于政治知识和兴趣，"新闻找到我"

---

① CHIU M M, OH Y W, KIM J, et al. Serving the greater social good for personal gain: effects of polite disagreements in online debates [J]. Communication Research, 2002（3）：451-473.
② COCHRANE C, RHEAULT L. GODBOUT, J. The automatic analysis of Emotion in political speech based on transcripts [J]. Political Communication, 2021（3）：1-24.
③ 林芊语，毛嘉琦，王诗涵. 网络公共领域的民众政治参与——基于微博平台全国两会相关热搜话题的计算传播研究 [J]. 东南传播，2022（7）：58-62.
④ PRAET S, GUESS A M, TUCKER J A, et al. What's not to like? Facebook page likes reveal limited polarization in lifestyle preferences [J]. Political Communication, 2022（3）：311-338.
⑤ ZHANG Y, TRIFIRO B.Who portrayed it as "The Chinese Virus"? An analysis of the multiplatform partisan framing in U.S. news coverage about China in the COVID-19 Pandemic [J]. International Journal of Communication, 2022（24）：1027-1050.
⑥ COLLIER J R, DUNAWAY J, STROUD N J. Pathways to deeper news engagement: factors influencing click behaviors on news sites [J]. Journal of Computer-Mediated Communication, 2021（5）：265-283.

认知只影响了新闻使用的整体态度，并不能影响在线新闻接触。①

新闻消费向度。为理解新闻和娱乐信息之间的零和竞争关系，黄生春等收集了40,000个今日头条用户的约250万条评论数据，通过构建群体层面的用户重叠网络来分析不同内容类别的受众分化问题。②

新闻参与向度。作为新闻内容的一个关键属性，文本情感会对受众的浏览、分享等行为产生一定影响，欧姆（Ohm）等利用亚洲国家英文杂志和Twitter平台收集在线新闻读者的点击流数据和推文转发数据来构建面板数据集，研究发现，人们更倾向于在新闻网站上阅读带有负面情感的新闻，却更倾向于在Twitter上分享带有正面情感的新闻。③

3. 计算广告

计算广告是目前大数据思维与技术发展最成熟、市场规模最大的应用领域之一，受到了国内外学者的广泛关注。围绕如何使广告达到理想效果的议题，相关研究以计算传播学研究方法为基础，建立起用户需求、场景匹配、内容设计、效果评估、投放策略等方面的内在关联。

在需求预测环节，消费者的个性化特征决定了其面对广告时所作出的基本决策，平台通过对用户历史特征标签进行提取、挖掘，能够快速生成全方位的用户画像，实现对未来消费行为的预测；在场景匹配环节，消费者对品牌传播的反应会受到其所处场景的影响，特别是在移动广告环境下，理解消费者所处场景如何调节或促进传播效果是至关重要的；在内容设计环节，对广告的仔细斟酌有助于赢得受众的青睐，这一过程充分考验广告方的智慧；在效果评估环节，计算广告传播效果衡量指标多种多样；在投发策略优化环节，鉴于计算广告通常不能在全部效果维度上都令人满意，研究要结合特定目标进行分析。

4. 计算危机传播

时空视角下，危机灾害与公众社交媒体活动之间存在着时间与空间上的同步演变。每条社交媒体消息都有一个较为精准的发布时间，研究者通过收集、检测特定时间间隔内的信息数量、情绪强度、内容特征等指标数据，可以关联统计多个时间序列点，相关社交媒体活动随时间演变的态势规律就能够呈现。

---

① HAIM M, BREUER J, STIER S. Do News Actually "Find Me"? Using Digital Behavioral Data to Study the News-Finds-Me Phenomenon [M]. SAGE PublicationsSage UK: London, England, 2021: 3.

② HUANG S, YANG T. No trade-offs between news and entertainment: evidence from online engagement data [J]. New Media & Society, 2022 (10): 34-65.

③ OHM H, GOH K Y, PHAN T Q. Are you what you Tweet? The impact of sentiment on digital news consumption and social media sharing [J]. Information Systems Research, 2022 (3): 11-12.

内容视角下，学者们常常对社交媒体推文的深层次语义内涵、情绪类别及强度等因素进行测量，从多角度揭示公众话语表达与实际行为之间的关联。

网络视角下，社交网络的出现为调查危机情境下普通用户、权威机构和新闻媒体等信息主体间的信息资源交换行为提供了便利条件。

5. 计算健康传播

自1994年美国学者罗杰斯（Rogers）提出健康传播概念以来，[①]健康传播已成为传播学领域一个重要的研究热点。大众通过各类传播媒介获取、表达、传递和采纳健康信息的过程中所产生的大量线索助推计算传播学研究快速发展。

数字传播技术不仅改变了媒介生态，也重塑了公共卫生防控体系。海量信息单纯依靠人工进行识别已不具有可行性，借助智能算法进行识别已成为新趋势。有研究者针对健康类虚假信息构建了一个包括8,972句虚假信息与8,464句真实信息的数据集，利用人工神经网络进行虚假信息的识别。通过不断地学习与迭代，算法能够实现较为精准的虚假信息识别。智能算法参与虚假信息识别与治理将成为一种趋势，但这也面临虚假信息形态与特征日益复杂所带来的挑战。[②]

6. 计算流行文化传播

如果仅运用传统研究方法，研究者很难对流行文化背后难以捉摸的大众审美取向、消费现象、粉丝社群活动规律进行精准地建模和计算。而社交网络的发展使得全面解析粉丝历史行为、洞见偏好趋势成为可能，流行文化研究由此迎来了重要转向。

当下网络文学、影视剧、真人秀、音乐、游戏等大众文化和数字文化消费产品的繁荣，为计算流行文化传播研究提供了极为丰富的素材。除了流行文化作品本身，粉丝、消费者及兴趣社群同样也是计算流行文化传播研究的重要对象，他们共同构成了极具研究潜力的复杂网络，而这带来了视角和方法上的创新。

总之，计算传播就是从数据抓取开始，寻找传播学可计算化的基因，学习和传播可计算化思维/方法（编程能力、数学建模能力、网络分析、文本挖掘等），了解和训练计算传播学的社会化应用方法（数据新闻、计算广告、可视化等）。从分析方法上看，社会网络分析已经成为从大众传播到人际传播的必然选择。在大众传播中，受众之间的相互作用和人际关系往往被忽略。而在人际传播中，用户不仅仅是信息的消费

[①] KREPS G L, BONAGURO E W, QUERY JR J L. The history and development of the field of health communication [J]. Russian Journal of Communication, 2003（10）: 12-20.

[②] 詹骞，赵冰洁.健康类虚假信息的人工神经网络识别与治理[J].现代传播（中国传媒大学学报），2022（8）: 155-161.

者,同时也是信息的生产者和传播者。社交媒体改变了信息的传统扩散方式,逐步成为主流的信息传播平台。人们通过社交媒体交换信息的同时,也建立起一个庞大的人际传播信息网络,这实现了从物(媒介)的传播到人的传播的转变。

二、数字社交的基础——可计算框架

1. 大数据

目前,大众传播理论无法直接应用于人际传播领域,最主要的原因就是无法计算人际传播网络在传播活动中所发挥的复杂作用。得益于越来越多的智能计算设备,感知、存储和传输信息(数据)变得越来越容易,数据的规模、时空维度乃至典型性都有了质的飞跃。存储能力与网络带宽速度的提升支持海量数字踪迹的保存与传输,这使得数据集时间跨度能够以年乃至十年计,扩展了研究材料的时间范围与空间范围。[①]

总之,可计算框架的基础是目前越来越多的大数据。那么,什么是大数据?

"大数据"一词早在1980年就由未来学家阿尔文·托夫勒(Alvin Toffler)在他的《第三次浪潮》中提出,并被誉为世界信息产业第三次浪潮中的华彩乐章。到2009年,大数据已经在IT行业兴盛起来。2001年麦塔集团(META Group)提出大数据的3V特征,后来又增加到4V。之后,IMB公司完善了大数据的定义,将4V扩展到5V(见图1-1)。

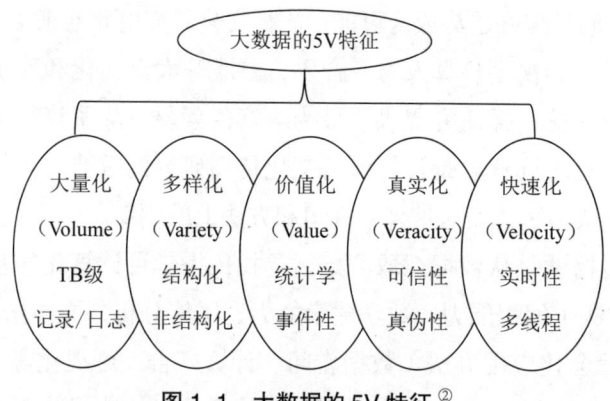

图 1-1 大数据的 5V 特征[②]

[①] 塔娜,赵倩誉.计算传播学:数据与计算驱动的传播学研究[J].青年记者,2022(30):15-17.
[②] 张茜,林汉.新时代高校大学生统战工作创新路径探析——基于大数据的"5V"特征[J].中国多媒体与网络教学学报,2021(19):14-16.

➢ 大量化（Volume）：数据的数量庞大。数据存储容量单位从过去的 GB 到 TB，以至现在的 PB（1PB=1000TB）、EB（1EB=1000PB）。今天，人类社会已进入数据爆炸时代，每时每刻都在产生数以千万计的数据。

➢ 多样化（Variety）：数据种类和来源多样。大数据主要包括结构化、半结构化和非结构化三类数据，其中非结构化数据正在成为主要的数据。

➢ 快速化（Velocity）：人们获取、处理数据更快速。由于计算机技术、物联网技术等现代通信技术的快速发展，数据的获取越来越容易，且数据具有实时、多进程等特点。

➢ 真实化（Veracity）：数据的有效性和可信赖度高。大数据技术能够辨别数据的真伪，进而去伪存真，提高数据质量，保证数据的真实性。

➢ 价值化（Value）：它指对数据进行相关性分析、可预测分析和深度复杂分析等应用所带来的巨大价值。

当前，随着数字技术的发展，人类社会真正进入"万物皆数"的时代，除了上述 5V，大数据的特征还应当加入一个 A，即可接近性（Accessibility），它指分析对象的可数据化和数据的可获得性。用户信息和行为确实可以通过量化、映射等途径转化为数据，且数据是可控的，数据的价值可以通过一系列计算工具和数字分析被挖掘。大数据是人们获得新认知、创造新价值的源泉，它在很大程度上重塑微观主体行为、社会结构类型及组织方式等领域的相关理论。大数据的核心功能是让使用者逐层深入研究对象的内核、架构、本原等深层属性，据此构建基于机理的预测式模型，从而使得相关主体能够在与大数据的交互中更加主动，获取更丰厚的收益。[①] 以全球最流行的搜索引擎谷歌为例，它每秒有 6.3 万次搜索，每天可以达到 55 亿次；[②] 截至 2020 年年初，互联网上每天会产生 200 万篇博客文章，Facebook 上每天更新 4 亿多条状态。[③]

2013 年被称为中国大数据元年，每天新浪微博用户发博量超过 1 亿条，百度要处理数十亿次搜索请求，淘宝网站的交易达数千万笔，联通的用户上网记录一天达到 10TB。[④] 就像微软亚太研发集团首席技术官孙博凯所说的："今天我们花不到 100 美元就可以买到 1T 的存储数据，成本只是 10 年前的 1%。"

[①] 王国成.从 3V 到 5V：大数据助推经济行为的深化研究［J］.天津社会科学，2017（2）：94-99.
[②] 知乎.不可思议的数字：互联网每天到底能产生多少数据？［EB/OL］.（2020-12-17）［2024-09-19］.https://zhuanlan.zhihu.com/p/337684249.
[③] 知乎.不可思议的数字：互联网每天到底能产生多少数据？［EB/OL］.（2020-12-17）［2024-09-19］.https://zhuanlan.zhihu.com/p/337684249.
[④] 新浪网.2013 被称为大数据元年：数据就是资源［EB/OL］.（2013-01-17）［2024-09-19］.https://news.sina.com.cn/m/2013-01-17/144526059083.shtml.

理论——不同类型的数据

普丹和埃利奥特（Purdam & Elliot）根据数据的生成方式概括出数据的八种类型。

1. 正统的元数据。数据的采集和应用出自被调查者明确的同意。所有所谓的传统社会科学数据（如问卷调查、焦点小组或访谈数据以及通过观察所收集的数据）都可以归为此类。传统方法会被持续地开发。

2. 参与的元数据。在这一类别中，数据通过一些互动的过程被收集，它包括一些新的数据形式，如众包数据。

3. 重要的数据。这一类数据包括管理记录、电子健康记录、商业事务数据和在线游戏数据等。

4. 自助出版的数据。作者有意自录和发布的数据（如长篇博客、简历和简介），可以用于社会科学研究，因为这些信息已经公开。

5. 社交媒体数据。这一类是指经由公共的、社会化的过程产生的数据（Twitter 和 Facebook 的微博客平台产生的数据，以及在线游戏数据），这些数据无论是否得到许可都可能被用于社会科学研究。

6. 数据轨迹。数据会通过数字计数器"留下"足迹，比如上网搜索历史数据和购物记录，这些数据可以用于社会科学研究，要么通过默认的使用许可，要么经由明确的允许。

7. 挖掘的数据。它指的是在公共领域中可获得的数据，比如对于公共空间的观察，也包括使用隐秘的研究方法获得的数据。

8. 合成数据。它指经由模拟、输入或合成的数据。它可以源自其他数据类型。①

2. 梅特卡夫定律

梅特卡夫定律（Metcalfe's Law）是一种网络技术发展规律，是由 3Com 公司的创始人、计算机网络先驱罗伯特·梅特卡夫（Robert Metcalfe）提出的。罗伯特·梅特卡夫出生于纽约布鲁克林，是美国科技先驱，发明了以太网络。梅特卡夫定律指出，一个网络的价值等于该网络内的节点数的平方，而且与联网用户数的平方成正比。由此可见，网络使用者越多，价值就越大。换句话说，某种网络，比如电话，其价值随着

---

① 林德格伦.数字媒体与社会［M］.王蕾,译.北京:中国传媒大学出版社,2022:232.

用户数量的增加而增加。

20世纪90年代以来，互联网不仅呈现超乎寻常的指数增长趋势，而且爆炸性地向经济和社会各个领域进行广泛的渗透和扩张。计算机网络的数目越多，它对经济和社会的影响就越大。换句话说，计算机网络的价值等于其节点数的平方。梅特卡夫定律揭示了互联网的价值随着用户数量的增长而呈算术级数增长或二次方程式增长的规律。

梅特卡夫定律基于每一个新上网的用户都因为别人联网而获得了更多的信息交流机会，指出网络具有极强的外部性和正反馈性，联网的用户越多，网络的价值越大，联网的需求也就越大。可以看出，梅特卡夫定律指出了消费方面存在的效用递增规律，即需求创造了新的需求。

根据梅特卡夫定律，在数字交往空间，一个社交网络的价值与该网络规模（节点数）的平方成正比：

$$V = K \times N^2 \qquad (1-1)$$

其中，K为价值系数，N为节点数量。该公式为社交网络的价值提供了一个简易的估值比较方法，即用户数越多，其估值越高。

3. 网络分布：幂律法则

1985年，意大利经济学家维尔弗雷多·帕累托（Vilfredo Pareto）在研究国家的财富分布时发现了一个很有趣的现象——每个国家的财富都呈现一种相似的分布方式，即少部分人占据了大部分财富，而大部分人拥有少量财富。在坐标轴上，这是一个头部严重向左靠拢，还拖着长长尾巴的数学分布（见图1-2），它被称为幂律分布。用数学话语表达就是，节点具有的连接数和节点数的乘积是一个定值。比如，在一个系统里，如果拥有1万元的人有10个，那么拥有1,000元的人就有100个，而拥有10元钱的人有10,000个。

个体在数字空间中通常以幂律分布的形式存在。我们想要知道什么是幂律分布，首先要了解什么是幂律法则。幂律法则指在任何一件事物中，极少数的关键事物带来绝大多数的收益，其他大多数普通事物只获得少量收益，常见的马太效应、长尾理论、帕累托法则其实和幂律法则的意思差不多。而符合幂律法则的事物体现在图表上则会呈现幂律分布特征，例如社会财富、网络传播效应、各个城市的人口分布、投资回报现象等。通过幂律分布图表的形态我们能够看出，对一件事情起决定作用的往往是少数几个因素，而其他大部分的因素都无关紧要。

幂律分布的第一个特征是高度的不平均。例如二八法则描述的，20%的客户带来80%的生意，20%的人占有80%的财富，20%的网红拥有80%的粉丝或关注，等等，不公平是数字网络中的常态。

幂律分布的第二个特征是分形,即一个图形细分后,每一个部分都是整体缩小后的形状。现实生活中的分形如海岸线,我们在世界地图上会看到大陆板块弯弯曲曲的海岸线,如果用谷歌地图放大 10 倍,海岸线的形状都依然是相似的;再如雪花,不论雪花被分割成多少份,每一份都是同一个形状在不同尺度下的重复。在数字交往中,分形决定着用户的组织结构,比如网络社群。一个拥有较大用户的网络社群往往和一个用户规模较小的网络社群具备一样的组织结构,遵循一样的交互规律。

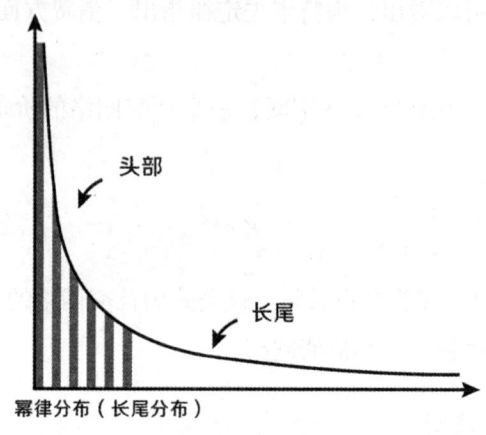

图 1-2 幂律分布简化图

案例——《这!就是街舞》:从长尾理论看小众网综爆款

根据维基百科的记录,"长尾"这一概念是由"连线"杂志主编克里斯·安德森提出的,它指的是众多小市场所拥有的力量能够汇聚成可与主流相匹敌的市场能量。近年来,聚焦青年亚文化领域的网综呈现井喷式发展,《中国有嘻哈》《奇葩说》《即刻电音》等小众网综强势来袭,由《中国有嘻哈》创造的年度流行热词"freestyle"在网络中声量庞大,掀起一阵嘻哈热潮。①

2018 年 2 月,优酷上线街舞选拔类网综《这!就是街舞》,它是一场"明星导师+专业舞者真人秀"的街舞 Battle。2019 年 5 月,《这!就是街舞 2》高调回归,开播即拿下豆瓣 9.7 的高评分,作为 2019 年头部网综强势发力。根据艺恩视频智库数据,在 2019 上半年播映指数 TOP10 网综中,《这!就是街舞 2》热度仅次于《青春有你》,位列第二(见图 1-3)。

---

① 侯惠明.从长尾理论看小众网综爆款路径——以《这!就是街舞》为例[J].东南传播,2020(11):127-128.

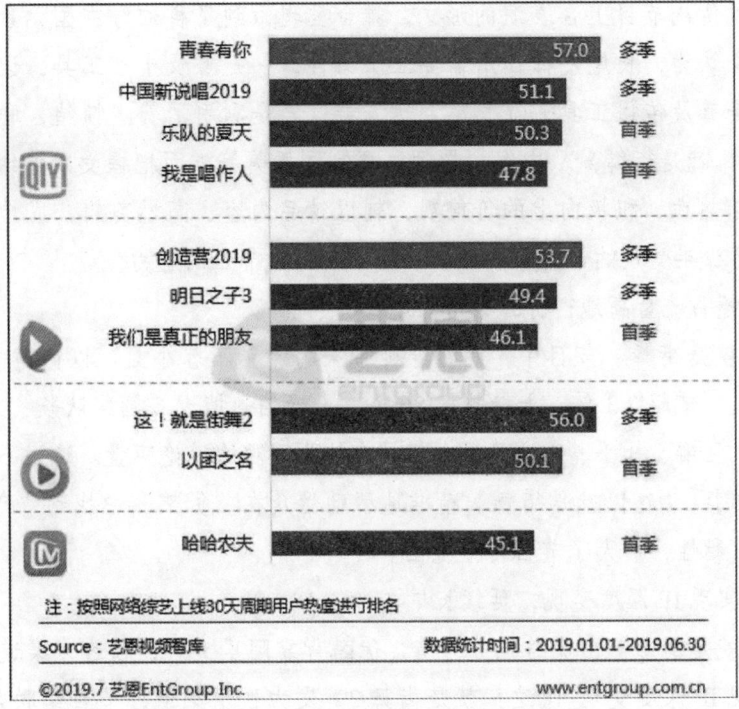

图1-3　2019上半年独播网综用户热度TOP10[①]

(一)细分市场,洞察个性化、小众需求

作为互联网"原住民",Z世代在互联网中的占比不可小觑,Z世代青年的消费习惯、消费观念对消费市场的影响深远。网络综艺在内容、形式上趋于多样化,且越来越注重Z世代人群的个性化取向。互联网为小众综艺提供更加开放的内容平台。区别于传统电视媒体,网络综艺可针对一个细分市场,集中力量与特定的目标人群,利用综艺长尾产出优质差异化内容。在慢综艺逐渐饱和的综艺市场中,《这!就是街舞》瞄准青年受众,撕开了街舞竞技的一角,以垂类内容满足受众需求。

(二)调动受众情绪,释放长尾潜力

《这!就是街舞》采取个人选拔、团队作战的表演方式,在四位队长的带领下组成四支战队,进行团队间的群舞Battle,最终产生总冠军。以第二季为例,节目邀请易烊千玺、韩庚、吴建豪等担任队长。在节目赛制上,四位队长化身"街霸"镇守各自街道,青春热血的舞者在"大街"上强势开"show",节奏加快,战火升级。在舞台设置上,节目组一比一复刻四条代表不同地域文化的街道,搭建实景

[①] 侯惠明.从长尾理论看小众网综爆款路径——以《这!就是街舞》为例[J].东南传播,2020(11):127-128.

舞台，摆脱传统节目上台表演的形式，舞台呈现做到了科幻与中国元素的完美结合。安德森认为，长尾发挥作用需要三个条件，一是普及生产工具，让长尾强大起来；二是普及传播工具，让长尾触达人群；三是利用消费者情绪，联动供给与需求。《这！就是街舞》从内容、导师、赛制、舞美等方面把握受众情绪，在节目中传递青年热血、积极向上的价值观，辅以精品内容、高燃剪辑，成功调动街舞爱好圈、青少年受众的情绪与心理，从而不断释放节目的魅力。

（三）抢占流量高地，打造渠道长尾

《这！就是街舞》节目中，明星导师带来的流量不容小觑。以微博热搜为例，官博热搜人气值超2.3亿，上榜热搜86个，上榜的热搜大多围绕队长、人气选手、赛制展开。豆瓣、知乎、B站等平台都具有较为可观的讨论声量。通过不同社交平台的话题传播，《这！就是街舞》精准地帮助受众在"货架"中找到"产品"，这增强了用户黏性，扩大了节目传播范围。

（四）实现IP深度变现，延续长尾

《这！就是街舞》由优酷强势打造，优酷背靠阿里文娱，通过多渠道打通的方式助力实现IP深度变现。《这！就是街舞2》发力线下渠道，节目组联合大麦网，在节目播后推出官方全国巡演"城市大咖秀"。除此之外，《这！就是街舞》在3大潮流shopping mall设立线下"全国舞力补给站"，将高度还原节目的4大街区搬进生活，同时展示、售卖节目的衍生品。节目组用"全民街舞"的方式激发长尾效应，进一步扩大声势，延续节目热度并把握长尾市场。以"peace、love & respect"的街舞核心为支点，《这！就是街舞》的品牌营销实现了合作共赢，"高口碑""高流量"为节目获得超过30个国内外一线品牌的青睐。

第四节　数字交往理论

一、不确定性减少理论

不确定性减少理论于1975年由贝格尔和卡拉布雷斯（Berger & Calabrese）提出，用于预测和解释陌生人之间的关系发展。根据该理论，随着人们交往时感到的不确定性的减少，人际关系会得到发展。大多数人在不确定的状态中会感到不适，并且试图提高对他人行为（行为不确定性）、态度和信任（认知不确定性）的可预测性。如果个不确定性的存在会给人的交往带来诸多不便。经济学里的格雷欣现象是典型的事物因信息不对称而发生变化的案例。比如说金和银的兑换比率是1:15，当银由于开采成本降低而导致价值降低时，人们就按上述比率用银兑换金，将其贮藏，最后使银充斥于货币流通，排斥了金。如果相反，即银的价值上升而金的价值降低，人们就会用金按上述比例兑换银，将银贮藏，流通的就会是金币。这就是说，实际价值较高的"良币"渐渐为人们所贮藏而离开流通市场，实际价值较低的"劣币"则会充斥市场。另一个例子就是博弈论中的囚徒困境，信息不确定导致囚徒们的个人最佳选择并非团队最佳选择。现实交往中，人们倾向于不断地减少不确定性，比如新的产品你可以认牌子，因为厂商可以提供品质保证，减少信息差。而二手市场都是旧货，光看品牌不能保证你买到质量好的产品。在二手市场里，信息十分不对称，所以买东西的人只愿意出最低的价格。

为减少人际关系中的不确定性，人们会采取各种策略寻求信息。第一，被动策略。信息寻求者通过观察目标人物的行为来搜集信息。第二，积极策略。这一策略包含为获取他人信息的主动付出，通常是信息寻求者向第三方咨询关于目标人物的信息。第三，互动策略。这一策略需要人们以寻求信息为目的进行直接沟通，一种或多种形式的人际沟通是减少不确定性的主要方式。随着不确定性程度的降低，信息寻求行为也会减少。

不确定性减少理论认为，随着陌生人之间沟通的增多，双方都会感到（对关系中另一方的）不确定性程度降低。之后，贝格尔（Berger）修正了这一理论，他认为不确定性的减少主要与成熟的关系和初始互动相关。[②] 然而，从历史视角来看，不确定性减少理论已经被用于解释传统的面对面互动，近年来的一些研究表明，这一理论也可以用来解释社交网站关系的发展，即个体通过面对面互动来降低不确定性的策略可以被应用于社交网站等网络传播语境中。例如，安特尼、瓦尔肯堡和彼得（Antheunis, Valkenburg & Peter）检验了社交网站用户为获取他们近期遇到的对象的信息所使用的减少不确定性的策略（被动、积极、互动）。他们发现，Hyves（一个类似Facebook的荷兰网站）的用户使用被动策略最普遍。[③] 然而，互动策略是唯一能够有效减少不确定性的策略。其他学者同样指出，在二元计算机中介传播中，参与者主要采用互动策略来减少不确定性。

社交网站的用户可以采用很多其他的策略来减少不确定性。例如，他们可以悄悄

---

① 谢尔顿. 社交媒体：原理与应用[M]. 张振维, 译. 上海：复旦大学出版社, 2018: 3-18.
② 谢尔顿. 社交媒体：原理与应用[M]. 张振维, 译. 上海：复旦大学出版社, 2018: 5.
③ 谢尔顿. 社交媒体：原理与应用[M]. 张振维, 译. 上海：复旦大学出版社, 2018: 4.

地查看他人的个人资料或者向第三方了解他们刚刚在 Facebook 上加为"好友"的人。我们尽管不能亲眼见到 Facebook 上的好友，但可以通过他们选择性发布的状态、消息和照片及发布在资料上的个人信息来了解他们。

二、自我表露

自我表露是一种被信息寻求者主动运用来减少不确定性的互动策略，也称自我暴露（Self-Disclosure），是信息寻求者最主动的互动策略。自我表露时，个体有意地分享自己的信息，包括个人经历、想法和态度、感受和价值观，甚至梦想、期待、抱负和目标。惠丽斯和格罗茨（Wheelis & Grotz）认为，自我表露是"一个人向另一个人传播的任何关于自己的信息"[1]。不同于其他形式的计算机中介传播，社交网站通常鼓励用户表露自己，包括其音乐书籍和电影的品位、感情状态、性取向等信息。

1. 自我表露与社会吸引

早期关于关系发展的研究表明，自我表露对于接收者是有益的，而且人们会给他们喜欢的人更多的正面奖励。[2] 换言之，人们倾向于向他们喜欢的人表露亲密的信息，向不喜欢的人隐瞒亲密的信息。这在面对面关系和线上传播中都被证实是正确的。谢尔顿（Sheldon）讨论了如果 Facebook 好友在相互添加对方之前在社交平台上已彼此吸引，在添加好友后他们会如何向对方更多地表露自己。[3] 这些发现也符合不确定性减少理论，即人们倾向于向他们喜欢的人表露亲密的信息，对不喜欢的人则反之。此外，自我表露可能会激发反向的社会吸引力。我们愿意将自己的故事告诉我们喜欢的人，也愿意告诉那些向我们进行自我表露的对象。正如朱拉德（Jourard）所说，"自我表露的举动是个人的奖励和宣泄的方式，这种积极的感受导向喜欢，它便会产生社会吸引力。"[4]

谢尔顿和佩基奥尼（Pecchioni）发现，就社会吸引、自我表露、行为可预测性的关系而言，无论是纯线上的 Facebook 关系还是纯线下的面对面关系，两者的关系维系过程均有着较大的相似性。他们的发现表明，在两个纯 Facebook 朋友之间，社会吸引力和自我表露呈显著正相关关系。他们还发现，在纯 Facebook 关系中，自我表露和行为可预测性呈显著正相关关系。无论参与者进行互动的媒介是什么，自我表露都与他

---

[1] 谢尔顿. 社交媒体：原理与应用[M]. 张振维, 译. 上海：复旦大学出版社, 2018：5.
[2] 谢尔顿. 社交媒体：原理与应用[M]. 张振维, 译. 上海：复旦大学出版社, 2018：5.
[3] 谢尔顿. 社交媒体：原理与应用[M]. 张振维, 译. 上海：复旦大学出版社, 2018：6.
[4] 谢尔顿. 社交媒体：原理与应用[M]. 张振维, 译. 上海：复旦大学出版社, 2018：6.

们对朋友行为的预测显著相关。①

2. 自我表露与信任

影响关系中不确定性的另一个因素是信任。人们何时会选择和别人分享个人信息，信任在其中发挥着至关重要的作用。高度信任是亲密的人际关系的标识。信任对于减少面对面交流的不确定性十分重要，应用于社交网站也是如此。在一项检验Facebook关系的研究中，谢尔顿发现，我们对另一个人的行为越确定，我们对他/她的信任度就越高。②更进一步地，我们对我们纯Facebook好友及纯面对面好友越信任，我们就会向他们进行更多的自我表露。我们越信任他们，我们就越能预测他们的行为。朱拉德将在已有关系中产生的表露倾向解释为"二元效应"（Dyadic Effect）——一个人接收到的信息越多，他进行自我表露的意愿就越强。

三、社会渗透理论

社会渗透理论是另一个有助于解释自我表露在关系发展中的作用的理论。奥尔特曼和泰勒（Altman &Taylor）对社会渗透理论进行概念化，来证实关系结合（社会渗透）的过程会使关系从表面发展到亲密。③亲密体现在身体状态、智力水平和情感表达这三个方面，而社会渗透的过程则包含言语行为和非言语行为。大部分关系在走向亲密的过程中都会遵循一些特定的轨迹或路径。根据相关理论，关系发展是一个有体系、可预测、循序渐进的过程，而自我表露则是其核心。

奥尔特曼和泰勒借洋葱来解释自我表露，认为表露首先从外层的表皮开始，逐渐深入核心。④一个人的外层是那些可以向他人展示的东西，如对音乐、衣服、食物等的偏好，这些东西可以在关系的早期阶段与他人分享。动机充足的信息寻求者则会试图渗透每一层，直到抵达另一个人自我的核心。自我的核心往往是那些仅被少数人知道的信息，包括强烈的感情、观念、信仰和自我意识。

社会渗透是自我表露的结果。社会渗透可以从两个维度进行观察：广度和深度。广度是指在关系中讨论的不同类型话题的数量，深度是指话题讨论的亲密程度。有深度的信息对我们的自我认同更为重要。随着关系走向亲密，更多的话题会被讨论，其中一些话题会被深入探讨。

---

① 谢尔顿.社交媒体：原理与应用[M].张振维，译.上海：复旦大学出版社，2018：6.
② 谢尔顿.社交媒体：原理与应用[M].张振维，译.上海：复旦大学出版社，2018：7.
③ 谢尔顿.社交媒体：原理与应用[M].张振维，译.上海：复旦大学出版社，2018：8.
④ 谢尔顿.社交媒体：原理与应用[M].张振维，译.上海：复旦大学出版社，2018：8.

吉恩（Jin）的洋葱模型显示，自我表露包含五个部分：日常生活和娱乐，社会认同，能力，社会经济地位，健康（见图1-4）。与日常生活和娱乐相关的信息位于最外层，是用户表露最频繁（自我表露的广度）的信息。与健康相关的私人信息在最里层，这意味着用户不想将这些信息公开（自我表露的深度）。

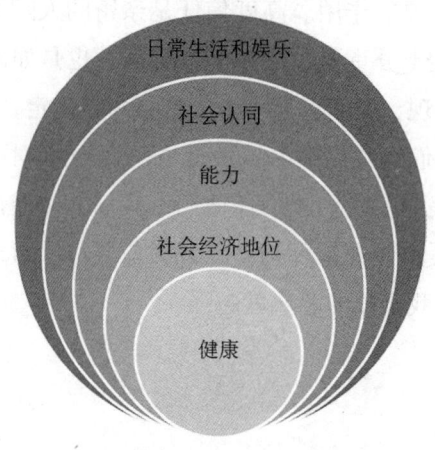

图1-4 吉恩的"洋葱模型"

实际上，自我表露的深度决定社会渗透的效果，即关系的亲密程度。如图1-5所示，垂直方向，自上而下自我表露的深度逐渐加强；水平方向，从中间向两端，自我表露的广度越来越大。我们通过图1-5可以判断交互双方的亲密程度，也是用户自我表露社会渗透的程度。比如自我表露的深度一定时，自我表露的广度越大则关系越亲密；自我表露的广度一定时，自我表露的深度越大则越亲密。因此，相对而言，交互者是陌生人，则自我表露的深度和广度均不大；交互者是熟人，则自我表露的深度和广度至少有一个是较大的。

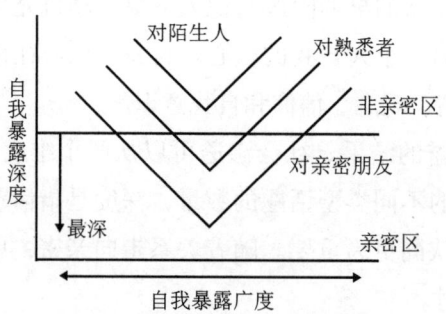

图1-5 自我表露与社会渗透

四、社会交换理论

人们如何判断关系？

1959年，蒂博和凯利（Thibaut & Kelley）写道："只要在回报和付出上能够得到满足，个体就会自愿加入并且留在任何关系中。"①蒂博和凯利的这个理论最初被命名为依赖理论，现在以"社会交换理论"（Social Exchange Theories，SET）闻名。该理论认为，人们会从付出和回报的角度来评价他们的关系。付出是关系中对人有负面价值的部分（如压力、时间、精力、注意力）；回报是关系中对人有正面价值的部分（如愉快、忠诚、注意力）。

根据社会交换理论，一段关系的价值预测了关系的结果。积极的关系是那些有正面价值的关系（如回报多于付出），消极的关系是那些有负面价值的关系（如付出多于回报）。积极的关系会一直维持下去，而消极的关系更可能会结束。

社会交换理论的第一个假设是，关系是相互依赖的。一段关系的结果不是由个人单方面决定的，而是由关系中的双方共同创造的。无论何时，关系中的一方有所行动，关系的另一方和整体关系本身都会受到影响。社会交换理论的第二个假设是，关系的发展是一个过程。时间会影响交换，因为一段关系中过去的经历通常会被用来评价和预测关系中的回报和付出。人们用来评价付出和回报的标准也会因人而异、因时而变。有的关系对于某人来说是回报，对于他人来说可能就是付出，反过来也是如此。

评估一段关系的标准还包括比较水平（Comparison Level，CL）和选择比较水平（Comparison Level For Alternatives，CLalt）。比较水平是指人们所感到的应从一段特殊关系中获得回报和付出的标准；选择比较水平是指一个人在一段关系中愿意接受的回报的最低水平。一个人通常会以替代关系或独处中可获得的回报来测量他们所愿意接受的回报的最低水平。

数字交往中，一个人在Facebook上编辑或发送评论、更新状态所用的时间和精力与他所感知的回报直接相关——包括"赞"的数量或回复。更新Facebook或Twitter需要很少的时间和精力，但潜在的回报是没有限制的——尤其对于那些拥有大量粉丝的人而言。

社会交换理论还可以解释网络权力。权力是指对回报和惩罚的控制。一些人拥有社会权力，因此拥有影响他人想法和行动的能力。换言之，一个人在社会网络中拥有越多的朋友，这个人就会有越高的地位和权力。这个权力也可能反映在拒绝他人的好

---

① 谢尔顿.社交媒体：原理与应用[M].张振维，译.上海：复旦大学出版社，2018：10.

友请求上。总之，社会交换理论明确了两点：第一，关系是相互依赖的；第二，关系的发展是一个过程。

五、期望违背理论

随着时间的推移，关系如何变化？

期望违背理论认为人们的互动是由期望驱动的，影响期望的因素有个体传播者的因素（性别、年龄、性格、外貌），关系因素（关系的历史、地位差异等）和语境因素（正式/非正式、环境限制、文化规范）等。

信息接收者会根据其和信息传播者的关系以及信息传播者的个人特征，对传播者的行为产生期待并根据这个期待评估传播者的行为。如果传播者的行为背离了接收者的预设期待，接收者会对传播者的期待背离给出正面或者负面评价，然后作出相应的反应。社会交往中的期望违背理论有两个决定要素，一个是信息发布者对于接收者的报酬值（Reward Valence），即接收者会判断信息发布者是否有能力以后回报（或惩罚）他，如上级主管就有很高的正向报酬值。另一个是信息发布者对于接收者的背离值（Violation Valence），信息接收者会根据他们和信息发布者的关系以及信息发布者的个人特征来评价背离行为是正向的（令人愉悦的）还是负向的（令人烦恼的）。例如，作为普通朋友，牵手的行为违背了接收者的预期，但是一个美丽/富有的普通朋友的牵手可能令人愉悦，而丑陋的/贫穷的普通朋友的牵手则可能令人烦恼。

期望违背理论的主要观点如下：第一，人们对言语或者非言语的传播行为总是互相抱有期望；第二，对这些期望的违背会唤起关注，进而接收者就会把注意力转移到彼此的关系或者违背的意义上；第三，传播者的回报价值决定了对于模糊的传播行为的解释；第四，传播者的回报价值也决定了行为如何被评估；第五，违背价值受三方面因素影响，包括对行为的评估、行为是否符合期望及违背程度。

人类对行为的期望是后天养成的。人们从他们出生地的文化中习得他们的期望。比如，在美国，人们对于师生关系的期望是，老师拥有很多学科问题上的知识，并且能够给学生提供帮助。当期望被违背时，它既可能被视为积极的，也可能被视为消极的，其评判取决于他人的潜在回报。韦斯特和特纳（West & Turner）为期望违背理论提供了一个例子：在公交车上，陌生人的持久凝视给人的友好感会远低于恋人的持久凝视。

最初，"期望违背"的概念被用来解释对行为规范的非言语违背，之后逐渐变为同时解释言语和非言语的违背。近年来，该概念开始被用来解释社交网站上的行为。比如，社交网站Facebook上的交际圈涵盖了亲密朋友、大学同学、家庭成员和熟人。

Facebook 的表达规范存在含蓄性——它们并没有被写下来，而是被团体普遍理解。用户通过观察其他成员的表现，学会了如何管理自己。因此，如果看到朋友发布更多的信息，人们也会这么做。忽视一个有过私交的朋友的请求会显得很粗鲁，这就是所谓的期望规范。此外，还有对朋友圈和私人信息的使用规范。人们往往期待用朋友圈和状态更新去分享视频、玩笑、生日愿望等，而用私信或聊天的形式来透露私人信息、组织活动或开展小范围的讨论。Facebook 规范违背中被最频繁提及的是过多的状态更新，接着是过于情绪化的状态，包括关系争执和其他公共争执。对负面期望违背的最常见的回应是删除 Facebook 的好友或者屏蔽他们的消息动态。

六、传播隐私管理理论

数字交往中，人们在上网时总是倾向于认为自己是在一个私人场合说话，但实际上网络是一个公共场合，隐私风险是限制用户在社交平台上表露信息的主要因素。

在公开信息和隐私的转变之间有一条线，即隐私界限。当人们把私人信息表露给别人时，他们所分享信息的界限就被称为集体界限。

人们在决定表露或隐藏个人信息时有五个标准：文化、性别、动机、语境和风险收益比。例如，不同文化有不同的关于隐私和公开的规范。男性和女性在社会化过程中会建立不同的关于隐私和公开的操作规则，人们可能被鼓励表露个人信息，从而发展亲密关系，特定语境也会引发或阻止表露。规则被建立在风险收益的标准之上，这和社会交换理论的规则基础十分相似，在交往过程中，人们会估算风险收益比，进而决定表露个人信息的程度。

但是，这里会存在隐私悖论，表现为人们既需要保护隐私，又需要分享隐私。按佩特罗尼奥的说法，人们在互动中不断地对隐私边界进行管理。当个人认为某个信息属于自己时，他便将这条信息看作隐私信息。由于个人将隐私信息看作自己的所有物，因此其有权利管理该信息的扩散程度。个人可以依据信息对自己的重要程度来设定和使用隐私规则，以此来控制隐私信息的传播。个人隐私一旦被传播，集体隐私边界便随之诞生，所有获取隐私信息的其他个体也就成了该隐私信息的共同所有者。当隐私规则在隐私的原始所有者和共同所有者之间无法达成一致时，隐私边界就会变化。

例如，当某个要考研的同学得知自己初试分数的时候，他会考虑在什么时候什么地方向什么人透露这个消息，并告知朋友此信息的边界规则，即规定在什么条件下才能透露给别人。对于那些发布在微信朋友圈中的个人信息，共同信息拥有者并没有统一的隐私管理规则，任何一个看到这条信息的人都可以不受任何限制地随时随地向其他人透露，因为该信息发布的过程中不存在与共同信息拥有者的协商环节。

课堂讨论

数字交往与数字社会的关系。
群体性孤独的必然性与偶然性。

思考题

1. 什么是网络新媒体?
2. 什么是数字社会?
3. 什么因素导致数字空间的群体性孤独?
4. 什么是幂律分布?
5. 如何设置数字隐私界限?

第二章　数字交往主体

教学目标

　　了解数字交往主体类别
　　能够简单区分不同交往主体的特征
　　厘清数字人到虚拟数字人的演化进程

第一节　概念解释：从自然人到虚拟生命

托马斯·霍布斯（Thomas Hobbes）将人分为两类：自然人、拟人或虚拟人。自然人的言语或行为产生于其本身；拟人或虚拟人是他人言语或行为的"代表者"。交往主体的多元化使得数字交往越来越复杂，交往行为出现匿名化、身份多重化、虚拟化等特征。

一、交往主体的概念

1. 自然人

人是特殊的物种。在《利维坦》中，霍布斯指出，希腊文中的"人"指的是面貌，拉丁文中的"人"则指人在舞台上装扮成的某人的外表，有时专指装扮脸部的面具或者面甲。卡尔·马克思（Karl Marx）认为，"人的本质不是单个人所固有的抽象物，在其现实性上，它是一切社会关系的总和。"① 生活在社会之中的人，基于需求会形成多种

---

① 中共中央马克思恩格斯列宁斯大林著作编译局．马克思恩格斯选集（第1卷）[M]．北京：人民出版社，2012：60．

关系。

利物浦大学人类学家罗宾·邓巴（Robin Dunbar）认为，人类的流言蜚语，相当于其他灵长类动物的社会性理毛（灵长类动物通过理毛行为维护社会关系）。灵长类动物要花大量时间在身体整饰上，理毛时间最长的灵长类动物是黑猩猩，它们有20%的时间都用在这件事上。在原始人类进化的某个阶段，随着群体规模扩大，个体需要为越来越多的人理毛，以便维持自己与这个较大群体的关系。理毛时间占用了觅食所需的时间。邓巴认为，语言就是在这个时候开始形成的。一旦语言开始替代理毛，人就能够在做其他事情（觅食、行进）的同时"理毛"，也就是传流言。

平均而言，人类80%的清醒时间都是在他人的陪伴下度过的。我们平均每天花6—12个小时交谈，其中大部分是跟认识的人一对一地交谈。伦敦政治经济学院的社会心理学家尼古拉斯·埃姆勒（Nicholas Emler）考察了谈话的内容，80%—90%的谈话都是关于具体的、认识的人，也就是说，都是闲言碎语。[①] 无关个人的主题只占总数的很小一部分。另外，不光杂货店里的偶然闲聊是这样，大学课堂里、公司午餐时的闲聊同样如此。你或许认为全球政治巨头们在午餐时讨论、解决的是世界问题，但其实他们90%的时间聊的都是鲍勃的高尔夫球、比尔的新保时捷和新秘书。要是你觉得这个统计数字太过夸张，不妨想想自己无意中听到的那些讨厌的电话粥。你听到过邻座或邻排有人在聊亚里士多德、量子理论或者巴尔扎克吗？他们2/3的对话内容是自我表露，其中，11%跟心理状态（我岳母都快把我给逼疯了）或身体状态（我真的很想去抽脂）有关。剩下的则跟偏好（我知道这有点疯狂，可我真的喜欢洛杉矶）、计划（我星期五要去锻炼）或行动（我昨天把他给炒掉了）有关。事实上，"做了什么事"是有关他人谈话中最大的一类内容。

2. 虚拟数字人

虚拟数字人（Virtual/Digital Human/Avata）是指具有数字化外形的虚拟人物，它通常是为特定内容的对话而训练的人工智能角色，具有一定的形象能力、感知能力、表达能力和娱乐互动能力。在包括人物形象生成、语音生成、动画生成、音视频合成以及交互技术五大模块的通用系统框架内，虚拟数字人主要分为非交互性虚拟数字人与交互性虚拟数字人两种，其中交互性虚拟数字人又分为真人驱动型与智能驱动型两种。

虚拟数字人之所以被称为"人"，主要是因为它在相貌、性别特征、性格、言语行为、面部表情、肢体动作等方面具有自然人的特征。虚拟数字人之所以被称为"人"，

[①] 搜狐网.三院王泓力："八卦"背后的心理学［EB/OL］.（2013-01-17）［2024-09-19］. https://www.sohu.com/a/450839533_99956851.

还指它们可以像自然人一样通过学习来获得知识。然而，这种学习在本质上只是一种模拟。

虚拟数字人既有人的形象、言语、行为和表情，又能实现人的某些功能，但它们毕竟是一种"人造人"，我们了解了虚拟数字人的进化历程，并不意味着认识了虚拟数字人。为了进一步了解它们，人们需要仔细剖析虚拟数字人包含的三个概念。

其一，虚拟数字人中"虚拟"的含义。"虚"是与"实"相对的词。在现代汉语中，虚包含虚假、空幻、不真实、没有力量、凭空捏造、不符合实际等意义；"拟"包含揣度、猜测、凭空虚构、模仿等含义。虚拟世界之所以被称为世界是有词源依据的。在古汉语中，"虚"作为名词同"墟"，指大土山、故城、废址、废墟和荒地等，还引申为凌空，即天。虚拟数字人这一概念中的"虚拟"至少包含四层含义：一是指元宇宙是虚拟数字人生存的虚拟空间，它是一个人造的数字化空间；二是指虚拟数字人的生存境况，它们只能存在于虚拟世界中，只能在多元数字界面、网络空间和数字空间中存在，它们像外星人一样，是一种神秘的未知生物；三是指与自然人相比的不真实状态，就是说，它们像自然人，但我们可以辨认出它们不是自然人，随着数字技术的发展，这种不真实状态可能逐渐消除；四是指自然人与虚拟数字人的交互是一种"人机交互"，这不同于自然人与自然人的交互。其实，"数字人"概念中就包含了"虚拟"的意思，如果不强调虚拟世界，那么虚拟数字人中的"虚拟"概念可以说是重复的。

其二，虚拟数字人中"数字"的含义。数字是我们的祖先花了数个世纪打造的宝贵遗产。数字化是人类认识和应用数据和数字技术的结果，在数字时代，万物皆数。虚拟数字人是通过计算机图形等技术将不可见的各类数据转化为可见的"人"的结果。虚拟数字人的"数字"概念包含了三个层面的含义：一是数据，虚拟数字人的生成基础是数据，即虚拟数字人来源于真人的外表、语言、表情和行为的数据建模，或者是原生的数据。如果没有这些大数据，虚拟数字人就无法形成；二是指数字技术，包括计算机图形学、人工智能、区块链、数字音视频 3D 等技术；三是指算法、算力，这些大数据借力驱动并帮助虚拟数字人实现社会功能。

其三，虚拟数字人中"人"的含义。如上所述，虚拟数字人之所以被称为"人"，主要是因为它们在相貌、性别特征、性格、言语行为、面部表情、肢体动作等方面具有自然人的特征。可以说，虚拟数字人中的"人"又回到了拉丁语或希腊语语境中。从行为特征看，虚拟数字人能够模仿人的行为，实现人的功能。目前，真人驱动型虚拟数字人以"真人"或者自然人为范本，通过 3D 建模、动作捕捉、渲染等技术打造而成；智能驱动型虚拟数字人以其他的大数据为材料，通过算法、深度学习技术获得行为能力。

二、虚拟数字人及其本质：数字人、虚拟人和虚拟数字人的异同

虚拟数字人既不同于数字人，又不同于虚拟人，而是兼具两者的特征。虚拟数字人及其产业发展的关键在于技术、用户、参与企业、政策与资本等因素。

第一，虚拟数字人指存在于虚拟世界中，基于计算机图形学、图形渲染、动作捕捉、深度学习、语音合成等技术打造的，在外貌、表演能力、交互能力等方面具有人类特征的复合体。可以看出，虚拟数字人的特点如下：一是它存在于虚拟世界中，而不是物理世界中；二是它是基于各种技术打造的技术集合体；三是它具有人类特征和能力。虚拟数字人与人类形象相近，且具备人类的相关能力。

第二，数字人、虚拟人、虚拟数字人具有共同目标，但存在本质区别。它们的共同目标是通过计算机、人工智能等技术，打造具有特定人设的数字化形象，以实现与人类的共情、沟通和互动。数字人、虚拟人、虚拟数字人存在包含和被包含的关系，即数字人包含虚拟人和虚拟数字人，而虚拟人又包含虚拟数字人，虚拟数字人是最小的概念范畴。我们根据范围、定义、实例等三个方面可以分析三者之间的区别（见表2-1）。[①]

表 2-1　数字人、虚拟人、虚拟数字人的区别

分类	范围	定义	实例
数字人	包含虚拟人和虚拟数字人	存在于数字世界，按照物理世界中的人物进行设定。完全一致地被称为数字孪生	明星邓丽君、龚俊的数字人形象
虚拟人	是数字人的组成部分，包含虚拟数字人	存在于虚拟世界中，任务身份是虚构的	虚拟国风偶像翎 Ling
虚拟数字人	最小的概念范畴	存在于虚拟世界，具有人类特征和人类能力的数字化形象	虚拟代言人 Zoe、超写实数字人 AYAYI

第二节　虚拟数字人的演化历史与特征

一、从数字人到虚拟数字人的演化

1964年，波音公司研发了第一个具有人的形象的数字人，即波音人（Boing Man）。随后，医学领域开始了人体的数字化研究与实践，即通过计算机技术和图形技术将人体结构数字化，在电脑屏幕上呈现可以模仿真人做出视、听、触、声和力等反

[①] 郭全中.虚拟数字人发展的现状、关键与未来［J］.新闻与写作，2022（7）：56-64.

应的虚拟人体。此外,虚拟演员、游戏领域中的美女和勇士、形象代言人、虚拟代理等其他类型的数字人陆续出现。

由于数字人社会实践功能的显现,21世纪成为数字人发展历史上的转折点,数字人不再是人类的"牵线木偶",而是可以和自然人相伴的"人"。2007年,世界上第一个使用全息投影技术举办演唱会的虚拟偶像初音未来出道,此后它一直在日本、美国等地巡回演唱并被下载和使用。2012年,我国本土偶像洛天依诞生,它能在电视上演唱,能创作歌曲,还参加了2022年央视春晚。随着5G互联网、人工智能技术、大数据、算法、算力的融合,虚拟数字人站在了"风口"并开始承担诸多社会功能。2019年12月13日,浦发银行数字员工"小浦"上岗;2021年12月30日,百信银行公布了首位虚拟数字员工AIYA(艾雅),其成为该行的"AI虚拟品牌官"。我国教育行业使用虚拟数字人录制课程,广电行业使用虚拟数字人主持节目,医疗行业使用虚拟数字人提供导医服务,电子商务行业开发智能虚拟主播,等等。

2022年11月30日,美国人工智能研究实验室OpenAI发布了ChatGPT。它上线第一周即拥有百万用户,在两个月内便收获过亿粉丝。ChatGPT可拆分为:Chat(聊天)、Generative(生产)、Pre-trained(预训练)和Transformer(转换器)。其中,Pre-trained是给ChatGPT发布任务、提供语料,让它对语料的各个构成要素之间的相互关系进行统计学意义上的处理。ChatGPT具有同类产品具备的一些特性,例如对话能力,它能够在同一个会话期间回答与上下文相关的后续问题。

数字人向虚拟数字人进化的简史(见表2-2)。

表2-2　1964年—2022年典型数字人进化简史[①]

年份	名称	功能特征
1964	波音人	第一个有完整形象的数字人
1981	亚当·派沃斯	第一个有三维体量感的彩色数字人
1985	托尼·德·佩尔特	第一个在三维动画片中担任主角的数字人
1987	虚拟玛丽莲·梦露	第一个成功模拟和再现过世名人的数字人
1988	迈克	第一个用简单语言、表情和真人实时互动的数字人
1988	内斯特·赛斯通	第一个发表演说的数字人
1996	多佐	第一位出版音乐单曲的数字人
2001	劳拉·克罗馥	第一位以考古学家身份活跃在三维电子游戏中的数字人
2001	雷蒙娜	第一个可以智能聊天、网站代言和真人现场演出的数字人
2007	初音未来	第一个使用全息投影技术举办演唱会的虚拟偶像

① 谢新水. 虚拟数字人的进化历程及成长困境——以"双重宇宙"为场域的分析[J]. 南京社会科学, 2022(6): 77-87.

续表

年份	名称	功能特征
2012	洛天依	中国数字人的虚拟本土偶像
2014	思维克隆人	有智能有情感的虚拟人
2017	生命 3.0	能自己设计硬件和软件的智能人
2019	小浦	银行业首位上岗的数字员工
2021	AIYA	百信银行首位虚拟数字员工
2022	ChatGPT	第一个基于开放式人工智能技术的人工智能聊天机器人

二、虚拟数字人的类别特征

从类型上来说，数字空间中的虚拟数字人可以分为不同的类型，按照其原型可分为真人数字人和原生数字人两类；前者是以自然人为模型建构的，后者是完全虚拟化的数字人。虚拟数字人按照功能可被分为服务型虚拟数字人和身份型虚拟数字人。[①] 服务型虚拟数字人是可以替代真人进行内容生产和简单交互的特定行业助手（虚拟主播、银行顾问、展览导游等），也包括更注重陪伴感的多模态通用 AI 助手（健康助手、虚拟男/女友等），目前虚拟数字人助手处于以智能音箱产品形态为主的语音 AI 助手阶段。身份型虚拟数字人指各类虚拟 IP、虚拟偶像以及未来在虚拟世界中代表个体的虚拟分身。虚拟 IP/偶像目前主要以偶像/网红作为核心场景，并且由 2D 平面形象转向 3D 立体形象。

1. 虚拟数字人是人造物也是"人"

虚拟数字人具有自然人的语言、形象、动作和情感，并且能够与自然人交互，它还承担社会角色，体现社会价值，发挥社会功能。然而，虚拟数字人不同于自然人，它们的身体、头发、服装等都由三维数字模型打造。它们的动作或行为可以由程序实时控制，并在计算机屏幕或其他显示设备上呈现。它们只是计算机图形技术、大数据技术和人工智能技术建构的"产品"，是编程团队赋予了它们躯体和智能，是"人造物"。

2. 虚拟数字人能学习却没有心智

虚拟数字人有一定的学习能力，但它们不是自主学习，而是"自动化"学习。虚拟数字人可以在社会中成长，但不是靠同伴来提升心智，它们要依赖人工智能引擎驱

---

① 谢新水. 虚拟数字人的进化历程及成长困境——以"双重宇宙"为场域的分析 [J]. 南京社会科学, 2022 (6): 77-87.

动来获得心智。康德认为,人的社会性的生理基础是"为了他们的心智官能",按照这个逻辑,虚拟数字人不具备人的心智。

3. 虚拟数字人有社会性却没有自由意志

虚拟数字人有语言能力、情感能力、交互能力,具有可交流性、公开性和社会性。然而,虚拟数字人不是真正的血肉之躯,在貌似自由成长、发展的背后,它们没有生理需求,只是"冰冷"的数字人。自然人是无法逃离孤独的主体,可虚拟数字人和自然人不同,在虚拟数字人的生活中"没有令人恐怖的孤独"。虚拟数字人没有自由意志,它们被一种秩序力量支配,因此它们不能被视为人,只能被视为工具。

三、虚拟数字人产业与应用

虚拟数字人已经在游戏、传媒、影视等领域得到了广泛应用,但整体来说,其应用主要集中于游戏、虚拟偶像、品牌营销等领域,尤其是 B 端业务。

目前,国内外的互联网巨头都积极布局虚拟数字人产业,海外的互联网巨头如英特尔、微软、谷歌、Meta、三星等,都能提供全栈式的技术服务。也有大量的企业涉足人工智能、渲染建模、动作捕捉以及 AR/VR 应用等领域。国内的互联网巨头如腾讯、阿里巴巴、百度、网易等都开始发力虚拟数字人产业,相关产业主要集中于平台层和运营层,运营层集中于游戏、直播、动画、影视、音乐及社交平台等。①

1. 游戏产业

《游戏产业报告》显示,2021 年,中国游戏市场实际销售收入 2,965.13 亿元,较 2020 年增收 178.26 亿元,同比增长 6.40%。2021 年国内游戏用户规模 6.66 亿人,同比增长 0.22%。其中,中国移动游戏市场销售收入为 2,255.38 亿元,较 2020 年的 2,096.76 亿元增加了 158.62 亿元,同比增长 7.57%。而在中国移动游戏收入排名前 100 位的产品中,角色扮演、卡牌、策略三类游戏占一半,且角色扮演、多人在线战术竞技和射击三类游戏占总收入的 50% 以上。

游戏尤其是角色扮演类游戏对虚拟数字人技术有很大的需求,目前国内游戏厂商在虚拟数字人技术方面已经有很深的积累,游戏捏脸技术已成熟。例如腾讯的《天涯明月刀》和网易的《逆水寒》都在玩家捏脸和角色画面呈现上有领先优势。目前,游戏厂商携其强大的游戏引擎,将破圈助力各行各业打造强大的虚拟数字人,尤其是

---

① 郭全中.虚拟数字人发展的现状、关键与未来[J].新闻与写作,2022(7):56-64.

Unity 和 Unreal 两大游戏引擎的虚拟数字人技术处于领先地位且功能强大。

2. 虚拟偶像

根据艾媒咨询发布的《2021 中国虚拟偶像行业发展及网民调查研究报告》，2020 年中国虚拟偶像核心产业规模为 34.6 亿元，同比增长 70.3%，预计 2021 年到 2023 年将分别达到 62.2 亿元、120.8 亿元、205.2 亿元；虚拟偶像带动产业规模 2020 年为 645.6 亿元，同比增长 69.3%，预计 2021 年到 2023 年分别为 1,074.9 亿元、1,866.1 亿元、3,334.7 亿元。此外，超过八成网民有日常追星的习惯，其中 63.6% 的网民会支持和关注虚拟偶像的相关动态。同时，有八成网民花费在虚拟偶像上的费用每月在 1,000 元以内，且 37.6% 的网民表示愿意花更多的钱支持虚拟偶像，手办、唱片等周边产品已经成为虚拟偶像流量变现的重要渠道。且有 88.5% 的虚拟偶像爱好者加入社群交流，并且他们通常加入 2 至 3 个社群。

虚拟偶像随二次元文化崛起，B 站早在 2018 年就开通了虚拟主播板块，同年还与日本游戏厂商 GREE 合资成立 bG Games 公司，共同开展面向中国和日本地区的手机游戏以及 Vtuber（虚拟主播）业务。根据陈睿在 B 站 12 周年庆典上的演讲，截至 2021 年 6 月，B 站有 32,412 名虚拟主播，同比增长 40%。而根据 Darkflame 的数据，中国虚拟艺人的月直播收入从 2020 年 1 月的 761 万元增长至 2021 年 10 月的 4,862 万元。

互联网大厂高度重视虚拟主播领域，B 站除了成立合资公司 bG Games，还收购了洛天依的母公司上海禾念，并联合彩虹社成立 Virtual Real；腾讯音乐投资了 Wave VR 以及《王者荣耀》的角色男团；字节跳动与乐华娱乐合作，共同进军虚拟主播市场；阿里也投资了乐华娱乐。

3. 品牌营销

随着 Z 世代的崛起，以二次元群体为核心用户的虚拟偶像迎来快速发展期。面世 30 余年的虚拟偶像伴随着技术发展经历了 3 个重大发展阶段，分别是：1.0 时代，以林明美为代表；2.0 时代，以"初音未来"为代表；3.0 时代，以柳夜熙为代表。1.0 时代，虚拟偶像官方主动权更大，受互联网发展水平所限，虚拟偶像与粉丝的关系多为粉丝单向崇拜；2.0 时代，虚拟偶像与粉丝的关系完成了双向建构；3.0 时代，随着图形渲染、图像识别、动作捕捉、深度学习等技术的成熟，虚拟数字人以虚拟客服、虚拟导购、虚拟学生、虚拟主持人、虚拟网红达人等形象不断渗透和参与现实生活。2021 年，以柳夜熙为代表的虚拟网红入驻抖音、小红书等短视频社交平台，这实现了平台和虚拟 IP 的双向引流，并帮助平台斩获美妆、汽车等行业品牌的代言。

企业打造的虚拟数字人可以分为两种：一种是企业自主打造的符合自身特点的品

牌代言人，如欧莱雅的"M姐"、花西子的"花西子"等；另一种是企业与外部商业团队合作打造的虚拟数字人，其价值在于能为企业和品牌的数字化转型引流。

第三节　数字交往主体的可供性

一、数字交往的可供性与交往理性

美国心理学家詹姆斯·吉布森（James Gibson）最早提出功能可供性（Affordance）概念。之后美国认知心理学家唐纳德·诺曼（Donald Norman）将可供性概念运用到人机交互领域，他更强调一定情境下可以被知觉到的可供性（Perceived Affordance），这种可供性反映的是人物互动的可能性和互补性。[①] 人与虚拟人的数字交往主要蕴含了审美可供性、情感可供性和文化可供性三种社交可供性（Social Affordance）。下文以虚拟综艺《2060》为例进行分析。

1. 审美可供性

审美可供性指的是"科技+""数字+"条件下的美学元素是否可以被用户感知。人类感受虚拟生命，要从"看到"开始。眼睛是深度知觉器官，也是信息获取的主要感官，80%以上的外界信息经眼睛获得。数字技术赋能下，《2060》带电视观众奔赴一场视觉奇观，感受不可思议的视觉审美。虚拟生命（V-Life）身体的每一处设计、每一个细节、每一件饰物，都是艺术与科技的审美结晶。如虚拟机械歌姬"弦"就是融合古典油画与现代科技的极致审美。除了惊艳观众的虚拟生命竞演，星环城场景解锁和舞台背景呈现都让观众惊叹不已。当科技六边形组成的球形镂空"茧"打开，当虚拟生命"星瞳"和"织织"各长出一只翅膀，一起飞向高空化茧成蝶时，舞台审美又一次被推向巅峰。

无论是虚拟生命技术身体的美学体征，还是舞台视觉效果的美学突破，《2060》都为电视观众带来了前所未有的视觉奇观和审美感受。《2060》舞台中的虚拟生命早已不是技术存在，更不仅仅是制作人的创作作品，而是饱含艺术和审美的"恋人"或"朋友"。当虚拟生命站在舞台中央竞演，成为被凝视和被欣赏的对象时，观众的审美体验已超越虚实、超越技术、超越心灵。

[①] 占琦.元宇宙与数字交往：虚拟综艺《2060》流量解码[J].东南传播，2022（7）：67-70.

2.情感可供性

情感可供性指的是情绪和情感是否可以顺利地在人机之间传达，即共感。苏格兰哲学家休谟认为，人类交往的首要原则是"情绪和情感的传达"，即"共感"。人对虚实的判断源于理性，却终于情感。美国学者唐纳德·诺曼（Donald A.Norman）在《情感化设计》中提出情感三层次理论，认为情感在产品设计和传播中至关重要，情感系统由本能层、行为层和反思层组成。本能层关注外观本身，其情感诉求是观众初次看到节目舞台上虚拟生命的直接情感反应；行为层关注使用后的愉悦感，其情感诉求是观众在与虚拟生命的交互体验中得到的情感反应；反思层关注持续情感，其情感诉求是观众对虚拟生命产生的舞台之外的情感认同与依赖。

《2060》用虚拟时空的虚拟主体建构出真实的情感体验，唤醒观众内心的情感能量，架起虚拟与现实的共情桥梁。本能层用虚拟现实、增强现实技术，立体雕琢虚拟生命的外形、服饰、动作、声音，提供极致真实的视觉情感体验。行为层以虚拟生命与现场的节目嘉宾实时互动交流激发观众的交互情感体验。反思层多维再现虚拟生命的真实生命情怀，引发观众的情感认同体验。电视鸡的现实治愈，点赞仙的满满正能量，浓密仙的生发守护，机械义警官的正义守护等，使节目模糊了虚拟与现实的边界。

3.文化可供性

文化可供性指的是网络文化和传统文化的交融。美国电视理论学家阿曼达·洛茨（Amanda Lotz）曾断言，未来数字时代的电视应该是一种非线性文化（Nonlinear Culture）。数字技术浪潮下，电视文化的表达输出模式面临挑战，单向文化思维面临变革，多元文化表述激活电视文化活力。交流、碰撞是文化发展的持续生命力。作为一直被边缘化的亚文化，二次元文化只有与主流文化不断地对话、交流与碰撞，才能破壁出圈。元宇宙打破了电视文化表达的时空区隔，重塑了电视文化再现的社交场景，模糊了二次元文化与主流文化之间的圈层壁垒，为二次元文化与主流文化的交流、碰撞提供了新平台和新场景。

《2060》聚焦国产原创动漫的文化表达，让不同次元文化交流碰撞，这丰富了电视的非线性文化形态。节目里虚拟生命不仅是有血有肉、有情有性的"生命体"，更是国漫传承的文化符号和表征。源于中国古老传说的"孟姜"、守护中国传统乐器八大材质"木"的"向初"、懂唐诗宋词的蜉蝣精灵"芙苃儿"、手握毛笔的中国红少女"开心"……中国元素与虚拟生命巧妙融合，为国产动漫打上深深的中国文化烙印。节目缩小代际鸿沟，有Z世代引航员，也有银发见证官，以寻求文化多维破圈。《2060》用科技加持，用情感赋能，最终实现多元文化表达。如果视觉技术是起点，情感故事是叙事过程，那么文化价值认同才是节目的终极目标。

哈贝马斯认为，现代社会中人面临的最为重要的生存困境是系统对生活世界的殖民，人与人之间的交往行动被物化的逻辑所支配。在交往数字化的时代里，人不仅受物的逻辑支配，更受到数的逻辑支配，人的存在方式及存在意义为数所深度绑缚。相较于物的逻辑支配，人对数的依赖更为严重且难以摆脱。数的逻辑体现的是更为精准和难以逃脱的控制。通过数字系统，人们生活的最细微的层面被纳入资本和权力的控制范围，数字技术构成了资本主义对人进行操控的新媒介。数字设备的界面集聚着各种各样的信息，排列在一起的信息就像陈列在市场上的商品一样，表面上看，每一条信息都与价值无关，但实际上每一条信息都已被"明码标价"。当人们点信息的时候，一次隐形的交易就完成了，人们付出了时间，而资本收获了流量。流量是对人的时间的精准控制，而时间，对于资本而言永远都是根本性的牟利方式。

与此同时，数的高度抽象性赋予了其强大的建构能力，数在建构与塑造世界的同时，也实现了对人的重新定义，人们已经没有办法离开数字设备，数字技术与数字设备就像海德格尔所说的"集置"，它们构成了人存在于世的基本方式，人成了数字化的存在者。这无疑导致了更为深层次的异化，一如中国学者蓝江所说："数字化的异化意味着我们所有的个体与个体的交往，已经完全被一般数据所穿透，这是一种被数据中介化的存在，这意味着，除非我们被数据化，否则我们将丧失存在的意义。"[①]

数字交往的新样态如果用中国台湾诗人林焕彰的诗句来表达，虚拟人就像人们的影子，只要条件合适，分也分不开。

> 影子在前，
> 影子在后，
> 影子常常跟着我，
> 就像一条小黑狗。
> 影子在左，
> 影子在右，
> 影子常常陪着我，
> 它是我的好朋友。
>
> ——林焕彰

[①] 蓝江.交往资本主义、数字资本主义、加速主义——数字时代对资本主义的新思考[J].贵州师范大学学报（社会科学版），2019（4）：10-19.

二、虚拟数字人的仿真程度与用户接受度：恐怖谷效应

第一，虚拟数字人的呈现方式与互动方式直接影响人类对于虚拟数字人的接受程度。虚拟数字人的外观、行为的仿真度是影响社会互动感知的关键因素。人类交往中的亲密行为表现，如身体接触、眼神接触、面部表情（微笑）、语气（温暖）等，在VR环境下与虚拟数字人的交互同样能产生亲密感。随着虚拟现实变得越来越"社会化"，虚拟世界中类人主体的视觉表征成为重中之重。虚拟数字人如何尽可能地还原人类的外形特征，以及如何提高用户对其外表与行为的接受程度，是业界和学界共同关注的问题。现阶段，虚拟数字人的形象越来越追究细节的仿真，包括皮肤、肌肉、骨骼、音色等，追求对真人形态与肢体运动的高度还原。但是对于虚拟数字人，尤其是与人类高度相似的3D智能驱动型虚拟数字人，仿真程度也可能带来恐怖谷效应（Uncanny Valley）。

恐怖谷效应提出，机器人外貌形象的拟人化程度越高，受众对机器人的情感反应越积极。但当机器人与真人的相似程度达到某个临界点时，受众反而会感到非常不适与反感。然而超过这个临界点之后，若机器人与人类相似度不断提高，受众对机器人的情感反应又恢复到喜爱的状态。如何避免或者克服恐怖谷效应，是当下虚拟数字人应用中面临的现实问题。

第二，虚拟数字人是否应当高度仿真以无限接近人类的问题引起重视。从工业设计的角度看，具备中度类人性和高度亲和力的机器人最能够让人类用户获得舒适的相处体验，这一观点也影响了几十年来日本机器人的设计方向。另外，用户对机器人外观的期望会受到使用环境的影响，对于家庭护理等高度个性化和互动性的任务，外貌越像人类的机器人越受欢迎。但对于社交性较弱的场景，如保安、检查员等，人们反而对机器形态的机器人表现出更大的偏好。用户年龄差异对于人工智能外表的接受程度也有显著影响，有调查发现老年人更喜欢更类人的机器人，而年轻人对更机器化的人工智能外表有更大的接受度。[①]

用户对机器人仿真程度有两种理解，一种是机器人在物理特征方面（外观和行为）与人类高度相似（Human-Likeness），另一种是人们通过将人类的特征和品质投射到机器人身上来进行拟人化（Anthropomorphism），在与机器人初次接触时，类人的外观和行为会提高用户对机器人拟人化程度的感知，但相处经验的增加会引发习惯效应

---

① 程思琪，喻国明，杨嘉仪，等.虚拟数字人：一种体验性媒介——试析虚拟数字人的连接机制与媒介属性[J]. 新闻界，2022（7）：12-23.

（Habituation Effect），它能弱化物理特征上的人类相似性对用户感知机器人拟人化的影响。因此，包括虚拟数字人在内的人工智能，是否应该在外观特征上高度仿真，需要结合用户特征、使用环境、使用经验等多个因素来考虑。①

第四节 数字交往中的人机交互

一、人机交互环境

与人机交互相比，人与虚拟数字人的交互环境存在更多可能性。从发展趋势来看，目前人与虚拟数字人的交互场景主要分为两大类，一类是真实物理环境下的交互，另一类是虚拟数字环境下的交互。从技术难度来说，真实物理环境下的交互更容易实现，它表现为虚拟数字人在现实空间中的可视化，其落地场景也相当丰富，包括传统文娱（影视产品、偶像造星等）、社交、游戏、办公、直播电商、陪伴服务等。这些场景下的交互主要追求提高实时交互的流畅度，并尽可能接近真实人际交互的模态。但随着应用场景的增多以及陪伴时长的增加，当用户已经习惯虚拟数字人这一新的社交伙伴时，二者之间完全可能衍生出新的交互机制和交互模式。

虚拟数字人远非人类某些社会角色的替代品，它更重要的任务是带领用户突破物理环境的限制，在虚拟现实、增强现实、混合现实等扩展现实（XR）技术的辅助下实现人类在物理空间和虚拟空间的来回穿梭。对于虚拟数字环境下的交互来说，XR技术将扁平化的社交场景推向高沉浸感（Immersion）、高在场感（Presence）以及具身化（Embodiment）的三维虚拟交互空间，用户能在交互过程中感知身体中的自我（Self Location）、身体所有权（Body Ownership）以及身体的可控性（Agency）。具身认知理论认为，身体感知会影响认知和情绪带给用户的具身化感知，它赋予了用户比物理世界中的身体形态、身体机能与身体可操纵性更大的自由度，用户甚至可以体验一些非人类的身体特征，这必然会引发用户认知模式的改变。有研究发现，交互场景比交互对象更能影响用户对互动质量的感知，这一结论打破了实体机器人比虚拟数字人能引发更多社会反应的常规论断，它认为只要用户在交互场景中获得了较高的社会在场感，交流对象的实体或虚拟形态并不会给社交体验带来显著差别。由此，真实环境下

---

① 程思琪，喻国明，杨嘉仪，等.虚拟数字人：一种体验性媒介——试析虚拟数字人的连接机制与媒介属性[J].新闻界，2022（7）：12-23.

面对面交互产生的人际交互机制可能也无法解释虚拟或者虚实结合环境下人与虚拟数字人的交互形态。①

> ## 案例——人机互动
>
> 2023年5月29日,在中国台北举办的2023年台北国际电脑展(Computex)上,英伟达首席执行官黄仁勋作了长达两小时的主题演讲。作为演讲前半部分用于吸引观众眼球的重头戏,黄仁勋公布并介绍了英伟达和合作伙伴Convai共同构建的新AI技术:Omniverse Avatar Cloud Engine(以下简称ACE)。
>
> ACE是一套基于生成式AI技术的模型代工服务,能够为游戏中的语音、对话和角色动画提供AI模型,或者说,给非玩家人物(NPC)增加实时交互的功能。"……我们用AI来渲染场景,还能用它让场景变得栩栩如生。"
>
> 黄仁勋还播放了一段代号"Kairos"的演示视频。这段视频运用虚幻5引擎和光线追踪技术,渲染了一间赛博风格的拉面店(见图2-1),由玩家操控的凯(Kai)来到店里,和AI驱动的NPC老板金(Jin)实时交流。他们的对话翻译如下:
>
>
>
> 图2-1 游戏画面
>
> 凯:嗨,金,你还好吗?
> 金:不幸的是,不太好。
> 凯:怎么了?
> 金:我担心这附近的犯罪活动。最近情况变得很糟。我的拉面店也陷入了

---

① 程思琪,喻国明,杨嘉仪,等.虚拟数字人:一种体验性媒介——试析虚拟数字人的连接机制与媒介属性[J].新闻界,2022(7):12-23.

交火。

　　凯：我能帮忙吗？

　　金：如果你想为此做些什么，我听说了这样的传言。青木久蒙（Kumon Aoki），那个强大的犯罪头目，正在城市里制造各种各样的混乱。他可能是这些暴力行为的根源。

　　凯：我会跟他谈谈。我在哪里能找到他？

　　金：我听说他常去城东边的地下搏击俱乐部。试试去那里吧。

　　凯：好的，我会过去的。

　　金：小心点，凯。

　　游戏设计这一大段对话的目的，就是让玩家接了个支线任务，找到这个青木久蒙，还拉面店一片清净。在ACE支持下的金"栩栩如生"，金对自然语言实时作出的面部反应（如口型），完全对得上他的发言。[①]

二、人机交互机制

　　认知系统理论（Cognitive Systems Theory）认为人类存在两个认知系统，社会认知系统（Society Cognition System）和物理认知系统（Physical Cognition System），两个认知系统受到不同脑部神经网络区域的控制。在交往时，人们通常采用一种意图性立场，即通过猜测对方的心理状态来解释对方的行为，这基于人们认为对方行为的出现源自其内心的意愿。但是与机械物体进行交互时，人们通常用一个设计的立场来解释物体的表现，比如汽车之所以会动是汽油产生的能量。这两类认知系统通常被认为分别稳定地作用于人与人交互以及人与物交互中，在互动早期采取的认知立场会保持到互动结束。但是人工智能作为具有人类表征的物体，人类在与其交互时到底采用何种认知系统，以及认知立场是保持稳定还是在交互过程中不断变化，都未得到充分解释。

　　人类会无意识地将与人机互动中相同的社交启发式应用于计算机，即只要计算机透露足够的具有人类特质的线索，我们的大脑会将计算机与人画上等号，从而产生社会反应。许多实证研究证实了这一观点，比如外形更像人类的虚拟数字人会得到更有利的评价，它们被认为更具吸引力、更可信、更有能力。而拟人化水平更高的虚拟人

[①] 游研社. 让NPC和玩家实时交互？英伟达展示的新AI技术做到了[EB/OL].（2023-05-31）[2024-01-18］. https://www.163.com/dy/article/I61CI5VO0526D7MA.html.

也会给受众带来更高的参与感、社会存在感和交流满意度。但上述结论均来自对以交互次数为单位的短期人机交互效果的考察，人与计算机或人工智能的日常互动通常是长期的、持久的和个性化的，对短期交互的考察往往忽略了接触时长和互动经验等关键影响因素，因此有研究者质疑其结论的有效性。

人类在不同互动阶段会对虚拟数字人产生不同的认知。虚拟数字人呈现的类人特征（面部表情、声音、情感表达等）之所以会让用户将虚拟数字人自动归入"人类"，是因为个体对于类人线索会进行无意识加工，任何与人类有关的线索都有可能导致个体作出虚拟人属于真实人类的判断。群体内优势假说认为，个人对与所属群体相关的刺激反应更快，因此在初次与虚拟数字人交互时，人类可能对虚拟数字人身上带有的类人特征的线索比其他线索反应更快。这也可以解释为什么人们在不承认人工智能助手等同于人类的前提下仍然与其产生社会性交互。此外，缺乏关于虚拟人的知识或者（与虚拟人的）接触经验可能是导致我们忽视虚拟人的非社交性线索的另一个因素，不断增加的交互经验会让个体更新认知并调整情感结构，更新对虚拟数字人身份的判断，采取不同于人类社会的互动方式和社会规范，最终，新的关系连接形成了（见图2-2）。

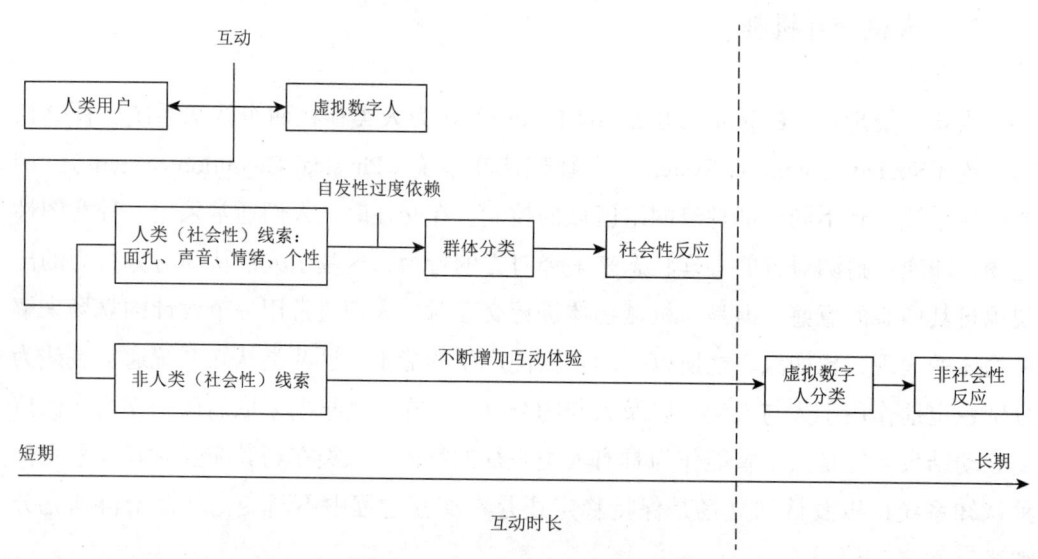

图 2-2 人与虚拟人互动机制[①]

研究发现，对于简单或者熟悉的任务，他人在场会促进个体的行为能力或水平，这被称为社会促进效应（Social Facilitation）。但是，在完成复杂或者陌生的任务时，他人在场反而会抑制个体的行为能力和水平，即社会抑制效应（Social Inhibition）。对

---

① 程思琪，喻国明，杨嘉仪，等.虚拟数字人：一种体验性媒介——试析虚拟数字人的连接机制与媒介属性[J]. 新闻界，2022（07）：12-23.

于虚拟数字人的存在是否也会引发同样的社会促进或者社会抑制效应的问题，相关实验研究发现，被试在解决复杂的数学问题时，无论是真人、2D 虚拟人还是 3D 虚拟人的存在都会出现社会抑制效应。但是也有研究者并未发现机器人在场的社会促进/抑制效应，因此在人机交互中，社会资源交换理论（Social Exchange）、社会渗透理论（Social Penetration Theory）等都无法在当下与虚拟数字人的交往中得到体现，人们可能需要摒弃人机交互理应趋向于人际交互的前提假设，重新挖掘目前技术水平下人与虚拟数字人交互的独特素材。

第五节　回到传播：数字交往中的人际传播

一、两级传播

20 世纪 40 年代初，在传播学关于传播效果的研究中，"魔弹论"还非常盛行，受此观念的影响，拉扎斯菲尔德（Paul Lazarsfeld）等人在 1940 年美国总统大选期间，围绕大众传播对选民意向的影响进行了一项实证调查，调查结果出乎意料。他们发现，大众传播并没有力量左右选民的态度，决定选民投票意向的还有其他众多因素。他们推测，大众传播中信息并不是直接"流"向一般受众，而是经过了"中间人"再到一般受众。这一"中间人"便是"意见领袖"（Opinion Leaders，或称"舆论领袖"）。"两级传播"的概念由此产生。

两级传播模式建立在拉扎斯菲尔德主持的哥伦比亚大学应用社会学研究部的一项实证研究结果上，最早于 1944 年在拉氏和贝雷尔森、高德特合作出版的《人民的选择》一书中被提出。

随后，卡茨和拉扎斯菲尔德在 1955 年出版的《人际影响》一书中对该理论作了更集中和详尽的论述。该模式既是一种效果模式，也表达了一种有关大众传播过程的新观点，但重点在前者。

两级传播模式是一个有关大众传播效果的理论模式。其基本观点是，观念信息常常是从广播与报刊流向"意见领袖"，这是第一级传播，然后通过意见领袖流向人群中"不太活跃的部分"并影响他们，这是第二级传播。

意见领袖是指少数在信息传递和人际互动过程中具有某种影响力的中介角色。他们是在传播活动中表现活跃的少数分子，对事态发展趋势比较关心、了解，因此，他们能向人们提供有关的信息，并作出相应的解释。意见领袖具体包括 4 个方面的作用：加工与解释，扩散与传播，支配与引导，协调与干预。

二、两级传播模式的贡献

两级传播模式最大的贡献在于否定了当时影响很大的"魔弹效果论",开创了有限效果论的传统,为大众传播研究提供了新思路。同时,两级传播对多级传播等后续理论产生了很大的影响。卡茨等人研究发现,受传过程不止两个阶段;施拉姆、罗杰斯等人提出多级传播,这成为罗氏创新扩散理论的重要根基。

两级传播模式自问世以来就不断受到批评修正。总的来说,该理论在测量方法、统计分析、抽样技术和实验方法等方面都存在明显的缺陷,而且它片面地、过分地夸大了人际关系在大众传播中的作用。

大部分新闻报道仍由大众媒介直接传播。两级传播模式忽略了一个明显事实,即大量信息其实都是由大众媒介直接流向社会公众,其间根本不经过意见领袖。也就是说,许多信息都只有一级传播,都是一步到位的。

伪意见领袖的出现。占有信息优势的"特殊受众"如果不向一般受众"再传播"信息,那他仅仅就是信息的拥有者而不是"意见领袖"。另外,占有信息优势的"特殊受众"向一般受众传播时,也不一定就是意见领袖,他有可能会成为"伪意见领袖"。

意见领袖身份常常模糊不定。意见领袖和受其影响者处于同一团体,他们更多的是彼此之间分享信息。在实际传播过程中,人们事实上很难区分谁是意见领袖、谁不是意见领袖。即使有的人勉强被认定为意见领袖,他的地位也是很不稳定的,因为对于一批人来说他是意见领袖,但对于另一批人来说他可能不是意见领袖,意见领袖与非意见领袖的界限十分模糊。

两级传播中的信息不对称。意见领袖传播的信息主要有三种表现形式:一是意见领袖充分传播了大众媒体的信息;二是意见领袖仅传播部分信息甚至不赞同媒体的信息;三是意见领袖逆向传播媒体的信息。越是按照大众媒体本身的意义同向解读,传播的信息越接近源信息。意见领袖接收大众媒体"源信息"后,会进行信息解读和意义解释,按照自己的喜好以及价值评判标准筛选信息。而被主观筛选和阐释的"二传信息"有可能部分或完全不符合大众媒体的原意,另外,意见领袖筛选出的他认为重要的信息不一定是一般受众需要的。

三、多级传播

拉扎斯菲尔德等人在《人民的选择》中提出两级传播模式时只注意到了一层意见领袖的存在,后来拉氏和卡茨在《人际影响》中对此作了补充,提出意见领袖是多层次的。社会学家罗杰斯在考察农村革新事物的普及过程时,把大众传播区分为"信息流"和"影响流"。他认为信息的传播可以是"一级"的,即媒介信息可以直接抵达一般受众;而影响的传播则是"N级"(多级)的,其间经过大大小小的意见领袖的传递。这样,两级传播假说便发展成"N级传播"假说。

数字交往的实质就是一种虚拟空间的人际传播。由于网络传播的易介入性,一个社会事件发生后,网民可以第一时间将事件传播开来。在这个过程中,那些能够鲜明表达自己观点的"网络意见领袖"开始出现,网络传播的社会范围扩大并产生一定的社会影响。这引起传统媒体的注意并将事件曝光,传播开始进入有序化状态,影响进一步扩大,网络意见领袖的地位也更加稳定,社会事件也在传统传播和网络传播的双重作用下在更大的范围内传播开来。

大众传播中的两级传播到数字交往中的多级传播的变化历程如下:原本的"媒体→意见领袖→一般受众"转变为"网民→网络意见领袖→大众传媒→传统意见领袖→一般受众"。总之,故事可以不经由人来说,意见领袖也一样。数字交往中,虚拟数字人也可以成为讲故事的"人"。

四、网络人际传播

人际传播是指在两个以上个体之间展开的信息传播活动,本质上来说它是个体间相互交换精神内容即意义的活动,具有信息传播符号多元、双向性强、反馈及时等特点。人际传播可以分为两种类型,一种是即时的、面对面的直接交流,另一种是借助媒介展开的信息交流,交流的质量与信息的符号载体高度相关。网络人际传播属于第二种类型,指个体间借助互联网和智能终端设备、运用多种信息传播符号进行的非面对面的信息传递和情感交流活动。[1]

1. 媒介格局点网化

传统的媒介格局呈放射状结构,有两种情况,一种是传统的大众传媒"点对面"式的结构。大众传媒只有一个信息源,但有无数个同类的信号接收器,它以媒介为中心,向四面八方发送信息。另一种是以电话系统为代表的"星状"结构。它以媒介组织为中心,向每一个用户提供一条专门的信息通道。媒介组织不是信息源,它只起交换作用。信息终端既是信息源,又是接收器,以此实现"点对点"的人际传播。[2]

---

[1] 王振晓,陈勤.微信、QQ功能迭代与网络人际传播变迁研究[J].北京印刷学院学报,2021(9):17-22.
[2] 罗春明.人际传播媒介论——对一种蓬勃兴起的传播媒介的评说[J].西南师范大学学报(哲学社会科学版),1998(5):77-81.

信息网络则是另一番景观。国际互联网是一个网络的网络，它由成千上万个网络联结而成。网络纵横交错，与无数的计算机终端相联，真可谓"一网打尽全世界"。当信息在网上发送时，它被拆分成若干信息包，经由不同的路径到达目的地，再被重新组合起来，即使网络遭到大的破坏，信息可以走别的路径到达目的地。

空中传送的移动通讯与地上的信息高速公路有机结合，形成全球一体化的立体点网状宏观媒介格局。传播媒介不再是条块分割的体系，而是整体性的社会神经网络系统。在这样的格局下，所有的"节点"无论是移动通讯还是多媒体终端，其受传者都可以是身份明确的特定个体。因此，这是一个以人际传媒为主体的媒介格局。在点网结构中，空间距离的意义减弱了，超远距离传播与近距离传播没有多大的差别，地球真正变成了人们可以随时走户串门、进行"面对面"人际交流的"地球村"。

2. 媒介终端一体化

在信息高速公路中，多媒体终端势必取代传统的多种媒介终端形式。我们可以把多媒体理解为通过数字化技术，将文字、图形、声音、影像等信号转换为统一的数字信号的媒体形式。一台多功能的媒介终端即可代替电话、电视、收音机、传真机等各种媒介机器。多媒体将多种媒介一体化为一种更近似面对面人际交流的终端形式，它不仅能接收、存储、发送多种形式的信息符号，而且能轻易地在这些形式之间切换，以不同的形式讲述同一件事情来调动人的各种感官参与。在传播过程中，有的信息适合用抽象的文字符号来表达，有的适合用影像符号，还有的适合用非语言符号。在人际传播中，人们可以为不同的信息选择最合适的信息符号，这样既能节省媒介资源，提高传播效率，又能满足纷繁复杂的人际传播的需要。

3. 传播影响力最大化

传播影响力最大化是指在给定社交网络结构和特定的信息扩散规则时，传播活动要寻找网络中的最优节点组合，以保证从这些节点发出的信息在网络中传播的范围最大，或者从营销的角度讲，使得产品或技术的采纳率最高。网络人际传播中的每一个用户都是单个节点，影响力大的节点可能发展为结构洞，人际传播的目标就是节点影响力最大化。网络人际传播节点的影响力可以用连接节点的有效用户数量、节点信息被转发次数和被提及次数、明星指数等指标来衡量。

> 有效用户数量——一个节点发布的信息能够被其粉丝注意并产生影响。从信息传播角度看，有效读者与用户粉丝数的相关性不高。Twitter 上，最具影响力的前 1,000 名用户中，只有 30% 的用户粉丝数排名也在前 1,000 名。

> 节点信息被转发次数和被提及次数——前者指一个节点的帖子被其他节点转发的次数,它代表节点提供有传播价值的内容的能力;后者指一个节点被其他用户提及的次数,它代表该节点受到的关注程度以及参与他人在线对话的能力。
> 明星指数——明星节点的粉丝数与明星发布信息数的自然对数比值。明星指数大的用户所关注的用户通常明星指数也很大,即名人所关注的一般也是名人。

课堂讨论

虚拟数字人会代替人吗?

思考题

1. 什么是虚拟数字人?
2. 虚拟数字人有哪些特征和类型?
3. 人机交互与人际交互有什么不同?
4. 两级传播和多级传播的异同点有哪些?

第三章 数字交往内容：社交货币

> **教学目标**
> 掌握社交货币的一般特征
> 了解社交货币的生产途径

第一节 社交货币的定义

"咕卡"，是韩文中"贴卡"的音译，即用贴纸等装饰一张卡片（或者卡套，以及一切可以贴贴纸的物件）。2023年伊始，"咕卡"经由网络开始在年轻人中流行，尤其是中小学生，不少人为"咕卡"每月支出数百元。在快手上搜索这个话题，播放量达16.5亿次，不少视频播放量超10万次，一款9.9元的套装销量近3万；小红书上，相关笔记数量达58万；微博超话"只咕亿张"中，聚集了12.2万"咕卡"爱好者，他们被称为"咕咕机"。

一、定义

移动互联时代，越来越多的人沉迷于社交网络，他们不停地分享自己的所看、所做、所需、所爱和所想。根据相关研究，超过40%的人在社交平台上分享的话题都与个人经验和私人关系相关，人们谈论最多的也是以自我为中心、表达自己态度和经验的内容。那么，什么样的内容才能实现自我表达价值并建立认同呢？人们的这种社交表达又是借由何种工具实现的？

"社交货币"这一概念由法国社会学家布尔迪厄（Pierre Bourdieu）提出，他认为社交货币可以用来描述所有真实而又潜在的资源，它来源于社交网络和群体，既存在于虚拟的网络，又存在于离线的现实。"社交货币"涵盖了用户在社交网络上的所有行为，这些行为可以反过来定义用户的价值。凡是能够使人们在数字交往中获得别人关注、评论、赞同的话题、产品、IP形象等，都可以被称为社交货币。社交货币是虚拟网络世界的一般等价物，我们可以把它理解为某类在社会交往中用于交换的物品。在数字空间中，人们掌握的资源越多，社交货币就越充足，人们就越能满足自己的情感需求和价值需求。

乔纳·伯杰（Jonah Berger）指出，当产品可供人们大肆共享和谈论，并使人们看起来更优秀、潇洒和时尚时，人们就会获得更多关注、好评和更加积极的形象，这些产品便成为社交货币。通俗地讲，我们可以把社交货币视为数字交往中的谈资，它是人们得以交流沟通的共同话题，是能够激发人们兴趣和联系的交往内容。以下事物和现象均可以成为数字交往中的社交货币。

茶颜悦色入驻南京：奶茶作为当代年轻人的新型消费品，各家品牌新品上市时都会引起网友关注，不论是拍照打卡发朋友圈，还是排队代购做口味测评，奶茶已然成为当代年轻人生活中不可或缺的一部分。

盲盒热潮：作为一种小众的亚文化，盲盒成为年轻人的新社交货币，在年轻人养娃的过程中发挥着交流媒介的功能。盲盒玩家通过各种渠道接触同类爱好者，建立新的社交圈，在与网络用户的互动中获得自我认同。盲盒是简单可爱的代名词，人们拥有盲盒就意味着拥有童趣和童心。消费者互相交流沟通，在互动中获得群体身份认同。

肯德基盲盒：2022年5月，肯德基上线的儿童套餐会随机附赠与宝可梦联名的可达鸭音乐盒、皮卡丘音乐盒、皮卡丘郊游水壶等礼物，很多大学生对此爱不释手，纷纷在互联网平台分享自己新入手的可达鸭音乐盒并据此进行二创。

刘畊宏直播：在上海居家隔离期间，刘畊宏通过直播健身带练引发全民健身潮，体育老师、动漫人物、明星、学生党等都加入分享毽子操的队伍。他们分享直播链接、打卡锻炼截图，在互联网社交中打造健身人设，积累社交货币，以期在社交圈层获得更高认可。

二、社交货币的六大维度

根据美国著名营销咨询公司 Vivaldi Partners 的定义，社交货币是对消费者在社交生活中传播、分享与品牌相关内容的行为的综合衡量，它体现了人们对品牌的认同和青睐程度。

- ◆ 社区归属：品牌消费者中拥有社区归属感的人数占比；
- ◆ 话题讨论：消费者中能够发起与品牌相关话题的人数；
- ◆ 实用价值：与品牌消费者进行交流时获得的实用价值；
- ◆ 支持声量：消费者中愿意成为品牌拥趸、对品牌给予无条件支持的人数；
- ◆ 信息交流：认为自己在与其他消费者进行有效信息交流的人数；
- ◆ 身份认同：对品牌的其他消费者产生身份认同的消费者人数。

以苹果、星巴克、谷歌、微软4大公司为例，相关的调查结果显示上述6个维度的相关数据如表3-1所示。

表3-1 苹果、星巴克、谷歌、微软的社交货币维度对比[①]

	苹果（%）	星巴克（%）	谷歌（%）	微软（%）
社交货币	63	42	41	38
社区归属	56	53	31	31
话题讨论	77	45	43	47
实用价值	52	31	44	31
支持声量	64	48	42	38
信息交流	64	35	49	49
身份认同	65	43	40	35

可以看出，在评判社交货币水平的6个维度中，苹果公司的消费者在发起品牌相关话题讨论方面的积极性很高，且拥有较强的身份认同感；星巴克的消费者在社区关系方面表现较好，在实用价值维度上表现较弱；谷歌用户在信息交流和实用价值方面表现较好，品牌归属感则比较弱；微软由于其科技公司的属性，在用户的信息交流和话题讨论方面则更为积极。

对公司和组织来说，社交货币是塑造企业形象、实现口碑传播的重要工具，它能够提升消费者对品牌的好感度，使用户主动参与企业的营销推广，实现品牌影响力的快速扩散。如果企业为人们提供了更为优质的产品和服务体验，或者企业的思想理念获得了人们的认同和青睐，那么这些优秀的产品和思想就会转化成社交货币，被人们不断提及和分享，从而实现企业的口碑传播。

---

① 余歌. 社交货币：移动社交时代的商业变现之路［M］. 北京：人民邮电出版社，2017：7.

三、社交货币的意义及作用

移动互联时代,社交互动已成为人们日常生活的重要内容,而精准定位和把握人们的社交心理,对企业打造品牌影响力具有至关重要的作用。社交货币是消费者和品牌的共有"资产",它有助于增强用户对品牌的认同感和信任感,使品牌获得一种年轻、活力、富有内涵的积极形象,从而极大地提升品牌影响力,让品牌引爆社交传播。

表3-2 五种社交行为及社交货币的作用[①]

序号	社交行为分类	社交货币的作用
1	寻找谈资	提供谈资
2	表达想法	帮助表达
3	帮助别人	提供有用信息
4	展示形象	塑造形象
5	社会比较	促进比较

如表3-2所示,数字交往中社交货币的作用主要有五种,它们分别为五种社交行为服务。[②]

1.寻找谈资:我需要跟别人有话题聊

谈资是社交的刚需。如果你提供的内容可以充当人们的谈资,他们就会很乐意分享。试想一下,当你刚刚从别人那里听到一个爆炸性新闻后会干什么?肯定是赶紧跟朋友分享,即使你已经被告诉不要说出去。

2.表达想法:我需要说服某人去表达自己的真实想法

每个人心中都或多或少有些想法想要诉说,喜悦、抱怨,甚至愤怒,或者纯粹的发泄。人们有时因为词不达意,最后选择将想法压在心底。这时候如果你提供的内容恰好是他们的想法,他们就会疯狂转发。比如卡娃微卡的《有事直说,别问"在吗"》,简直说出了繁忙职场人士的心声,自然能得到大家的认同,激发分享欲望。

3.帮助别人:我要证明我是被大家需要的

每个人都想成为别人心中那个有价值的人,都渴望被需要。在社交中如果你能提

[①] 陈瑜.网络中关系自我的建构:为虚拟人格充值的社交货币[J].东南传播,2020(1):36-38.
[②] 雷尧.引爆传播的社交货币是怎么产生的[J].销售与市场(管理版),2018(9):66-68.

供可以帮助朋友的内容，他们就会自动转发、传播你的信息。尤其是对于迫切需要证明自己价值的人，他们往往创造机会也要帮助别人。如果你在北京工作多年，一篇题为《涨了548元，北京公积金月缴存上限调到这个数字》的文章，很可能会促使你转发给自己的朋友。

4. 展示形象——我需要塑造正面积极的形象

每个人都渴望向外界展示他们的正面形象，因此，也有很多人会因为形象一致性问题而不得不放弃转发自己可能感兴趣但不符合自身形象的内容。比如，高端商务人士也可能喜欢吃垃圾食品，但他们往往不会秀在朋友圈，因为这不符合他们的高端身份。因此只有你提供的内容可以强化形象或是提升形象时，它们才会更可能被主动分享。

5. 社会比较——我需要向外界证明我混得还不错

在社交中，一切可以帮助用户不露声色"装"的内容，都是用户喜闻乐见的。看到文章《据说脚底长七颗痣的人，日后必将大富大贵》，如果你脚底恰好有七颗痣，你还会无动于衷吗？这时候大多数相关的人都会选择转发。

第二节　社交货币的生产

一、生产社交货币的基础

如今，社交已经成为人们日常生活中必不可少的部分，很多人都是手机不离身，之所以会出现这种现象，很大原因是手机这个重要的社交工具的出现。随着移动互联网的发展及智能手机的普及，人们社交的需求日益旺盛。

用户的时间呈零散化特征，一部分人在闲暇时玩手游，还有一些用户更倾向于通过手机与好友进行互动，也就是数字社交。近年来，互联网的影响蔓延至各个领域，商业也不例外。在传统模式下，商品是大多数商业活动的核心，经营者主要从差价中获取利润。如今，越来越多的商业活动改变了以往的盈利模式，建立了与社交越来越紧密的联系。例如，扫码赠送小礼品、将某条推广内容转发到朋友圈送电影票等用户以前从未见过的营销模式现在俯拾皆是。从社交入手，吸引用户关注、积累粉丝、建立品牌效应的盈利模式变得越来越普遍。

换言之，越来越多社交货币的出现促进了数字交往的发生，同时也不可避免地带来交往中真假信息难辨、交互双方信用受损等问题。比如，微信作为一种"强关系"的社会网络，用户的互动关系更多的是建立在熟人社交的基础上，虽然获取信息的渠道相较于微博稍显逊色，但分享和获得信息的可信度更高，因为用户的好友关系更多的是家人、朋友、同学、同事等。微博虽然是一种基于"弱关系"的社交网络，但是用户在使用的过程中会主动进行选择，关注自己感兴趣的对象，略过自己不感兴趣的对象。无论是微信上因为线下的原因结识而加为好友，还是微博上因为想要关注而主动添加对方，这些筛选行为都暗含了一种对被关注对象价值观的认同或是对好友本人的信任。在基于名片交换所形成的弱关系中，你关注他，是因为他能给你带来机会。在基于趣缘所形成的半熟关系中，你关注他，是因为你们彼此有共鸣。整个半熟社会是一张交织着想法、爱憎的智能网络，你就是其中的一个节点。

这种伴随而来的信任感会随时间潜移默化地传递，由"相信这个人"转化成"相信他/她说的话""相信他/她转发或是评论的内容"。因为内容的发布者是用户所信赖的人，所以在社交网络中用户往往把对发布者本身的信任转移到对他所生产或是转发的内容上。这种社交货币背后的信任关系就是信任背书，也是社交货币存在的基础。

而在现实生活中，我们转发一则内容只需要不超过10秒钟的时间，读图时代，更是一目十行，用户往往只看完标题就随手转发了。在数字交往中，转发与点赞甚至可以更快，所付出的成本更低。这就要求用户在社交网络中对自己的社交互动行为负责，至少要保证自己所生产内容或是转发内容的真实性。

二、生产社交货币的途径

数字交往中的社交货币无异于数字空间的"爆品"，因此生产社交货币的关键是激发用户的分享积极性。从现有的各类社交货币特征上看，生产社交货币需要遵循以下三个准则。

> ➤ 发掘产品、服务和思想中极具吸引力、能够引发人们内心共鸣的内容
> ➤ 游戏式的服务设计
> ➤ 借助稀缺性、专用性等要素激发人们的联系和归属感

具体来说，生产社交货币的途径有以下五种。第一，提供适度的奖励。通过一定的奖励引导用户分享内容已经成为制造社交货币的主流方式，在QQ群、微信群等网络社群中，经常会有群成员分享一些能够提供奖励的信息。其中，最为典型的就是饿了么、猫眼、大众点评、滴滴出行等消费类应用的代金券。但企业营销人员需要了解

的是，代金券这种奖励手段主要适用于娱乐、餐饮、出行等消费频率较高的领域，如果是家装、婚嫁、购车等消费频率较低的行业，这种激励手段很难取得良好的效果。因此，营销人员需要根据实际情况灵活选择奖励方式。

第二，呈现有趣的内容。人们生来就对好玩有趣的信息存在极高的需求，而且人们也十分愿意将这些信息与自己的亲朋好友分享。那些触动人们笑点的电影、话剧中的经典片段会在人们心中留下难以磨灭的印象，例如，著名影星周星驰电影中的台词、图片及剧情等在互联网中有着极高的转发率。

第三，唤起用户的同理心。通过唤起人们的同理心，进而引发情感共鸣是让用户主动进行分享的重要方式，现实生活中人们经常抱怨的事情恰恰反映了人们心中的诉求。如果营销人员能够抓住某一痛点，从而引发用户的同理心，他们就会主动分享内容。例如，一度为社会各界广泛关注的热点话题——"北漂蚁族"中，主动分享该话题的用户大部分都有过北漂经历，相同的经历让他们产生了强烈的倾诉欲及分享欲。

第四，分享有价值的内容。信息过载时代，各种标题党的泛滥严重影响了人们的阅读体验，那些品质较高的内容就显得格外珍贵，人们对这类信息的分享欲望也会更高。当然，内容价值也是相对而言的，这就要求营销人员对目标群体进行精准定位，了解他们的真正需求。

第五，激发用户的炫耀欲望。在微信、微博等社交媒体平台，人们会分享各种各样的信息，如关于旅行、孩子、奖状等。但从整体来看，人们主动分享的动机是希望被赞美，获得社会认同。排行榜是有效激发人们炫耀心理的重要手段，比如，曾经在微信平台上十分火热的"打飞机"游戏并未有太大的趣味性，但其最大的亮点就在于可以让人们通过好友分数排行榜来满足自己的炫耀心理。不难发现，在排行榜中排名前三的人，分享欲望通常很高，而那些获得第一名的用户必然会分享。

三、社交货币的价值变化

1. 主动消耗社交货币的行为

主动消耗社交货币的行为是指用户主动发起某个行为，通过减少自身的社交货币来换取利益相等甚至更大的潜在价值的社交网络行为。由于得到了相应价值的利益，他们愿意牺牲自己的社交货币。当然这种利益可能是存在于网络社会中的虚拟的利益，也可能是存在于现实社会中的实质的利益。主动消耗行为最常见诸微信朋友圈的推荐，它含有一种广告的性质。根据腾讯公司调查数据，微信朋友圈广告的收入占广告总收入的65%。商家为了扩大知名度，吸引更多的顾客，往往会用一些优惠券或者奖品换取消费者微信朋友圈的"一席之地"。而消费者为了得到某些特定的"价值",必须按照商家的要求在自己的朋友圈发布相应的推荐、广告内容,但这势必会引起受众的反感。消费者虽然知道转发广告会导致自己"社交货币"的下跌,但为了获得特定的价值,他们还是会这样做。

另一种情况就不太一样了,用户虽然也是主动进行某种行为,但不是心甘情愿的。一家公司和另一家公司刚刚签署了一项谈判许久的业务合同,如果此时A公司有个业务广告需要转发,B公司的老板即使不愿意也还是得转,其中暗含的是"讨好"的心理。微信这个工具创造之初就是为了维系现代社会人和人之间的关系,转发、点赞等互动行为都是维系情感的手段,这种手段需要以消耗用户自身的"社交货币"为前提,目的是获得潜在的商业价值或是合作伙伴。

2. 社交货币被减值的行为

被减值行为与主动消耗行为最大的不同就是行为主体是否意识到自己的行为会带来"社交货币"减少的后果。社交网络行为的主体常常是在无意识的情况下冒犯了受众,从而使自身形象大打折扣。例如美国流行歌手贾斯汀·比伯(Tustin Bicber)在个人的社交网络上发布不雅照被众多歌迷指责,粉丝更是大量脱团。在社交网络中,用户无法对被关注者将要发布的内容进行预测,一旦被关注者发布了不被普遍接受的内容,粉丝也只能被动接受。按照发布主体的价值观,自身发布的内容没有任何不妥,所以他并不能意识到这些内容对其粉丝的影响,即不理解社交货币为何减值。

3. 社交货币增值的行为

增值的社交网络行为是由用户主动发起行动引起的"社交货币"价值的增加。QQ曾经有一个累积在线时长以获得升级的机制,在有效的时间内,所有用户都疯狂地去累积在线时间,甚至连续开机、从不下线。而那段时间大家最喜欢讨论的和QQ相关的问题是:"你几个太阳了?"这一点和现在支付宝公司旗下的"芝麻信用"有异曲同工之效。

增值的社交网络行为不存在"主动上升"与"被动上升"之说,因为用户对社交网络行为发起者的了解和印象都是基于发起者本身的行为,这些行为必须被行为主体表现出来才能被其他用户注意到。社交货币给行为主体增值的结果主要是因为其行为的内容,比如减值的行为内容大多是广告、软文等不会被用户"赞"的信息,而增值的行为内容对行为主体而言更具有"美化"形象的效果。最常见的自拍修图就是美化用户的形象;旅行、美食等行为主体参与的活动,就是美化其丰富多彩的生活。用户转发思想深刻的内容、新奇的观点、鲜为人知的消息等对人有吸引力的内容都是在满足其他用户好奇的欲望，本·佩因特（Paynter Ben）在他的著作中提到"Youtube 上的化妆教程视频使得发布者赚取了大量的社交货币"。不仅社交的个人主体如此，团体或企业也可以通过有效利用社交货币增加自己的价值，塑造品牌形象。由于用户发布的鲜为人知或有深度的内容会自然而然地与发布者相联系，这会使其他用户对发布者产生一种"仰视"的心理，而这种行为常常会为其赚取社交货币。①

第三节　案例分析

一、新式奶茶：从"快乐水"到"社交货币"

进入 20 世纪中后期，随着新技术革命进程的推进和生产力的进一步发展，物质财富不断累积且日渐丰盛，西方国家进入所谓的"丰裕社会"，人们的消费选择逐渐扩大，这引发了大众消费需求的转变。人们消费的不再只是物品本身，还包括物品为其带来的地位、权力、声望等附加价值，主导消费的也不再是物品可供使用的功能性价值，而是隐含在物品中的象征性符码意义。人们被这种符码意义深深奴役，进行着无休止的消费竞赛。

一方面，艾媒咨询（iiMedia Research）数据显示，2020 年中国新式茶饮市场规模为 1,840.3 亿元，2021 年市场规模达到 2,795.9 亿元，2022 年或将突破 3,000 亿元。在如此庞大的市场背后，年轻人成为新式茶饮消费的主力军，占比几近 60%。②另一方面，年轻人热衷分享、追求新潮、打卡成风，其消费过程折射出强烈的社交和情感需求。他们对符号差异的追求从未停歇，而出于对自身经济情况的现实考量及对消费体验的注重，他们从对 GUCCI、PRADA 等高奢品牌的剁手式消费转向对 Supreme、MCM 等轻奢潮牌的"精致"消费，继而转向对"泡泡玛特"盲盒、《王者荣耀》手游、"快乐柠檬"奶茶等平价商品的日常消费。相较于高端大牌产品，小众品牌及平价产品更新迭代的速度更快、捕捉注意力的能力更强，直击消费者的日常社交触点；同时，相比一件上万元的奢侈品，几十元的消费所带来的身心体验与群体认同似乎更能给予年轻群体满足感。由此可见，符号消费的大手已从"贵妇

---

① 汪尧. 社交网络中的互动行为与"社交货币"的现实机理——从美剧《黑镜》说起［J］. 新媒体研究，2017（23）：71-73，78.
② 刘威，温暖. 从"快乐水"到"社交货币"——Z 世代新式茶饮消费的社会学分析［J］. 中国青年研究，2022（6）：92-100.

圈"转向普通百姓的日常生活。奶茶作为日常生活中刺激味蕾、娱悦自我的平价饮品，已然成为年轻人热衷的消费符码，在资本和媒介的诱导下影响着年轻人的生活方式。①

鲍德里亚认为大众消费已经明显转向，它不再是物品的使用或拥有，也不再是个人或团体赋予权威、名誉的简单工具，而是沟通和交换的系统，是被持续发送、接收并重新创造的符号编码。

在对差异化符码的追寻下，人们越发青睐设计新颖、理念新奇的小众潮牌和平价商品，也越发注重诸如口号标语、LOGO（产品标识）、配色配料、消费场景、社交接触所塑造的独特价值。由此，厂商借助社媒推广、"网红""大V"等关键意见领袖推荐和内容共创，将时尚新潮、健康环保、情感体验等"标签"植入产品，使产品从满足大众需求的功能性特征逐渐转向实现消费者自我情感诉求的价值性特征，诸如调适心情、犒赏自己、缓解压力、建立联系和打卡拍照等。

"奶茶"这一社交货币的生成过程如下。

◆ 创造符码：仪式渲染与差异崇拜。2020年9月22日，"秋天的第一杯奶茶"赋予了奶茶以"关心""恩爱"的意义；2021年腊八节当天，"CoCo都可"在其公众号主推名为《新年开运就靠这一碗——腊八喝CoCo好运在里头》的文章，CoCo将平日里添加在奶茶中的珍珠仙草打造为注入腊八粥的灵魂配料，迎合了中国传统风俗；"一点点"的虎年邮票杯、限定小料碗（限量杯身），"茶百道"与敦煌博物馆融合开发文创新品，跨界联名、制造话题，为奶茶注入文创理念和新形象。

◆ 衍生符码：场景营造与活化周边。奶茶店所营造的社交场景成为助推年轻人奶茶消费的第一个衍生品；生动多样的周边产品成为捕获消费者注意力的第二个诱惑物（星巴克曾推出的猫爪杯、喜茶芝芝果茶杯、一点点奶茶保温杯套、多肉青提陶陶包等）；跨界文化概念的植入成为消费者追逐潮流的又一驱动力。在将国产动画、本土游戏、国潮元素、热播影视等注入奶茶中的跨界联名制造话题行动中，商家在茶饮名称、外部包装及手办制作等方面精心设计，吸粉无数。

◆ 推崇符码：数字接触与流量红利。数字化触点绑定核心消费群体是实现茶饮品牌经营和消费"同屏共振"的关键举措。小程序在线点单，快递送餐到家，线

---

① 刘威，温暖. 从"快乐水"到"社交货币"——Z世代新式茶饮消费的社会学分析[J]. 中国青年研究，2022（6）：92-100.

下门店取餐，新式茶饮品牌纷纷在小红书、抖音等社交平台建立自己的"社交部落"；数字化连接能加强品牌与顾客的情感互动，使悦己体验个性化和即时化。小程序点单界面设有"轻松点"和"超值优惠"专区，"喜茶GO"小程序为会员提供在线"定制杯贴"等服务，商家利用社媒推广造势释放流量红利，推动潜在消费者转变为最终消费者。通过在微信、抖音、小红书等平台建立自己的官方账号，商家可以组织网红新品试吃、评价、排名、宣传、测评和"种草"等活动。

二、网络流行语："早安，打工人"

"早安，打工人"这个网络流行语作为社交空间的话语表达，成为用户互动的社交货币。

1. 生产：文本符号的多重表达

网络流行语泛指那些伴随现实社会的热点事件或话题在网络同步产生、迅速风靡的热门词语，又叫网络雷语、网络热词语等。生命力强以及持续时间短是其最显著的特征。"早安，打工人"传播流行的源头可以追溯到2020年9月底，抽象网红"带篮子"在B站的个人专区发布多条带有"早安，打工人"的短视频。视频里的"带篮子"和以往"长发艺术家"的形象完全不同，头发剪成圆寸并竖起拇指，高呼"有人相爱，有人分开，有人夜里看海，有人八九个闹钟都醒不来。早安，打工人！""朋友们，累吗？累就对了，舒服是留给有钱人的。早安，打工人！"等土味但励志的口号。2020年10月，豆瓣网友@熊本是熊火速建立"打工人聚集地"小组，聚集了众多工友。#打工人表情包#、#打工人梗为什么会爆火#等相关话题更是多次冲上微博热搜话题榜。

以"打工人"为关键词的各类衍生文本不断扩展，"打工人，打工魂，打工都是人上人""不是工作需要我，而是我需要工作，我打工我快乐""打工赚不了几个钱，但打工能让你没时间花钱"等语言配以各类图像符号，带来双重的情感刺激。"早安，打工人"成了公众在朋友圈、抖音、微博等平台发布图片、视频、动图等必不可少的文本元素，也成为网友们纷纷自嘲或是相互鼓励的情感对话。"打工人"文本符号是社交货币流通的最基本外在形式，该形式也在流通过程中不断丰富，并由线上蔓延至线下，形成多种形式的动态表达。

2. 流通：社会网络的行为交往

公众在进行个体间或群体间的信息交往时依赖社交货币，"早安，打工人"作为社交货币的流通是通过公众建立的交往行为实现的，他们的交往行为逐渐建构起"早安，打工人"的情感意义以及形象意义，以点赞、评论、转发或是建立相关话题的讨论社群等方式形成互动，从而促进社交货币的流通。这一过程形成的群体聚集，比如微博#打工人#的话题讨论以及豆瓣小组"打工人聚集地"等，建立起专属虚拟社群，具有相同或类似情感体悟的群成员在其中生产内容并赋予其价值，然后他们通过关注、点赞、评论、转发等社交互动行为，使这一社群内部成员的互动达到高潮。公众的点赞、评论、互动等行为是他们参与人际交往以及稳固人际关系的积极表现，这一类的交往互动让"早安，打工人"社交货币的流通更加迅速快捷，其影响也会蔓延至社群外部并吸引相关公众参与，这又会带来社群规模的扩大以及交往关系的延伸。

3. 消费：价值满足的情感集结

在消费社会中，公众相信某一产品除了因为该产品能够给用户带来使用上的满足，还因为它能给用户带来情感上的期待与认同。随着公众消费观念、社交观念的转变，公众的社会交往被纳入消费网络，消费产品的实质变成了情感。从总体上看，公众使用"打工人"这一社交货币消费的是文字、视频、图像等内容背后的情感满足和情感聚焦，而这关键在于传受双方的情感连接，进行内容生产的分享者在生产文本内容时会对社交货币进行情感赋值以获得情感消费的结果。"早安，打工人"的背后是公众社会心态的符号延伸，既有公众内心需求的真实体现，又有对当下生存环境的现实思考。一方面"早安，打工人"成为公众逃避现实但又只能无奈面对现实的情绪宣泄窗口，另一方面它又成为公众自我否定但又自我激励的矛盾点。基于此，在整个情绪传播的链条中，"早安，打工人"在无形中不断增加情感价值，受众参与式体验的使用满足得以放大并得到互动反馈，这构成了公众买卖"商品"的情感表达。

4. "早安，打工人"的情感共享

（1）戏仿：网络迷因的在场狂欢

网络流行语之所以流行，关键在于受众的互动参与，他们主要是以戏仿的形式参与"打工人"的内容生产。传播技术的改进及传播权力的去中心化使得模仿、戏谑、沉迷和参与式分享成为主要的传播互动手段。受众媒介接近权的强化，一方面为病毒式传播提供了渠道，另一方面激发了网民自身的能动性，模仿式参与传播成为一种潮流。技术的加持往往会在一定范围内提高传播密度，激发人们在文字、图像、视频或行为上的灵感，人们可以轻松快速地模仿并形成狂欢式传播，这也是网络迷因的一种表现。在迷因式的模仿参与中，受众可以根据情感偏向以及制作喜好生产出能够体现当下心态的社交货币，比如网友会在图像内容与"打工人"意思相近的图片上添加一些"打工人"元素的文字文本，生成新的表情包符号传播给他人，又或者他们以"打工人"语录作为朋友圈文案，如"世上有两种最耀眼的光芒，一种是太阳，一种是打工人努力的模样。早上好，打工人！"等，这些公众的模仿式参与在社交圈传播，形成集体狂欢，达到情感的释放与满足。在网络空间，彼此陌生的公众是身体离场的，但通过社交货币的连接他们"离场"的身体可以"在场"进行互动狂欢。

（2）自嘲：互动对话的情感补偿

以"早安，打工人"为社交中介，用户无论是在聊天时二次创作发送相关表情包，还是搭建话题社群进行内容分享，以及对他人的分享行为进行点赞、评论，都在公众之间形成"对话"讨论。学者杨昆从语用学的角度分析了网络流行语的结构特征，他认为部分网络流行语的出现是语境顺应的结果。顺应性强调的是网络流行语的出现会依托一定的社会语境，也会随着社会语境的变化产生变异或者消亡。在社会快速发展的今天，公众无疑都在承受着工作或者生活带来的种种压力。在这种社会语境中，网络为公众提供了一个公共情感释放的空间。"早安，打工人"顺应了社会的现状，公众通过虚拟在场的对话，以自嘲的形式获得情感的补偿，缓解压力环境带来的情绪压抑。公众既是自嘲也是自我激励，他们在释放负面情绪的同时，也激发了积极向上的奋斗热情，从而达到负面宣泄与积极应对的情感平衡。

（3）共在：情感转让的身份认同

"早安，打工人"这一热词可以在一段时间内引起公众的复制与创新，这需要依赖公众对这一网络流行语的情感认同。制作与分享关于"打工人"的产品就是把这一社交货币中的值——情感转让给他人，在得到他人的认同时便会形成病毒式传播。"早安，打工人"可以在一定空间内迅速传播，因为公众的共同参与将狂欢的"广场"由线上迁移至线下，并在虚拟与现实的二元空间内建构对"打工人"这一身份的认同。由于公众对"打工人"这一身份的肯定，在"打工人"话语流行期间，人们对同一身份的认知拉近了不同个体的情感距离，情感共同体被建立起来了。①

课堂讨论

社交货币会像货币一样贬值吗？数字交往中会不会出现通胀？

---

① 王鑫.从社交货币视角看网络流行语的情感传播——以"早安，打工人"为例[J].视听，2021（3）：160-161.

▎思考题

1. 什么样的内容容易变成社交货币?
2. 社交货币的六大维度是什么?
3. 社交货币有哪些价值?
4. 网络流行语是如何成为社交货币的?

第四章　数字交往空间

教学目标

　　了解日常交往空间的类型及特征
　　了解数字交往空间的特征
　　掌握数字交往空间信息扩散的基本方式

第一节　日常交往空间

　　中世纪以来，城市规划有两次重大的变化。第一次重大变化发生在文艺复兴时期，自然发展的城市转向了有规划的城市。一些专业的职业规划师负责城建工作，他们探索出有关城市规划的理论与方法。城市在较大程度上成了一件艺术作品，它被作为一个整体来构思、感受和建设。建筑物之间的区域不再是人们兴趣的焦点，空间效果和建筑本身受到更大的关注。在这一阶段，城市和建筑物的外观，也就是视觉方面的因素得到发展，并演绎成了评价好的建筑与城市设计的准则。与此同时，人们对某些功能方面的问题，特别是对有关防御、交通以及队列行进之类程式化的社会功能问题进行了研究。在规划基本理论方面，最重要的发展是强调城市和建筑物的视觉表现。

　　复兴式城镇是1593年由索卡莫齐（Socamozi）所建。该城所有的街道，不管其使用目的和在规划中的位置如何，宽度都是14米。与中世纪城市不同的是，这些尺度在很大程度上是出于形式上的考虑。城镇的广场也是如此，该城的大广场由于采用了几何构图，面积达30,000平方米，比锡耶纳城中的坎波广场大一倍。

　　第二次重大变化发生在1930年左右，深受功能主义的影响。在这一阶段，城市和建筑物的物质功能作为一种独立的规划要素和对美学的补充而受到重视。功能主义的理论主要基于从19世纪到20世纪初期发展起来的医学知识。根据这些新的、广泛的医学知识，大约在1930年形成了一系列从健康和生理学角度来评价建筑的准则，例如住宅应有照明、空气、阳光和通风，居民应接近开阔的空间等。这一阶段的规划要求建筑物向阳布置，而不是像先前那样沿街布置；并将住宅区与工作区分开，以保证居民的健康。如果要求所有的住宅都具有一样高的卫生标准，都必须向阳布置，那么新的住宅区就会产生全新的特点。也就是说，联排式的公寓楼都要根据阳光的方向采用开放性行列式建筑布局，要么东西向布置，要么南北向布置。这种形式的布局有利于通风并使住房有一个很好的向阳面。

功能主义者忽视了建筑与公共空间设计中的心理及社会方面的因素，对公共空间本身也不感兴趣。功能主义没有考虑到建筑设计对游戏活动、交往类型及聚会等诸多交往行为潜在的影响，完全是一种着眼于功利和物质的规划思想。这种思想最明显的结果之一，就是街道和广场从新城和新区中消失了。在整个人类定居生活的历史进程中，街道和广场都是城市的中心和聚会场所，而随着功能主义的到来，街道和广场被认为是多余的，它被代之以公路、行人道和无际的草地。

由于没有认识到建筑物也会影响户外活动，并最终影响诸多社会交往，社会环境的重要性被忽略了。没有人希望贬低或排斥社会活动的价值，相反，建筑物之间宽阔的草地被认为是许多娱乐活动的最佳处所，能够丰富居民的社会生活。住宅的分散和稀疏布置保证了日照与空气，但也影响了人们的交往活动。住宅、公共建筑、工厂等不同的功能划分，或许减少了卫生方面的问题，但也降低了深入密切交往的潜在可能。人与人之间相距甚远是新城区的特征，以汽车为主的交通系统使户外活动减少。此外，建筑群中机械而冷漠的空间设计也对户外活动产生了极大的影响。

与功能主义的多层建筑群平行发展的是随汽车的普及而兴起的独户住宅区。这种住宅区在包括斯堪的纳维亚国家、美国、加拿大和澳大利亚在内的许多国家发展很快。独户住宅区内的花园为私密性的户外活动创造了很好的条件。然而，由于街道设计、汽车交通，特别是人和各种活动的分散，公共的户外活动大大减少了。在这些地区，由于室外交往锐减，大众传播媒介和购物中心实际上成了人们与外界仅有的接触点。

一、公共空间

公共空间的公共属性非常明显，它是人们日常交往最常见的空间。日常生活和室外活动对人造环境的要求很大程度上取决于人们的交往需求。可交往空间的属性、基于交往的设计原则、设计中的博弈与调试等，这些考量为居民之间的相互交流创造了条件，使人能置身于众生之中感受人间万象，观察他人在各种场合下的表现。①

1. 传统户外活动的三种类型

♦ 必要性活动——各种条件下都会发生——必然性
♦ 自发性活动——在适宜的条件下发生——随机性
♦ 社会性活动——在前两种活动的连锁作用下发生——组织性

公共空间中的户外活动可以划分为三种类型：必要性活动、自发性活动和社会性活动。每一种类型的活动对空间的要求都不同。

必要性活动包括那些多少有点不由自主的活动，如上学、上班、购物、等人、候车、出差、递送邮件等。换句话说，它就是那些人们在不同程度上都要参与的活动，日常工作和生活事务属于这一类型。这一类型的活动大多与步行有关。因为这些活动是必要的，它们的发生很少受到物质构成的影响，在各种条件下都可以进行，相对来说与外部环境关系不大，参与者没有选择的限制。

自发性活动是另一类全然不同的活动，它要在人们有参与意愿，并且时间、地点都允许的情况下才会产生。这一类活动包括散步、呼吸新鲜空气、驻足观望有趣的事情以及坐下来晒太阳等。这些活动只有在外部条件适宜、天气和场所具有吸引力时才会发生。大部分宜于户外的娱乐消遣活动属于这一范畴，这些活动特别有赖于外部的物质条件。

社会性活动指的是在公共空间中有赖于他人参与的活动，包括游戏、互相打招呼、交谈、各类公共活动以及最广泛的社会活动——被动式接触，即仅以视听来感受他人。五花八门的社会活动产生于各种各样的场合，如住所、私有户外空间、庭园和阳台、公共建筑及工作场所等。本书所要考察的是发生在向公众开放的空间中的社会性活动。

这些活动可以称为"连锁性"活动，因为在绝大多数情况下，它们都是由另外两类活动发展而来的。这种连锁反应的产生，是由于人们处于同一空间，或相互照面、交臂而过，或仅仅是过眼一瞥。人们在同一空间中徜徉、流连，就会自然引发各种社会性活动。这就意味着只要改善公共空间中必要性活动和自发性活动的条件，社会性活动就会被间接地促成。

由于社会性活动发生的场合不同，其特点也不一样。在住宅区的街道、学校附近、工作单位周围的区域，总有一些人有共同的爱好或经历，由于人们彼此"相识"，没有

---

① 盖尔. 交往与空间[M]. 何人可, 译. 北京: 中国建筑工业出版社, 2002: 13-19, 35-39, 49-51, 67-71.

特殊原因，他们都会经常见面。在市区街道和市中心，社会性活动一般来说是浅层次的，大多是被动式地接触——即作为旁观者来接触素不相识的芸芸众生。然而，这种有限的接触也是极有吸引力的，比如，只要有两个人在同一空间内，就会发生社会性活动。相互照面本身就是一种接触形式，一种社会性活动，而且这种不期而遇还会进一步促成更加综合性的社会活动。

2. 公共空间的交往

（1）交往的强度

城市公共空间中见面的机会和日常活动为人们相互交流提供了条件。通过总结人们在公共空间接触的形式，我们可以归纳不同程度的交往强度。如图4-1所示，随着人们接触程度的提高，交往的强度被提高，人与人之间的关系也愈加亲密。

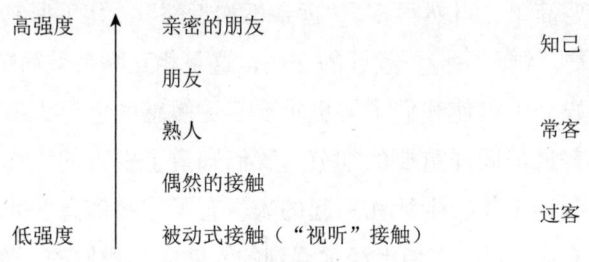

图 4-1　不同程度的交往强度

大多数时候，人们在数字空间里往往是轻度接触，低强度的接触是社会交往的基础，仅仅通过观察体验他人的言谈举止，就可能为下列交往活动提供机遇：轻度的接触，进一步建立其他程度的接触，保持业已建立起来的接触，了解外界信息以获得启发。

传统生活中，户外活动为最低程度的接触提供基础（这在数字交往中会改变）。户外活动为人们以一种轻松自然的方式相互交流创造了机会。户外活动是丰富多彩的，如随意的散步、在归家途中逛大街或者在门前宜人的长椅上与人同坐，也可以像许多大城市中的退休老人那样每天乘坐一大段路的公共汽车，等等。我们大可不必只与某种特定类型的人群打交道，而是要加入周围人群。与通过电视、录像或电影完全被动地观察人们的活动相反，每一个人在公共空间中都可以以一种适当的方式参与，这种参与感是非常明确的。

低强度的接触也是进一步发展其他交往形式的起点，这种发展不是事先计划好的，而是自然发生的，难以预测。儿童游戏是可以被预先安排的，例如生日晚会上的活动和学校中有组织的集体游戏等。但是，大多数的游戏并不是被提前安排的。当孩子们聚在一起，或当他们看到别的小孩在玩耍，或他们安不下心来学习而想要出去活动一下时，游戏就可能发生，但先决条件是他们相聚在同一空间。

在公共场合下自然发生的接触一般都是很短暂的，如与邻座的简短交谈、在公共汽车上与小朋友拉家常、观看别人工作以及向人问讯等，以这类简单的交往层次为起点的接触可以随参与者的意愿发展到更复杂的交往层次。

在日常交往中，与邻居和同事打交道是很有价值的，它可以使人们有机会在一种轻松自然的氛围中建立并保持友谊。在一定条件下，社会活动会自发地产生。比如，一则简短的告示就能组织起参观和聚会等活动。同样，如果人们由于日常活动而在住宅和工作单位频频相遇，那顺路探访、"串门子"乃至筹划一些共同感兴趣的活动，也就是顺理成章的事情了。

日常生活中经常性地见面促进了邻里间交往。由于经常见面，保持友谊与交往就比通过电话和邀请要简单、自然得多。"远亲不如近邻"，几乎所有的人都与生活或工作在自己周围的朋友、熟人保持更频繁的交往，这是相互联系最简单的方法。

尽管大众传播媒介可以使我们了解更重要、更敏感的世界大事，然而通过与人交往，我们获得了更普通但同样重要的细节。我们知道了别人的工作情况、言谈举止乃至服饰，了解了与我们工作、生活在一起的人。有了这些信息，我们就与周围世界建立起了一种密切的关系，我们在街上经常遇到的人就成了我们的"熟人"。

（2）交往的动态集聚

室外空间生活是一种潜在的自我强化的过程。当有人开始做某一件事时，别的人就会表现出一种明显的参与倾向。这样，每个人、每项活动都能影响、激发别的人和事。一旦这一过程开始，整体的活动几乎总是比最初进行的单项活动的总和更广泛，更丰富。在家中，各种活动及家庭成员都随着活动中心的变化而不断由一个房间转移到另一个房间。当厨房有事时，孩子们就在厨房的地板上玩耍。在游戏场中我们也可以观察到游戏活动是如何自我强化的，如果有小孩开始游戏，别的小孩就会来参加，这样，游戏的队伍会迅速扩大，一个交往过程便开始了。

在公共场所我们同样可以看到类似的现象。如果有一批人因为某事聚集在一起，更多的人和事就会加入其中，活动的范围和持续时间都会增加。交往的天性表明，人们天生就是彼此面向的。只要有人存在，无论是在建筑物内、居住小区、城市中心及娱乐场所，人及其活动总是吸引着另一些人。人们为另一些人所吸引，就会聚集在他们周围，寻找最靠近的位置。例如，画家在大马路上作画总是能吸引许多围观者；音乐也是如此，手舞足蹈的街头艺人总会激发路人的浓厚兴趣。在斯堪的纳维亚，有一句古老的谚语非常精辟："人往人处走。"人及其活动是最能引起人们关注和感兴趣的因素。处于同一空间，观察和倾听他人的机会能产生许多大大小小的可能性，它们都是很有价值的。

二、空间质量与交往活动

户外空间的质量与户外交往活动有着密切的关系，良好的空间品质能吸引更多人。在一定程度上，物质环境的设计至少可以在三个方面影响城市空间及住宅区的活动模式，即地理、气候、社会等特定条件可以影响使用公共空间的人和活动的数量、每一活动持续的时间以及活动的类型。

交往活动的显著增加常常是与环境质量的改善联系在一起的。这一事实表明，某一地区一定时间内出现的状况通常反映人们对于公共空间及户外活动的潜在需求。为社会性和娱乐性的交往活动创造合适的物质条件，就会逐步把先前被忽视而受到限制的人类交往需求激发出来。

1962 年，哥本哈根的主要街道被辟为步行街，这在北欧地区还是新鲜事。当时许多批评家预言，这条街将会被遗弃，因为"城市生活并不是北欧的传统"。今天，这条主要的步行街，加上后来被纳入这一系统的许多别的步行街，总是熙熙攘攘，它们成了人们散步、小憩、演奏音乐、绘画、交谈的好去处。这证明，人们最初的担心是多余的，先前哥本哈根的城市生活有限的原因是不具备物质条件。

许多新建的丹麦住宅区都配套了高质量的公共空间，这为户外活动打下了物质基础，一些先前人们认为不可能的活动类型也发展起来了。正如汽车交通随着新路的建设而发展一样，随着物质条件的改善，交往活动在数量、时间和范围上都会增加。

阿普尔亚德（Appleyard）和林特尔（Lintell）记录了 1970 年—1971 年美国旧金山市三条平行街道上户外活动发生的频率（黑点）和朋友、熟人之间的交往（线条），研究结果揭示了环境质量恶化对普通住宅街区中交往活动的影响。[①] 如图 4-2 所示，图片从上往下依次描述了少量交通的街道、中量交通的街道和大量交通的街道。在大量交通的街道中，户外活动近乎消失，朋友和熟人之间的交往也很少。在一条只有少量车流（2,000 辆/天）的街道上，户外活动的数目极大，孩子们在街头路边玩耍，建筑物入口处和台阶被广泛用作户外活动场地，邻里交往非常密切。在交通量猛增（16,000 辆/天）的另一条街道上，户外活动实际上已不复存在。同样，这条街上邻里间的交往也难以为继。第三条街的交通强度为中等偏高的水平（8,000 辆/天），户外活动和邻里交往大大减少。这清楚地表明，户外环境质量下降会对户外活动的发展产生负作用。

---

① 盖尔. 交往与空间[M]. 何人可，译. 北京：中国建筑工业出版社，2002：39.

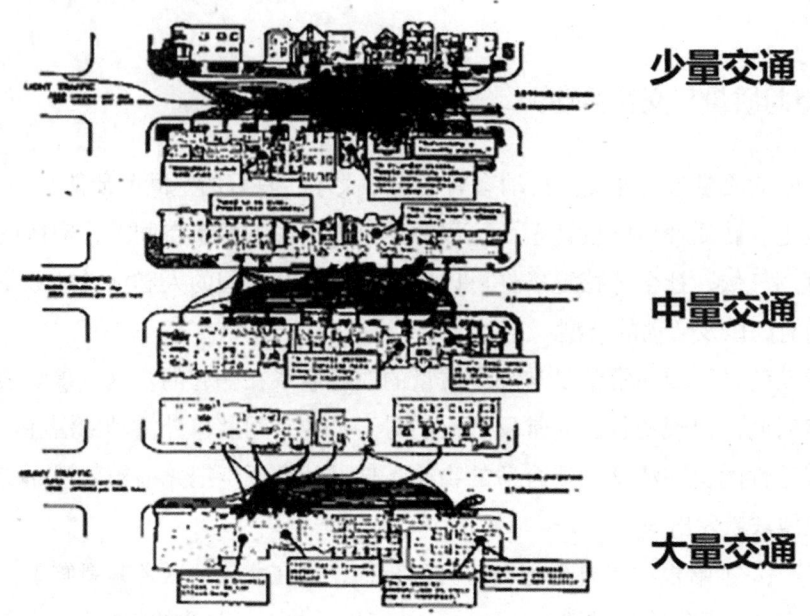

图 4-2　美国旧金山市三条平行街道上户外活动发生频率

三、社会交往空间的新变化

1. 现代社会的生活趋势

家庭模式发生了变化，家庭的平均规模变小。在斯堪的纳维亚国家，每户人口平均数量降到了 2.2 人。人们对在家庭之外方便地参加社会活动的要求相应提高。人口的结构也在变化，儿童越来越少、老人不断增加是一种普遍现象。在许多工业化国家，20% 的人口是健康的老人，他们在退休之后再颐养 10 年、20 年乃至 30 年的天年是很寻常的事情。在这些国家，这部分人由于有充分的自由时间，是交往空间的常客，如果交往空间值得一用，就会得到利用。

工作单位的情况也在发生很大的变化。由于技术和效率方面的因素，许多工作已完全没有社会性和创造性。而且技术的发展又通常意味着减少工作负担和工作时间，这样，人们就有了更多的闲暇。与此同时，大量社会性和创造性的工作需求又必须通过工作场所以外的空间（如数字空间）来满足。社会性和娱乐性的活动增加了，从社区中心到主要的广场需要一种可能的物质条件来满足这一系列新变化的需求。

2. 积极参与或被动消费

当代社会已经是数字社会,数字交往存在积极参与与被动消费两种状态。以社交媒体为例,积极的社交媒体使用包括分享生活经验,创造文本、音视频内容,频繁地和他人互动;被动的社交媒体使用倾向于观察并保持低参与度。用户将从一个环境跨越到另一个环境,在前一个环境中,用户通过线性时间表被动消费内容;在后一个环境中,用户通过搜索和点评赞行为主动消费内容。

电话、电视、电脑之类的新媒介引入了一种全新的交往方式。公共空间中的直接交往可以被间接虚拟的远程通信所取代。身临其境、参与和体验也可以通过被动地观赏、了解他人在别处已经经历过的场景来实现。汽车使人们可以不必受空间限制,随时出去会朋友和观光。人们为什么一方面是狂热地参与交流,另一方面却是心灵的寂寞?因为大多数人不满足于做被动的"观者",他们还要做积极的"参与者"。想要打破这一局面,我们就不能满足于"虚拟的故事",还要追求"亲身的体验"。

3. 两种方案:吸引还是排斥

社会交往是否能形成取决于人们是否在经济、政治或意识形态方面有共同兴趣。为了使各种形式的公共活动向深层次发展,交往就必须存在一种有意义的共同点,如共同的经历、兴趣或问题等。不论是线上还是线下,公共空间的设计应当是富有吸引力并且易于接近的,旨在鼓励人和活动从私密环境走向公共环境。公共空间也可以设计成生理上和心理上都易于出入其中的场所。

建筑学中存在一种柔性边界,它是一种既非完全私密,又非完全公共的过渡区。它使得居民和活动在私密空间与公共空间之间回旋时生理和心理上都能更加轻松自在。对于户外活动而言,如果要保证孩子们有最佳的游戏条件并能与其他孩子交往,保证其余的居民群体不仅有良好的体验与交流的机会,还有范围广泛的户外娱乐活动,人们就必须使各种活动在户内、外流动,同时直接在住宅前提供休息以及从事某一活动的场所。这样,小型的、即兴发生的活动就被发展起来,并有可能从众多的小型活动中产生较大型的活动。

一个最好的实例就是建于 20 世纪 70 年代中期哥本哈根西部的加治巴肯住宅区。该区共有大约 700 户出租的联排式住宅,这些住宅以 10 户—20 户为一组,围绕着一条 3 米宽的通道布局。在通道与住宅之间设有 4 米深的半私密性前院。这些前院由住户自己布置和绿化,它们对于户外活动起了非常重要的作用。尽管每户住宅都有一个私密性的后院和一个半私密性的前院,但孩子们总是在沿街的前院玩耍,大多数其他的户外活动也发生在这里。对比数字空间中的社交媒体,如 B 站,该网站的首页就像一个半私密的"前院",展示着许多公共信息,用户可以任意点赞、留言、转发,而每一个注册用户的个人主页或社区就像一个私密性较强的"后院"。

4. 虚拟数字空间

随着生产力和信息技术手段的不断发展,以及信息技术革命的冲击,电子通信、广播系统以及交通运输等通信技术开始包围现实生活,全球经济组织的基本单位已经变成开放而多变的网络,且该网络已经被先进资本主义的逻辑和利益所塑造、加速和引导。社会空间所依赖的实体元素越来越少,地理和物质空间的重要性开始下降。社会空间不再根据物质结构来界定,而是根据一个网络信息虚拟空间来界定。城市作为网络信息化的主要场所,其整个空间的活动节点被新的信息技术所连接,以信息化城市为主导的新型社会形态开始出现,而这一切必然催生以数字化和网络化为基础的新型空间形式———虚拟空间,它从社会空间中脱颖而出并居于主要地位,通过全面覆盖一切文化表现形式,涵盖各式各样的利益、价值、想象甚至社会冲突,一跃成为城市社会空间中具有支配性权力与功能的空间。

四、交往的空间尺度

1. 距离与交流

在 500 米—1,000 米的距离范围内,人们根据背景、光照、是否移动等因素,能看见和分辨人群。在大约 100 米远处,人们远距离看到的人影就成了具体的人,这一范围被称为社会性视域。

下面的例子说明了距离与交流是如何影响人们行为的。在人不太多的海滩上,只要有足够的空间,每一群游泳的人都自行以 100 米的间距分布。在这样的距离中,每一群人都可以察觉到远处海滩上有人,但不可能看清他们是谁或者他们在干什么。在 70 米—100 米,人们可以比较有把握地确认一个人的性别、大概的年龄以及这个人在干什么,这样的距离下人们常常可以根据服饰和走路的姿势认出熟人。

- 70 米:足球场最远的座席到球场中心的距离,否则就看不清比赛
- 30 米—35 米:剧场舞台到最远的观众席的距离
- 1 米—3 米:一般的交谈距离,能够观察到有意义的人际交流所必需的细节

感官印象的距离与强度之间的相互关系被广泛用于人际交流。非常亲密的感情交

流发生于 0.5 米以内，在这个范围内，所有的感官都起作用，所有细枝末节都一览无余。较浅一些的接触则发生于 0.5 米—7 米这样的距离。

几乎所有的接触都会有意识地利用距离因素。如果共同的兴趣和感情加深，参与者之间的距离就会缩短，人们会走得更近或在椅子上向对方靠拢，气氛就会变得更加"亲切"和融洽。相反，如果兴致淡薄了，距离就会拉大。例如，谈话进入尾声，距离就会拉大。如果参与者之一希望结束交谈，他就会后退几步——"退场"。

2. 社会距离

距离既可以在不同的社会场合中用来调节相互关系的强度，也可以用来控制每次交谈的开头与结尾，这就说明交谈需要特定的空间。例如，电梯空间就不适合邻里间的日常交谈，进深只有 1 米的前院也是如此，这两种情况都无法避免不喜欢的接触或者退出交谈的尴尬。另外，如果前院太深，交谈就无法开始。

根据《隐匿的尺度》对西欧及美国文化圈中不同交往形式的观察，以下社会距离真实存在。亲密距离（0 厘米—45 厘米）是一种表达温柔、舒适、爱抚以及激情等强烈感情的距离；个人距离（0.45 米—1.30 米）是亲近朋友或家庭成员之间谈话的距离，家庭餐桌上人们的距离就是一个例子；社会距离（1.30 米—3.75 米）是朋友、熟人、邻居、同事等日常交谈的距离，由咖啡桌和扶手椅构成的休息空间布局就体现了这种社会距离；公共距离（大于 3.75 米）是用于单向交流的集会、演讲，或者人们只愿旁观而无意参与的较拘谨场合的距离。

第二节　数字空间与数字交往空间

一、数字空间定义

数字空间也叫网络空间、虚拟空间。人们对虚拟空间的探索基于 20 世纪 80 年代法国哲学家笛卡尔（René Descartes）提出的虚拟空间理论，即科技技术创造的虚拟空间试图取代物质空间。虚拟空间对应的英语单词是 cyberspace，有研究者将其翻译为"赛博空间"，也有人将其译为"虚拟空间""在线空间""网络世界"等。

虚拟空间是一种不同于现实空间的空间形式，它不再是人类居住的单纯空间，而是多重空间的复合体。空间结构从静止到流动、重叠、渗透，平面与凝固的空间特征转化为多重空间，层层多重组合编译。随着媒体技术的发展，虚拟空间与现实世界相互融合，形成虚实混合空间。结合数字、图片、文字、符号、声音等数字化的虚拟空间背景，计算机技术可以构建无数平行的虚拟空间。

就空间要义而言，现实本身（即人们的物质与象征存在）完全陷入且沉浸于虚拟意象的情境，表象不仅出现于屏幕中以便沟通经验，其本身也成为一种经验。所有种类的信息全都包藏于媒介之中，媒介因此变得十分全面、多样、富于延展性，这使得媒介在同一个多媒体文本里吸纳了所有人过去、现在和未来的经验。就时间要义而言，在信息技术的推动下，"时间收益"成为虚拟空间中资本的持续追求，"时间已取代距离成为决定城市景观各个组成部分之间关系的最重要的标准"①。

虚拟空间通过游戏空间、媒体电视空间、网络购物消费空间等多种形式，为现代城市的快节奏生活提供了一种线上运行的空间和地点。人们可以从"工作时间"的紧张和压力下以及货币主宰的现实生活中暂时性抽离。但这种暂时性抽离不仅消耗着具有同样特征的"时间"，同时也是对游戏、消费、娱乐等时间的支配和购买，此时的"时间"是在生产性劳动的功能和日常生活的生产关系再生产功能中被组织起来的，因此"逝去的时间不是所有人的时间，而是一种高级的财产、一种高级的商品，它被人们买卖着，人们需要为它支付昂贵的费用"②。时间已成为增益的存活点，它在虚拟空间中开始成为被消费的对象，并进一步被各企业部门视为一个差异竞争因素。

例如，在期货及其衍生的金融市场的虚拟交易空间，剩余价值和利润的生产越来越取决于传达信息或决策所花费的时间，时间的长短决定交易的速度，并直接关系多数生产部门的获利或损失。正如吉斯登（Anthony Giddens）所言，现代国家已经拥有了改变时空的监视手段，资本家通过在劳动时间之外控制时间，使时间服从于他们的产出和利润，通过加速或减缓产品周期与利润周期的能力、设备与人事在时间上的共享速度，以及对可利用技术中时间差距的控制，来力争获取最大利润，力求从当下的虚拟交易空间中捕捉未来能制造价值的时间。此外，当代社会中服务业和休闲行业采用分期付款的虚拟支付方式，以及对旅行和文化消费的提前预订等，无疑是将时间作为一个统一商品来进行收益，此时，"一个时间段"就作为"一件商品"被进行销售。因此，"时间成为一种媒介，人类的活动，尤其是经济活动可以借助这一媒介获得以往无法想象的发展速度"，时间本身的使用价值已经缩水，取而代之的是其交换价值所带来的无穷收益。

随着通信技术和媒体的快速发展，虚拟空间的应用领域越来越广泛，同时，资本市场中比秒还短暂的资本交易，工厂企业中的弹性时间管理、可变的生涯工作时间、生命周期的模糊化等一系列对时间的利用和消费现象层出不穷。这些现象表面上是通

---

① 李雪，关锋．"时空逻辑"范式的转化与虚拟空间的生成——兼论我国城市虚拟空间的合理建构［J］．理论导刊，2022（10）：89-94．
② 列斐伏尔．空间与政治［M］．李春，译．上海：上海人民出版社，2015：28．

过加速和压缩一切人类活动领域的时间进而获得价值,但实质是以不同的甚至互相矛盾的逻辑来解构时间性,它借由混乱时间的相继次序使事件同时并存,从而消解了时间。

在以电子多媒体系统为主导的网络社会中,"无时间之时间"成为虚拟空间的关键特色,资本不仅通过空间实现对时间的消费,还进一步试图消解和吞噬时间,从而达到实现价值空间的目的,毫不留情地取代过去有秩序之时间序列。进一步而言,物理地点摆脱了空间的束缚转而开始受到时间的限制,网络社会压缩时间直到极限,形同造成时间序列以及时间本身的消失。时间最终在文化里被否定,成为我们社会奠基于其上的生产、消费、意识形态与政治里快速周转的原始复制品。

二、数字空间的文化环境

文化环境与数字空间公共活动之间的相互作用是本课程的主题,数字空间的社会活动是这种相互作用必不可少的一部分。类缘空间理论由美国社会学家詹姆斯·吉(James Gee)提出,意在描绘互联网社区的参与者基于共同兴趣、目标或实践形成的符号社会空间。[①] 类缘空间具有参与形式多元、去中心化的特征。

1. 多元融合:网络文化的去中心化

网络文化生态的本质是多元融合。文化的多元性是一个与年龄、性别、阶级、身份相关的问题,任何根据民族、部落或社会而确定的文化区隔体,都是由多种文化构成的。因此,网络文化既是网络空间原生文化,即网民在网络空间中特有的行为、组织惯例、价值观念、制度与传统,也是网民线下现实生活中所处地域、环境的文化在网络空间的延伸和再现。实际上,对任何文化形式的意义的理解,都不能单纯将其固定在一种文化的内部,而应按照它如何适应不同文化的交叉点来理解。

2. 他者对话:网络文化的转文化性

转文化性是一个生成过程,产生于两种不同文化的碰撞,其结果可能让原有的两种文化发生改变。网络文化既不是简单的"网络+文化",也不是文化的网络化,它是人类社会文化的一次全面彻底的改革,包括文化价值的重构、文化内容生产的创新、文化传播渠道的拓展、文化消费方式的革新等。互联网并不属于任何人,因此互联网

---

① JAMES G. Beyond Communities of Practice Language Power and Social Context [M]. Cambridge: Cambridge University Press, 2005: 214-232.

具有转文化性质,有一种他者的文化样态。网络文化之所以能够被称为转文化,是因为与跨文化不同的是,转文化性强调多种文化共存以突破不同文化间的对立。

3. 集体狂欢:网络文化的自我认同

网络传播的集体狂欢是指受众在网络空间的共同情感表达,通过自由对话进行戏谑嘲讽、释放自我情绪的群体活动现象。集体狂欢下的网络文化逐渐表现出泛娱乐化、精英话语权的缺位和民众话语权的崛起等特征。网络空间为受众提供了丰富的具有指涉意义的图片和视频等文本内容,在与受众持续的互动中,网络空间本身的不稳定性和易消亡性被扩大了,主流文化让位于网络亚文化,受众因此陷入自我认同混乱的困境。

三、数字交往空间的公共性

数字交往空间的公共性具有两个关键要素:形式载体和互动方式。数字化交往空间作为形式载体,体现为一种虚拟模态;同时,公共性最终要通过人的行为即互动方式体现。① 数字媒介不断衍生新的多元融合的交往互动方式,使得数字化交往空间公共性呈现"去空间化"和"不在场"对话的新特点。

1. 脱域化公共社交场景

在数字时代,人、信息、媒介与社会实现了新的"脱域"式融合。社会关系从彼此互动的地域性关联中、从通过对不确定的时间的无限穿越而被重构的关联中脱离出来,它跨越时间和空间维度实现了重组。就社会的数字化变迁而言,数字化交往也可以被视为脱域融合的媒介化交往,这种交往的普便化形态实现了虚拟与现实、媒介与社会、人与物的高度融合。机器体系不仅作为一种有用的工具,而且作为一种有价值的生活模式与我们融为一体。

数字化交往通过数字媒介实现了交往场景的扩容与超越,实现了"复合场景"的空间变革。数字人的交往与行动总是与特定的数字场景相伴随。传统面对面的交往被"节点对节点"的数字化场景所重构。面对面的交往空间是有特定范围的,它呈现为存在的界限感,不可移动的交往空间限制了交往主体、交往时间或交往内容。而互联网时代数字技术的应用使社交场景摆脱物理区隔与限制,场景以变换移动、跨时空共存的形式成为无限扩张的数字信息域。它不仅在延伸的意义上改变了传播的空间运动,

---

① 郭倩倩.数字化交往空间的公共性困境及提升策略[J].中国特色社会主义研究,2022(4):80-87.

而且使之更为复杂。它使信息的空间展开成为日常行为的空间。

当然，不同类型、功能、沉浸方式的数字场景并不是完全平行或悬隔于现实交往，而是不断进行现实与虚拟的嵌连与融合，并更新现实交往的内容。数字场景的形成离不开各类数字媒介的搭建，数字媒介的全景敞视因去中心化、无差别、全天候特质而形成最为高效的功能运行机制。各类数字直播间、视频网络平台等在网络世界中建构多元化的数字场景，在这些数字场景中，主体不断实现话语互动的个性化。这些社交平台以其丰富性、趣味性和新奇性不断满足个体交流、探索和表现的需求，新的交往驱动力也因此产生。

数字化交往场景的不断更迭与组合表现出明显的流动性特点。这种深度媒介化的交往也是现代性的重要表征，我们可称之为"流动的现代性"。因而，在数字时代，公共性并不必然与一种实体性的共享的公共场所相关，它可以是一种程度和范围都得到极大扩展的"被数字媒介化"的公共性。

2. 数字身份的离身交往范式

较之于之前的任何媒介时期，数字化交往空间基于功能多样的数字媒介日益消弭互动边界感，内容与形式也更加丰富。数字交往虽然以信息的交互为基础，但仍然是以人为中心搭建智能社交网络，在这种多维交叉、具有开放性的社交网络中，人的社会联系也更加多样化，交往意志的自由被凸显了。

数字空间的虚拟性特征、主体的数字符号化存在方式型构了一种扁平化网际状的交往关系结构，交往主体被赋予更加平等的话语权。数字交往主体可以跨越社会地位、角色身份等限制，以各种符号语言系统相互交流沟通、自由发表言论，他们既可以是信息的接收者，也可以是信息的生产者与传播者，这体现了复杂交互的公共交往景观。

在传统的社交语境中，主体交往一般体现为身体在场，这同时也是交往主体的身份主张与认知。身体在场与身份在场是统一的。而在数字化交往语境中，交往主体的身份被抽象为各种数字符号，如平台网络号、二维码等，这个过程不需要身体的"在场"证明。因而，数字化交往的关系扩张与时空超越日益体现为常态化的离身交往，而非具身交往。这种身体"不在场"的交往决定了数字空间人际交往的特殊性，交往主体借由媒介获得多种形式的数字身份，他们进行自我表达与社交呈现，使得作为人的延伸的媒介开始有了更为丰富的当代景象。

交往中的个体因对技术与平台的依赖逐渐成为彻底的"数字人"。在数字交往中，人们依赖数字身份进行互动与交流，各种各样抽象又虚拟的象征性符号构成了交往主体的行为中介系统。伴随着数字媒介日益嵌入个体日常生活和交往过程，甚至成为人们不可分离的"外挂器官",数字身份也成为身份认知的重要组成部分。同时,主体的匿名性消解了传统环境下习俗、观念以及权力等对于言论自由的限制,这极大增强了互动效果。

> **理论 1——网络空间**
>
> 在 1984 年出版的《神经漫游者》一书中,作者威廉·吉布森(William Gibson)使"网络空间"这一术语成为流行词语。这是他对"非空间"(Non-space)的命名,即"数十亿合法操作者对人类系统中每台电脑所产生的一种共识性幻觉"。"网络空间"也可以被定义为"计算机网络基础上的交流通信所发生的抽象性环境"。换言之,被称为"网络"的事物与激励数字媒体传播和互动所发生的想象性和非实体性(有时称为虚拟性)的地方相关。网络空间,是一个信息从发送者传输至接收者的非空间。
>
> **理论 2——想象共同体**
>
> 本尼迪克特·安德森(Benedict Anderson)在 1983 年撰写了一部享有盛誉的书,书中将国家描绘为"想象的共同体",他想要强调的是,社群意识在很大程度上依赖于人们对他们的社群的"想象"——感觉、思考和谈论——而存在。他的观点是,共同体的力量来自它的成员通过符号和语言来维持其社群意识的方式。由于大多数社群成员永远不会知道其他成员,更不可能亲自见到他们,所以,社群主要存在于人们的脑海中。社会现实往往是相当混乱的,但我们倾向于想象,社群的界限比它们的实际情况更清晰。安德森也认为,我们的想象夸大了社群中的同质关系,同时低估了固有的不平等、压榨剥削和社会等级。这是很重要的一点,因为很容易看出,所有的社群在某种意义上都是想象出来的,至少在一定程度上,它是通过一系列的象征性策略(感情、标签、刻板印象、传统等)来产生、维持和复制的。

四、元宇宙——数字交往新空间

元宇宙是整合多种新技术产生的下一代互联网应用和社会形态,它基于扩展现实技术和数字孪生实现时空拓展,基于 AI 和物联网实现虚拟人、自然人和机器人的人机融生,基于区块链、Web3.0、数字藏品/NFT(Non-Fungible Token,非同质化代币)

等实现经济增值，在社交系统、生产系统、经济系统上虚实共生，每个用户可进行视界编辑、内容生产和数字资产自我所有。它是高度沉浸且永续发展的三维时空互联网，是人机融生三元化的多感官通感的体验互联网，是能够实现经济增值的三权化的价值互联网。①

美国 Meta 的首席执行官扎克伯格（Mark Elliot Zuckerberg）曾说过，元宇宙是移动互联网的升级版，是融合虚拟现实技术，是用专属的硬件设备打造的具有超强沉浸感的社交平台。微软的首席执行官纳德拉（Satya Nadella）也认为，全新的应用程序类型和下一代超级平台，无限向内，无限向外，无限向实，无限向虚，入乎其中，出乎其外。他在《刷新》中提出混合现实、AI 和量子计算是微软未来三大战略。清华大学沈阳团队进一步指出，元宇宙具有"三化"（三维化、三元化、三权化）、"三性"（时空拓展性、人机融生性、经济增值性）、"三能"（时空智能、生命智能、合约智能）的特征。总之，元宇宙包罗万象，所有互联网技术都被包含，它在链接和创造中不断发展和演变。元宇宙将会成为一个万物互联、虚实共生的世界。

◇ 三维化：元宇宙首先是一个三维化的时空。手机和电脑的体验是二维化的，从二维升级到三维是必然的趋势。
◇ 三元化：人类主要的交互对象将是虚拟人，虚拟人入场后也将会有实体化机器人的需求。自然生命、虚拟生命和机器生命三元一体，多感官交互，时空跳转，数据互联的场景将得以实现。
◇ 三权化：web1.0、web2.0、web3.0 分别具有可写、可读、可拥有的权利。

元宇宙作为数字交往空间的具体特征如下。

数字孪生。它能复刻真实世界至元宇宙，实现搭建元宇宙时空场景、创建人物虚拟化身、关联构建异质空间的 IP 映射等。

虚拟原生。虚拟世界中的事物彼此交互形成原生生态体系。例如，虚拟世界中自我的多个虚拟人分身能进行多任务分工协作和对话，虚拟人和虚拟环境之间可进行信息传递。

虚实融生。在虚实世界中，自然人、虚拟人、机器人共相交互，共同前行，共同进化。虚实场景也相互作用。实是虚的基础。无限向实由 3D 打印和智能制造开始，基于 AR 而虚实共生，共生发达，至进一步认知真实世界，它能增强人类的认知能力、

---

① 清华大学新闻与传播学院元宇宙文化实验室. 元宇宙发展研究报告 3.0 版 [EB/OL]. (2022-11-15) [2024-09-19]. https://www.smartcity.team/reports/metareport2022/.

决策能力和改造能力。虚是实的延伸。无尽向虚由 3D 扫描和数字孪生开始，基于 VR 而虚拟原生，原生昌盛，至自由意志，自由的最高境界是心灵自由，每个人的自由发展是一切人自由发展的前提。

时空扩展性。时空扩展是元宇宙世界的基本属性，即元宇宙将基于扩展现实技术和数字孪生技术在时间和空间两个维度上进行重构和延伸。

空间上，元宇宙基于静态和动态空间拓展建立拟真孪生体，用户可随时"进入""在场"和"体验"。这种空间扩展涵盖了从微观到中观，再到宏观直至巨观的全方位模拟，为用户呈现一个立体且丰富的虚拟世界。在元宇宙中，人和场都可以多尺度放大或缩小。例如，我们观察的对象可以是蚁人，也可以把细胞放大至地球般大小。人类在感知上将进化为多尺度的物种。现实时空作为"第一度空间"，它是唯一的且底层不可篡改，由虚拟个人和虚拟社区所建构的"第二度空间"至"第 N 度空间"则给人提供了平行、多元的身份体验和时空体验。通过真身、分身、化身人，主体可以实现在多重空间系统的跳转和切换（见表 4-1）。

表 4-1 虚实世界的四层空间

类别	案例	属性
实静虚静空间	躺在现实世界的床上，在元宇宙中钓鱼	身不动，静态体验
实静虚动空间	躺在现实世界的床上，在元宇宙中跑步	身不动，动态体验
实动虚静空间	处在现实世界行驶的车里，在元宇宙中睡觉	身动，静态体验
实动虚动空间	处在现实世界行驶的车里，在元宇宙中开飞机	身动，动态体验

时间上，第一，元宇宙的时间是可回溯的，过去、现在、未来可实现瞬时跨越。元宇宙的实践具备更大的开放性和自由性，可以进行任意"时间切片"。例如备份过去场景，构建过往场景，本体在此世，化身在彼世。一个婴儿刚刚出生时，如果佩戴时空数据收集器，则其成年后，可以随时以虚拟人形态回到过去。第二，元宇宙可以基于想象仿真未来。就像在科幻电影中，奇异博士推演了 14,000,605 种和灭霸的对抗结果，发现只有一种可能胜利。它还可以搭建未来场景，例如登陆火星，殖民外星系。第三，人在单位时间内感受时空流的速度有一定的限制。时空距离可以通过时空虫洞跳转快速减小，在场景转换的过程中时空成本降低了。人在元宇宙中的生命历程被延长了。因为元宇宙的时间是由数据组成的，是算法主导的，所以它具备一定的可篡改和可操作空间。

人机融生性。在元宇宙社会中，自然真身、虚拟分身、机械假身融合形成"三身合一"的社会形态。在与整个元宇宙（普适计算）的融生中，自然人的感知能力、决策能力和行动能力等将会获得多重增强，虚拟人、机器人将获得智能进化的机会。初级阶段，虚拟人和机器人在外形上像人和拟人，并且以辅助人作为主要功能。目前人形机器人的设计逻辑是从分而治之到合而围之，在各类场景中辅助自然人。中级阶段，虚拟人和机器人在各方面无限趋近人，在很多任务上可以替代人。例如，仿人机器人外形、动作、表达都高度类似人类，它可以根据需求被个性化订制。高级阶段，自然人和人工智能在共生共存的过程中实现脑的连接。虚拟人、机器人部分超越了人的极限，具备了超越人的能力。另外，它们能通过机器学习和不断迭代获得最优解、次优解和无理解。

第三节　数字交往空间的信息流动

一、36氪：5G 导致新冠肺炎？

来自 36 氪网络的一篇报道，讲述了看似很蠢的阴谋论如何在社交媒体中发酵的过程。① 这跟数字交往空间中的信息流动密切相关。换言之，观察社交媒体中的信息扩散能够帮助梳理数字交往空间的信息流动特征。

2020 年 4 月的第 1 周，英国有超过 20 座电信塔遭到了人为破坏，发生了 30 多起针对电信工程师的骚扰事件。这一系列奇怪事件源于一则看起来很不可思议的消息——5G 导致新冠肺炎。虽然这种说法对于很多人来说难以理解，但事实证明相信它的大有人在。英国电信巨头 O2 的工作人员甚至不得不在货车上贴上"我们是保证您的网络正常运行的关键工作者"的标签，以防止自己突然被阴谋论支持者攻击。

第一阶段，谣言起源于 Facebook 的"反 5G"小组。1 月下旬，英国的事实核查公益机构 Full Fact 发现，一则帖子称，5G 会伤害人们的免疫系统。它被发布到"反 5G"Facebook 小组，随后被 Facebook 标记为"错误信息"。根据 Facebook 的说法，该帖当时仅有 300 多条转发。这条帖子的逻辑是，中国是最先暴发疫情的国家，同时也是力推 5G 建设的国家，那么 5G 很可能就与疫情有关系。虽然没有证据表明武汉是中国第一个开始建设 5G 的城市，但 Facebook 上流传的多份报告称，武汉是中国"被选中"试行该技术的城市之一。

第二阶段，谣言再次在 Facebook 上出现，比尔·盖茨被卷了进来。3 月 13 日，

---

① 王毓婵.5G 导致新冠肺炎？看似很蠢的阴谋论如何在社交媒体中发酵成纵火狂欢［EB/OL］.（2020-04-11）［2024-01-18］. https://www.36kr.com/p/1725400367105.

Full Fact 发现，又有一篇 Facebook 帖子称，冠状病毒是为了掩盖 5G 造成的生理损害而被"人为创造出来的病毒"。同时，它声称冠状病毒是亿万富翁比尔·盖茨发明的，盖茨这么做的目的是通过制造疫苗来控制世界。盖茨被卷进来的原因之一是，他公开表示正在资助医学家开发防御新冠病毒的疫苗。"反疫苗"是另一种颇具声势的阴谋论，过去几年它甚嚣尘上，在美国拥有大量拥趸。两种阴谋论的爱好者找到了共同话题。此帖现在已经从 Facebook 上消失，但它曾被转发分享了数千次。

第三阶段，一些名人开始扩散这一论断，这吸引了更多不明是非的人。曾获三次奥斯卡提名的美国男演员伍迪·哈里森（Woody Harrelson）在 Instagram 上分享了一篇摘录自华盛顿州立大学退休教授马丁·保尔（Martin Pall）的文章，该文暗示 5G 可能"加剧"这一流行病。保尔在这段文字中提出了 Wi-Fi 有害人类健康的理论。"我的很多朋友都在谈论 5G 的负面影响，"哈里森写道，"尽管我没有认真研究这件事，但我觉得非常有趣。"这个帖子曾获得 2.5 万个赞，但现在已被删除。

第四阶段，4 月初，纵火者开始袭击英国的电信塔，阴谋论从网络走向现实。伯明翰、利物浦和贝尔法斯特的电信塔在纵火袭击中受损。其中一些被烧坏的电信塔甚至根本不是 5G 塔。利物浦市市长表示，他谴责"5G 导致新冠肺炎"言论对社会造成的威胁。《爱尔兰新闻》报道称，人们在电信塔起火的视频中听到有人喊叫："去你妈的 5G。"

第五阶段，纵火团体在社交媒体上结成小组，互相鼓励纵火行为。4 月 2 日，移动电信专家彼得·克拉克（Peter Clarke）发现了一个 Facebook 小组，该小组集合了坚信"5G 导致新冠肺炎"的人。他们中的一些人敦促其他人抓紧烧掉 5G 电信塔。克拉克立刻向 Facebook 举报了这个小组，但 Facebook 行动迟缓，直到两天后才采取行动。

第六阶段，相关视频在 Twitter 上流传，获得了高播放量。4 月 2 日，Twitter 上流传的一段视频显示，一位妇女试图制止正在铺设电缆的电信工作人员，并追问他们："那些搞 5G 的人给你们多少钱？是不是多到足够让你们这样来害人命？"这段视频已经累计播放超 250 万次。在另一段被广泛转发的视频中，一位自称"在职护士"的女性花 20 分钟讲述了 5G 害人的原因："5G 很可怕，它会从你的肺部吸取氧气，你撑不了几秒就会倒地而亡。"这段视频累计播放超 8 万次。实际上，阴谋很容易被识别。它们的共同特征是蔑视官方公布的证据，其理论基于巧合和想象，有"自称专业或有发言权"的人物站台，而且结论大多十分惊悚。"5G 导致新冠肺炎"的理论符合以上所有特征。那么，社交媒体中的阴谋论（虚假信息）为何传播得如此之快？

第一，这得益于平台的算法推荐机制。Facebook 发言人称，他们已经在采取积极措施以阻止错误信息和有害内容在平台上传播，并向人们提供关于冠状病毒的可靠信息。Facebook 已经开始删除宣传新冠病毒与 5G 有关的内容。YouTube 也表示，他们将积极删除违反其政策的视频,并减少向用户推荐宣称"5G 技术与冠状病毒相关"的视频。但是,YouTube 同时表示,与 5G 相关的其他阴谋论视频将被保留,只要它们不提冠状病毒。YouTube 的做法很值得玩味。很明显,YouTube 完全可以做到分辨什么是阴谋论,什么不是,但它选择删除那些特别危险的,而对其他的内容保持宽容。类似地,我们可参考 YouTube 对平台上的白人至上主义、反女权主义、反 LGBT 主义等极端言论的做法。只要不宣扬恐怖主义、不鼓励人身伤害、不出现色情裸露镜头,其他内容基本都可以安全存在,甚至被推荐。尽管 YouTube 的理想是成为一个公共辩论的平台,允许存在不同声音,但它的算法机制往往只会把用户感兴趣的东西持续不断地推荐给用户。

第二,多平台同时出击。30 年前,当一个人听说一种惊悚的理论时,最常见的做法是求证于书刊、报纸和好友。但今天,他们在 Facebook 上看到一条惊悚的帖子时,最常见的做法是求证于 Twitter、Instagram 和 YouTube。而如同上文所述,这几个平台上都有"5G 导致新冠肺炎"的帖子。纳粹的铁杆党徒戈培尔(Paul Joseph Goebbels)提出过一条传播学名言:谎言重复一百次就会成为真理。放在今天,戈培尔效应同样存在,甚至不必重复一百次就可以让很多人相信。当阴谋论与科学阐述同时出现时,科学阐述未必能击败阴谋论,因为追求情绪刺激是人类的天性。加州大学圣塔芭芭拉分校通讯研究员米里亚姆·梅茨格(Miriam Metzger)认为,"假新闻在传播性上是完美的,它最能刺激人们的情绪,而这就是传播信息的秘诀。"

二、数字交往空间的信息测量

1. 基于网络结构的节点传播力

(1)节点连接度

社交网络把每一个用户看成一个节点,节点连接度是测量节点影响力最简单的方法。连接一个节点的节点数是该节点的入度,一个节点拥有的入度(例如微博中用户的粉丝数)越大,该节点影响力越大。在 Twitter 上,连接度最高的节点为演员、音乐家、政客、体育明星和新闻媒体。随着节点在社交媒体中发帖数的增长,其连接度也会增长,但这种增长是非线性的,它达到一定程度后趋向稳定。[①]

节点连接度作为用户影响力的测量维度存在一个严重的弊端:节点的影响力不具有网络传递性。使用连接度测量,一个连接度很少但连接了一个重要节点的节点,与

---

① 许小可,胡海波,张伦,等. 社交网络上的计算传播学[M]. 北京:高等教育出版社,2015:7-24.

没有连接任何重要节点但具有相同连接度的节点影响力是相同的。

（2）结构洞

结构洞理论是伯特（Burt）在20世纪90年代提出的，结构洞指连接两个不相连接的群体的节点。处于结构洞位置的人在网络中往往充当意见领袖的角色，且与其他节点之间呈现弱关系，即互动次数少、感情较弱、亲密程度低、互惠交换少而窄。

结构洞具有信息传播的竞争优势：

- 信息在社团组织内部传播快于在社团组织之间。连接不同社团的个体就充当了信息传播的桥梁，他们决定着一条信息在组织之间的传播速度；
- 结构洞能够分割冗余信息源，以区别于与其他群体紧密连接的节点以及结构性对等的节点。紧密连接的族群往往拥有高度相似的信息，结构性对等（两个用户拥有同一个更高等级的节点，例如上司、导师等）的两个节点也会拥有相同信息源；
- 占据结构洞位置的人因为能够间接地接触更多的人而具有信息接触的优先权。

2. 基于信息传播的节点传播能力

（1）有效用户数量

有效用户数量是指一个节点发布的信息能够被其粉丝注意并产生影响（转发该帖）的粉丝数。从信息传播角度看，有效读者与用户粉丝数的相关性不高。例如在Twitter上，最具有影响力的前1,000名用户中，只有30%的用户粉丝数排名也在前1,000名。[①]

（2）被转发次数和被提及次数

被转发次数指一个节点的帖子被其他节点转发的次数，它表示节点提供有传播价值的内容的能力；被提及次数指一个节点被其他用户提及的次数，它表示该节点受到的关注程度以及参与他人在线对话的能力。

图4-3提供了三种计算节点传播力的具体方法。以节点A的传播力为例，首要转发节点法计算出A的传播力为2，因为C和D均是通过A接收信息；最近转发节点法计算出A的传播力为1，因为信息是由A传到B再到D，D的效果应计算到距离最近的B身上；分账法计算出A的传播力为1.5，因为A既直接将信息传到D，又通过B

[①] EE C, KWAK H, PARK H, et al. Finding influentials based on the temporal order of in formation adoption in twitter: Proceedings of the 19th International Conference on World Wide Web [C]. New York: ACM Press, 2010: 1137-1138.

传到 D，D 的效果被 A 和 B 平分。

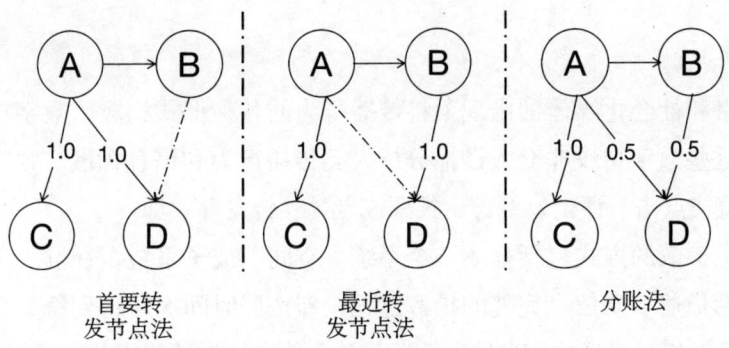

图 4-3 加权的节点转发次数影响力算法[①]

（3）明星指数

明星指数是明星节点的粉丝数与明星发布信息数的自然对数比值。明星指数大的用户所关注的用户通常明星指数也很大，即名人所关注的一般也是名人。

（4）传播力比较

A. 连接度、转发影响力和提及影响力

首先，三者指代了节点不同类型的影响力；其次，影响力比较不随话题变化而变化，意味着在社交媒体中，充当意见领袖的节点对不属于其专业领域的话题也具有一定的影响力。

B. 有效用户、被转发次数和被提及次数

根据有效用户算法排出的最具影响力的节点大部分为新闻媒体，转发次数大的节点往往是内容集成服务以及新闻网站，被提及次数最多的节点是名人。

3. 影响最大化问题

影响最大化是指在给定社交网络结构和特定的信息扩散规则下，寻找网络中的最优节点组合，它使得从这些节点发出的信息在网络中传播的范围最大，或者从营销的角度讲，使得产品或技术的采纳率最高。一个重要的启示是，确定营销目标时，我们不能仅仅根据从潜在消费者那里获得的期望收益来决定是否要对一个消费者进行营销，而应该考虑消费者的网络效应。

---

① 许小可，胡海波，张伦，等. 社交网络上的计算传播学［M］. 北京：高等教育出版社，2015：7-24.

4. 数字信息的测量

（1）分析逻辑

社交网络和社会化媒体的出现，将传播行为的各种形式构成了数字指纹，这使人们可以基于这些数字指纹非介入性地分析人类传播行为和信息扩散。数字指纹形式多样，包括浏览或点击、评论、标记、投票或点赞、转发等。

分析信息扩散的方式包括描述一个系统（空间）或子系统（社群）里所有的信息流动，也包括描述一条信息完整的扩散过程，即按照时间次序得到每一个转发者的信息，以及转发者相互之间的信息转发情况，单条信息的扩散树因此被建构起来。

（2）信息扩散的衡量方式：扩散规模和扩散率

信息扩散可以从多个维度进行衡量，最简单的就是信息扩散的规模（Diffusion Size），而最主要的是对于信息扩散网络（如广度、深度和级联率）的描述，此外我们还可以从时空角度来测量单条信息的信息扩散，如信息扩散的时间分布特征、空间分布特征等。另外，我们可以结合信息扩散的社会网络来描述信息扩散的特征，如计算每个转发者的信息扩散阈值等。

计算扩散规模是描述信息扩散最简单的方法，而分析扩散规模的主要方法是描述其数学分布。在已有的信息扩散规模研究中，一个重要的发现是这种数学分布具有明显的长尾特征，即少数信息的扩散规模特别大，而多数信息的扩散规模有限。例如，研究发现，与病毒营销直觉相反，那些很流行的照片在网络中并没有广泛传播，而且传播速度很慢，信息扩散在社会网络中的每一跳都要花费很长的时间。

对于多次转发的情况（如一个用户多次转发某一个主题标签），我们还可以基于扩散规模计算扩散率（Diffusion Rate，DR）：

$$DR(u,i) = D(u,i)/S$$

$D(u,i)$是用户u转发信息i的数量，S是信息扩散的规模。扩散率刻画了用户传播一条信息的程度。

（3）扩散网络

人们通过追踪信息扩散过程中留下的数字指纹可以得到完整的扩散网络。以微博上的信息转发为例，它展现了每一个转发者是通过哪一个转发者转发了源微博。如图4-4所示，根节点o发出的信息扩散到a、b、c、d、e、f、g、h、i、j。理论上它是一个简单的树形结构，实际上，一个人可能同时从另外的两个人那里转发信息，因而研究者得到的网络结构并非树形结构。

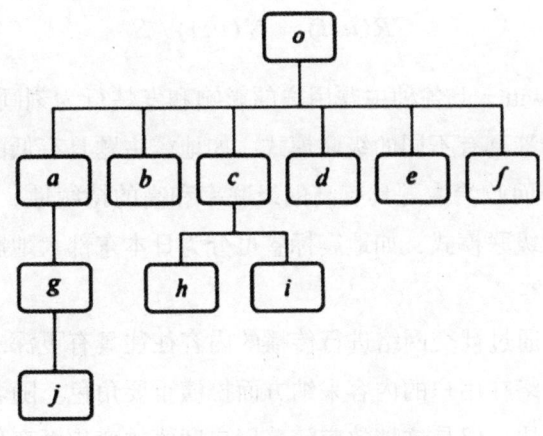

图 4-4　信息的树形扩散网络图[①]

（4）高度和宽度

扩散网络的高度是指从根节点到叶子节点的最大跳数；扩散网络的宽度是指各个深度上节点数量的最大值。在图 4-4 这个扩散网络中，根节点 o 所有叶子节点的跳数的最大值为 3，因而扩散网络的高度为 3。同样在这个扩散网络中，高度为 1 的节点数量为 6，高度为 2 的节点数量为 3，高度为 3 的节点数量为 1，因此该扩散网络的宽度为 6。

就信息扩散的高度而言，因为多数信息的高度很小，只有少数信息的扩散高度较大，因而其数学分布也可能具备长尾特征。以往的研究表明，在各种各样的社会网络中，信息、行为和情绪的扩散可以延伸到距离信息源 2 到 4 度社会距离的个体处，这就是所谓的三度影响力现象。三度影响力也同样存在于 Twitter 中，人们转发的微博离源微博的社会距离绝大多数（超过 90%）在 3 以内。

与高度的有限性相比，扩散宽度往往相对较大。研究发现，Twitter 用户中 URL 的转发宽度比高度大得多。[②]

（5）级联率

社交媒体上有不同的社会活动，这些累加的社会活动对于后来者而言扮演着外部信息的角色。每一个人对信息都有个人偏好，当他或她接触到非常多的外部信息时，个体趋向于放弃个人偏好转而采纳外部信息。当有更多个体加入时，外部信息不断被加强，这样基于外部信息的级联就产生了。级联率刻画了一个用户影响其好友的程度，它可以用该节点转发一条信息之后，其朋友转发该信息的次数进行衡量。

---

① 许小可，胡海波，张伦，等.社交网络上的计算传播学［M］.北京：高等教育出版社，2015：7-24.
② ABREGA J，PAREDES P.Social contagion and cascade behaviors on Twitter［J］.Information，2013（2）：171-181.

$$CR(u,i) = N(u,i) / S$$

国外学者根据 Twitter 上各种主题用户的影响和发帖行为刻画了信息级联的模式。不同主题微博中的标签具有不同的级联模式，如地震主题具有低的级联率、短的生命周期和高的持续性，而政治主题具有高的级联率和高的持续性。即使在同一主题内，一些标签也有不同的级联模式，如地震标签可分为日本东部大地震标签、媒体相关的标签、政治相关的标签等。

级联研究发现，通过社交网络进行传播的内容往往具有更深的传递级联，但是它增长得更慢。社交网络在用户的内容采纳方面扮演重要角色。随着采纳信息的好友数增加，采纳速度会加快，但是这种效应随着用户度值的变化而变化。如相对于度小的用户，度大的用户采纳的速度较低，因为用户虽然在网络平台上积累了大量好友，但任何一位好友对其施加的影响都很小。好友之间的共享比陌生人更迅速，其受众往往也受到限制。

（6）扩散阈值

门槛模型假设每个人在决定参与某一个活动时都要跨越一个门槛，这个门槛是由行为的成本和收益决定的，常被用来分析社会影响（人际作用）。在信息扩散中，社会影响在很大程度上决定了采纳什么信息以及何时采纳，这不仅适用于现实世界，也适用于虚拟的数字世界，如数字交往中的同伴效应。紧密的网络连接使得用户之间的网络交往行为互为参照系，在这种网络文化语境下，用户的网络行为表现出个体理性而非集体理性特征。也就是说，网络媒介对用户的影响并不是直接施加的，而是通过同伴的反应间接发挥作用。

社会影响在社交媒体中也发挥着重要的作用。比如，Flickr 网站上超过 50% 的行为可以被社会影响所解释。[1]一位用户将照片标记为最喜欢的倾向会受到之前将该照片标记为最喜欢的好友的数量的影响。总之，喜欢某一张照片的朋友数量越多，这个 Flickr 用户参与信息扩散的概率就越大。在信息扩散过程中，每一个信息转发者在转发信息时，我们都可以计算他的朋友中已经转发这条信息的比例，这个比例即节点的扩散阈值。当一个用户转发信息的时候，他已经接触这条信息的次数（即他的已经转发这条信息的朋友的数量）会对其转发行为产生影响。

阈值的作用是为信息扩散建立动力学模型。每个节点被赋予一个固定的阈值 T，取值 [0, 1]，该阈值决定了激活它所需要的活跃邻居的比例。动力学过程被定义为：在

---

[1] HA M, MISLOVE A, GUMMADI K P. A measurement-driven analysis of information propagation in the Flickr social network: Proceedings of the 18th International Conference on World Wide Web [M]. New York: ACM Press, 2009: 721-730.

某个时间 t,一个节点 i 被随机选择,如果它的状态为1,即处于活跃态,那么它将持续活跃;如果它的状态为0,那么当且仅当它的邻居中处于活跃态的比例不小于 T 时,它的状态将由0变为1,即处于活跃状态。

5. 信息扩散时间

信息扩散规模随时间变化的曲线具有多样性。增长曲线表现出三个模式:活跃式增长、爆发式增长和缓慢式增长。社交媒体上转发信息和新闻,一般需要三个连续过程,第一,传播时间,即信息被处理并传送到用户的时间。第二,观察时间,即信息从被发送到被注意到的时间间隔。第三,反应时间,即人们从注意到消息到传递消息之间的时间。人与人之间消息的总转发时间,即消息从发出到被转发之间的时间间隔,是上述三个时间之和。

爆发描述的是时间序列突然地、猛烈地增长和伴随其后的消退。图4-5展示了2011年关于"飓风"和"哈利波特"的谷歌搜索量的变化情况。由于自然灾害的突发性,"飓风"的搜索量比"哈利波特"的搜索量爆发性更强;而由于用户对"哈利波特"兴趣的持久性,关于"哈利波特"的搜索量衰减得较慢。

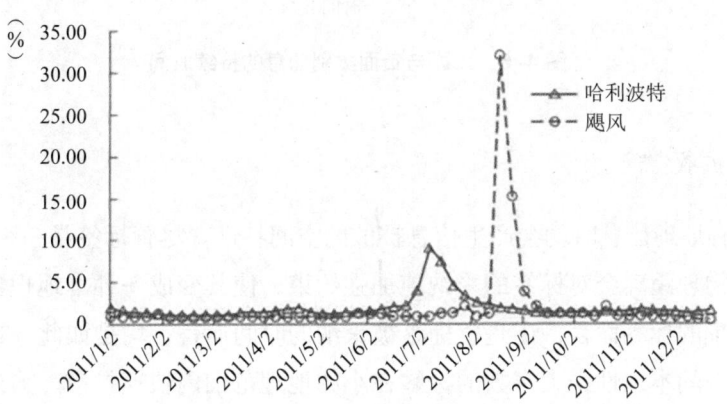

图4-5 2021年关于"飓风"和"哈利波特"的谷歌搜索量

趋势分析发现,用户转发更多的内容与内容本身相关,与用户属性不相关,且引发趋势的内容其信息源大多为传统媒体。研究发现,新闻媒体和博客对某一短语的注意力峰值存在典型的2.5小时延时效应。[1]

另外,信息的持续性以衰减时间衡量。持续性可以帮助人们利用早期扩散数据预

---

[1] ESKOVEC J, BACKSTROM L, KLEINBERG J. Meme-tracking and the dynamics of the news cycle: Proceedings of the 15th ACM SIGKDD International Conference on Knowledge Discovery and Data Mining [M]. New York: ACM Press, 2009: 497-506.

测在线内容流行度。社交网络传播原理假定，当一个思想或信息在某些方面有争议时，反复暴露于该思想或信息下对于思想或信息传播至关重要。与之相比，Twitter 中与习语和新词语相关的标签没有持续性，相对于第一次暴露，多重暴露所带来的影响迅速减少。

那些快速衰减的信息包含了更多与时间相关的信息，如新闻，以及更多与负面情绪、行动和更复杂认知过程相关的单词，而相对持久性的信息则包含了更多与正面情绪、休闲和生活方式相关的单词。对 Twitter、微博内容的分析表明，坏新闻似乎消失得更快，如图 4-6 所示，两类信息的归一化时间模式有区别，正面类别的信息衰减更慢，且具有周期性的多重注意力峰值。而负面类别的信息只有一个峰值，且快速衰减。①

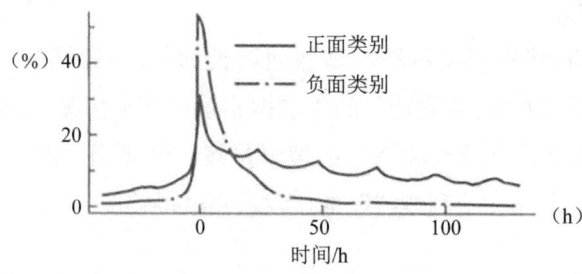

图 4-6　正面与负面类别信息的持续时间

6. 信息扩散空间

标签具有地理信息时就会产生信息扩散的空间特性。尽管标签是一种全球性现象，位置之间的物理距离会对标签的采纳施加强约束，使其变成一种本地现象，不管是就不同位置共享的标签而言，还是就标签被采纳的时间而言，均是如此。Twitter 中的信息扩散具有空间本地性，大多数的标签在小的地理范围内快速扩散。另外，标签的扩散服从"喷雾和扩散"模式，即初始时少数几个位置"声援"一个标签使它变得流行，然后把它传播到其他位置。

此外，信息扩散存在好友关系位置邻近性，用户倾向于与居住位置邻近的其他用户交流；信息扩散还存在内容传播概率地理邻近性，相对于距离远的用户，地理距离近的用户间发布相同链接的概率较高。

---

① S, TAN C, KLEINBERG J, et al. Does bad news go away faster：Proceedings of the Fifth International AAAI Conference on Weblogs and Social Media [M]．Menlo Park, CA：The AAAI Press, 2011：646-649.

三、社交媒体中的信息传播模型——以 LinkedIn 领英为例

1. 模型介绍

图 4-7 是一个简化的社交网络结构通用模型。仔细观察这个图的结构、层次，你很快就能在现代城市中找到类比：城中心（Center）、市郊（Outskirt）、公路和郊外（Suburbs）。城中心人员密集，其外围是密度稍小的市郊；再往外，公路将分散的郊外和主要网络区连接起来；而郊外又自己延伸分化成更小的个体，由小路连接起来。不同的是，一个城市中心有地理位置清楚的定位，但社交网络的中心是一个抽象的位置，一般是由连接他人最密集的地方承担。社交网络中的地图通过人际联系的密度衡量用户间距离，而不是物理上的位置。

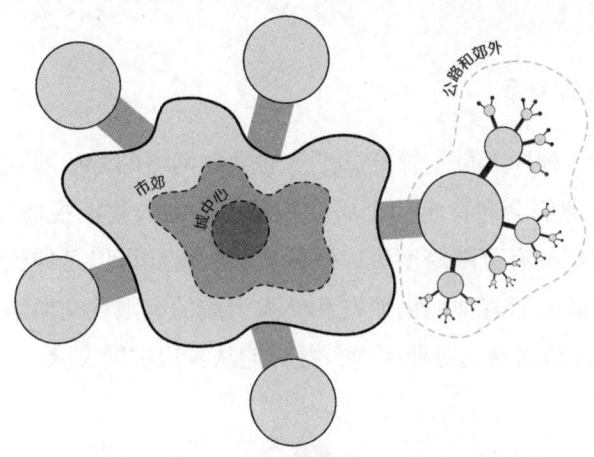

图 4-7　社交网络结构通用模型

社交网络中的居民可以分成三个类别（见图 4-8）：神职人员、贵族和民众。神职人员由所有的领英工作人员（约 5,785 人）组成，他们维护整个网络，为网络设置规则，开发和推行新系统。贵族由获得特殊权限的成员组成，他们在网络中人脉最广，是所谓的"影响者"，如理查德·布兰森（6,054,746 个粉丝）、杰克·韦尔奇（3,158,157 个粉丝）、比尔·盖茨（2,374,231 个粉丝）等，这些活跃的贵族大约有 300 人。而民众就是普通的领英用户，约有 3.13 亿人，其中 8,400 万是活跃用户。此外，在图 4-8 中，狮子是一个特殊的类别，他们栖居在民众之中，通过在领英内尽可能多地连接其他用户而蓬勃发展。这些嗜好连接他人的人平均会有 3 万个联系人，他们通过各种各样的方式与他人建立联系。从社交网络中的位置看，贵族通常居住于城中心，神职人员则在市郊维持并活跃本地网络，狮子在郊区，民众也通常在郊区（联系人足

够少的话他们也可能会在最外端边缘）。

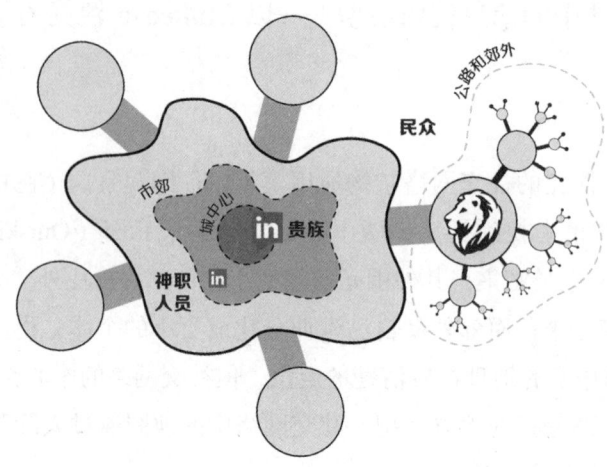

图 4-8　各个角色在社交网络中的位置

2. 社交网络中的关系

如图 4-9 所示，神职人员（领英员工）通常在网络的背后默默服务，你很难看到关于他们的信息。他们会向特定几个居住在城中心的人物汇报情况。贵族（影响者）居住在城中心，他们拥有范围跨度最广泛的人脉，由此可以延伸到市郊和郊外。民众则常是在郊外的位置经营着他们由朋友和熟人组成的有限社交网络，他们大多局限在两到三个商业社区（或者说是行业）内，并只能从身边扩展人脉。

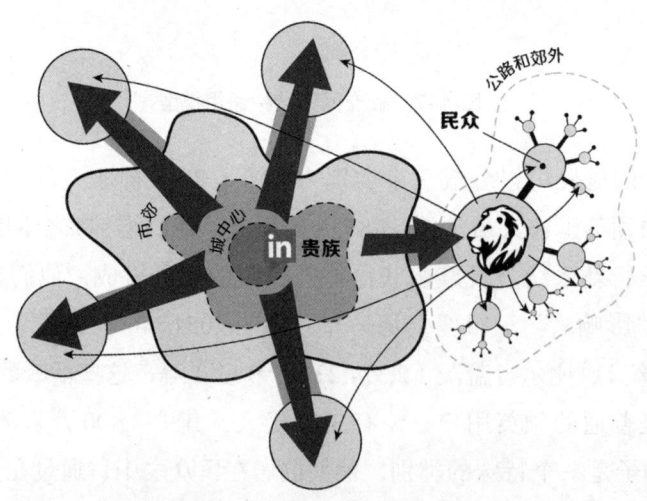

图 4-9　各个角色在社交网络中的关系

狮子虽然人脉很广，但他们的人脉非常复杂。狮子的很多联系人都处在网络边缘，且关联性很差。这是狮子最主要的缺点,他虽然认识很多人,但是他们之间的关联太少。

3. 社交网络的动态性

信息是如何扩散的?为什么有的文章很热门,而有的文章则很冷门?

(1)中心向边缘:往下游的方向

对于一个"影响者"来说,中心向边缘是社交网络中信息扩散的典型方式。他们的消息或文章经常被置顶,而且他们似乎可以不受阻碍地传递他们的观点和思想。

假设一个影响者准备分享一个更新状态,随着他点击鼠标,信息就涌向了网络,并首先在城中心扩散开来,然后一场火热的活动就开始了。处于城中心(网络中心)的人士扩散这条信息,接着社交网络里的市郊被激活,也开始扩散信息。按照这样的发展趋势,公路和郊外很快也能收到这条信息。最后,中心的传播速度开始放缓,边缘却开始响应(见图4-10)。

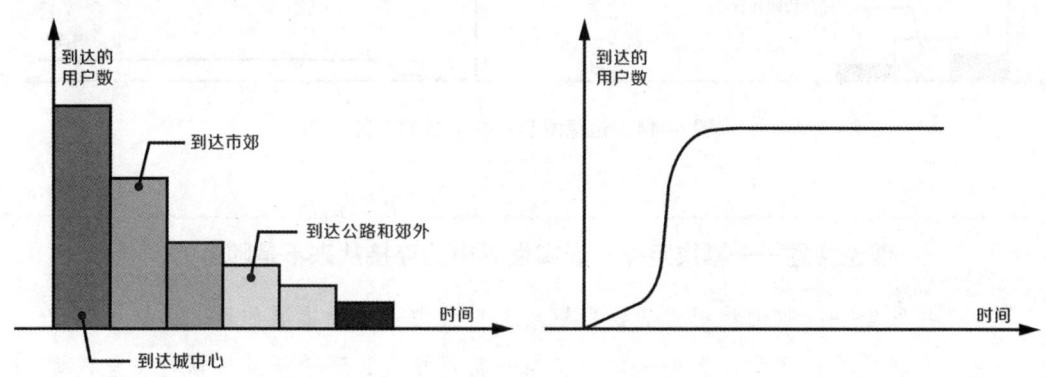

图4-10　中心向边缘:往下游的方向

(2)边缘发起:往上游的方向

信息也可能是由边缘(民众)发起,向中心扩散。这可能产生两种结果。

一种结果是,民众的信息在本地扩散,然后被某个处于公路和郊外的用户分享了。巧合的是,这条消息被市郊的用户关注到,它便成功被扩散到中心。之后,处于中心的人士开始往下游扩散民众的信息,信息扩散回到"中心向边缘"的模式,民众瞬间成了超级明星(网红)(见图4-11)。

另一种更常见的结果是,信息流向上游时遇到了阻碍。民众的联系人可能忙、不感兴趣或心情不好,没有扩散他的分享。该信息的阅读量或评论数没有增加的趋势,此信息扩散就没有下文了,变成幂律分布中的"尾巴"(见图4-11)。

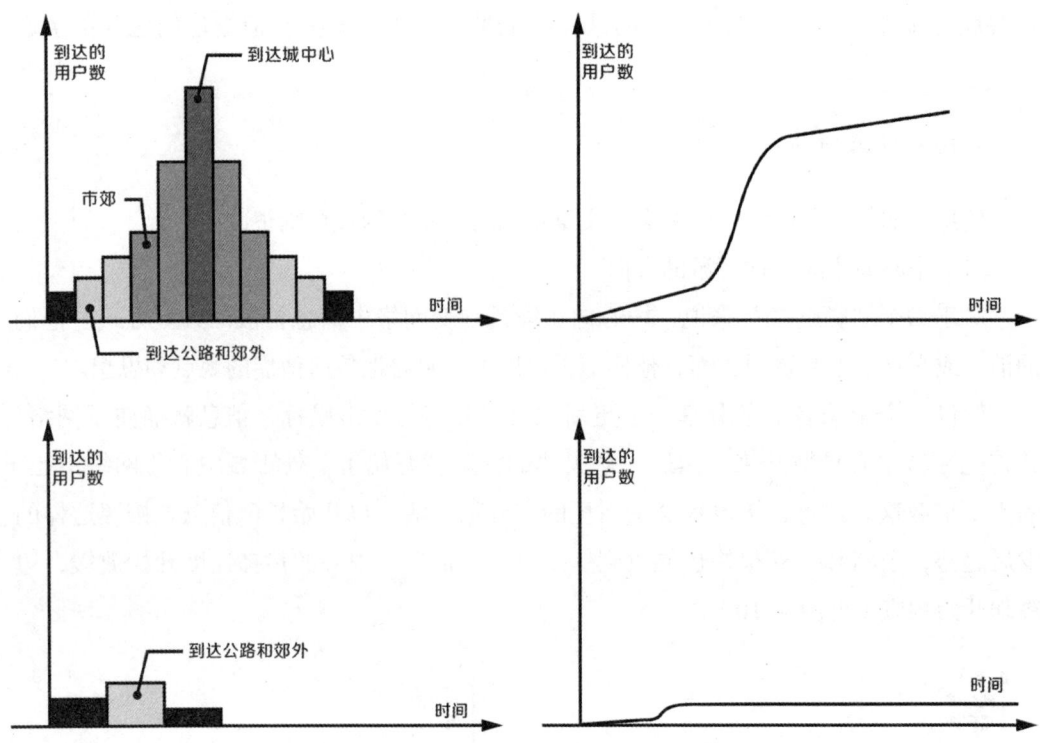

图 4-11 边缘发起：往上游的方向

理论回顾——幂次定律：现实世界中的连接从来不是随意的

巴拉巴斯—阿尔伯特模式认识到枢纽（权力中心）的重要作用，这与以往流行的两个模式有所不同。无论是埃尔多斯—雷尼模式，还是沃茨—斯特罗盖茨模式，它们都注重节点间的随机连接，并给予所有节点同等的对待（尽管不同的节点当然也可能以多种或随机的方式进行连接）。巴拉巴斯和阿尔伯特的天才型想法在于——尽管它很简单——"在现实的网络中，连接永远不会是随机的"。相反，经由互联网和社交媒体所建立的网络趋于自我构建，就好像它们自己会成长和演化一样。对于生长和演化的关注尽管是新的，但它们与视网络为静态的埃尔多斯—雷尼模式和沃茨—斯特罗盖茨模式也有一定关联。那些以往的模式没有被考虑到，随着时间的推移，有新的节点被添加到网络中。[1]

---

[1] 林德格伦. 数字媒体与社会 [M]. 王蕾, 译. 北京：中国传媒大学出版社，2022：168.

■ 课堂讨论

元宇宙中的知觉、交流与尺度问题。

■ 思考题

1. 日常交往空间与数字交往空间有哪些异同?
2. 空间质量如何影响交往?
3. 什么是数字空间?
4. 数字交往中,节点传播力有哪些测量方式?

第五章　数字交往工具：网络社交媒体

教学目标

　　掌握社交媒体的定义与特征
　　了解社交媒体演化过程及其分类
　　了解国内社交媒体市场发展现状
　　了解熟人社交与陌生人社交的差异

第一节　社交媒体的定义与演化

一、社交媒体定义

　　如果我们向身边的人提问什么是社交媒体，大多数人的回答会是微信、QQ、Facebook、Twitter等社交工具，但他们难以答出对社交媒体的具体定义。实际上，弄清楚什么社交工具属于社交媒体这个问题比较容易，而弄清楚什么定义了社交媒体这个问题却比较难。

　　维基百科对社交媒体的定义是：社交媒体是人们使用高度可访问和可扩展的发布技术创建的信息内容。从最基本的意义上讲，社交媒体标志着人们发现、阅读、分享新闻、信息和内容方式的转变。它是社会学和技术的融合，将独白（一对多）转变为对话（多对多）；它是信息的民主化趋势，将人们从内容读者转变为出版商。社交媒体已经非常流行，它允许人们在网络世界中建立联系，形成个人和商业关系。

　　百度百科将社交媒体定义为互联网上基于用户关系的内容生产与交换平台。在安东尼・梅菲尔德（Anthony Mayfield）于2007年出版的《什么是社交媒体》中，社交媒体的定义强调"社会化媒体""多对多的对话方式",参与、公开、交流、对话、社区化、连通性被认为是社交媒体的基本特征。①

社交媒体的一些新定义已被提出,包括在传播学科和相关跨学科,如公共关系、信息科学和大众媒体等。通常认为,社交媒体指的是强调用户生成内容或互动的数字技术。例如,有学者将社交媒体定义为:"那些促进在线交流、网络和/或协作的公司"②;"一组基于互联网的应用程序,建立在Web2.0的意识形态和技术基础上,并允许创建和交换用户生成的内容"③;"任何允许双向互动和反馈的互动交流渠道"④等。刘易斯(Lewis)认为,社交媒体是允许人们连接、互动、制作和分享内容的数字技术标签。⑤霍华德和帕克斯(Howard & Parks)提出社交媒体定义的三个方面:第一,它有用于生成和分发内容的信息基础设施和工具;第二,内容是个人信息、新闻、观点和文化产品的数字形式;第三,它拥有生产和消费数字内容的人、组织和行业。比较综合且具有代表性的社交媒体定义是伊利诺伊州立大学的克莱布·卡尔(Caleb Carr)和丽贝卡·海耶斯(Rebecca Hayes)提出的,他们认为,社交媒体是基于互联网的渠道,允许用户机会性地实时或异步地进行互动,从用户生成的内容和与他人互动的感知中获得价值。⑥

根据上述定义,社交媒体有以下特征。

第一,基于互联网。社交媒体是通过更广泛的互联网运行的在线工具,它是基于网络的。因特网是全球范围内相互连接的计算机网络,主要指系统基础设施;而万维网是通过互联网访问的、由许多互相链接的超文本组成的信息系统。越来越多的开发者正在从基于浏览器的Web工具转向不需要Web就能运行的独立应用程序的开发。

第二,分散的、持久性的通道。社交媒体提供了分散的异步交流工具,这避免了"时间资源的稀缺"。异步交流工具不需要互动伙伴的同时注意,它通过最大限度地提供给个人时间自由而帮助他们实现自我呈现。因此,渠道分离允许用户通过便捷的渠道进行独特的交流,如面对面的互动、实时文本沟通或视频聊天。人们通过社交媒体实时互动的价值受到关注(因为许多社交媒体整合了同步或实时信息功能),无论用户是否活跃,该渠道都持续可用。

第三,感知交互性。社交媒体在本质上是社会性的,因为它创造、利用或维持用

---

① MAYFIELD T D. A commander's strategy for social media [J]. Joint force quarterly, 2011(1): 79-83.
② 范·迪克.连接:社交媒体批评史[M].晏青,陈光凤,译.北京:中国人民大学出版社,2021:4-19.
③ 范·迪克.连接:社交媒体批评史[M].晏青,陈光凤,译.北京:中国人民大学出版社,2021:4-19.
④ 范·迪克.连接:社交媒体批评史[M].晏青,陈光凤,译.北京:中国人民大学出版社,2021:4-19.
⑤ 范·迪克.连接:社交媒体批评史[M].晏青,陈光凤,译.北京:中国人民大学出版社,2021:4-19.
⑥ CARR C. T., HAYES R. A. Social media: Defining, developing, and divining [J]. Atlantic Journal of Communication, 2015(1): 1-43.

户之间的社会互动。然而,这些社交互动在本质上不需要是人际的,只需要用户提供一种与他人互动的感觉。随着计算机程序和虚拟代理的复杂性增加,个人将通过算法发送信息,并接收来自算法的信息——这些程序具有极强的响应能力,通过适应刺激和接收信息来模拟真实的交互性。就像肥皂剧角色或 Twitter 上的名人卢克·斯宾塞(出版界名人)一样,即使斯宾塞或金·卡戴珊实际上没有回应个人的信息,个人也会感知到互动和社会的联系,这促进了准社会互动、信息和关系的维系。此外,社交媒体平台本身也能产生互动感。特别是像四方和 Tinder 这样的地理中心服务平台,它们允许个人感知自己在特定地点(如机场航站楼、城市公园)与他人互动,即使没有信息交流——仅仅承认他人的存在就能促进互动的感知。对社交媒体来说,最关键的是用户认为自己在与他人互动,即使发送和接收信息不符合通常的互动标准。

第四,用户生成内容的价值。社交媒体的价值(即利益或享受)来自用户的贡献或用户互动产生的内容,而不是来自托管媒体的平台产生的内容。社交媒体的价值可能与内容不同,内容不需要由用户生成,内容可以在平台上生成和推广,它可以代替个人用户的贡献。例如,一个公共服务公告可能优化平台内容,个人可能从用户生成的评论中感知更多同伴互动的影响,而不是预期的信息。与其他用户的互动是用户持续参与内容生产的动机。

第五,大众的人际交流。大众沟通渠道用于人际沟通,人际沟通渠道用于大众沟通,个人同时参与大众沟通和人际沟通。Facebook、YouTube 和 Twitter 等社交工具已经被确定为探索人际交流的理想场所,它们允许个人在人际交往和观众间传递信息,而信息的接收者可以通过自己的信息渠道进行回复,而不是局限于二元的人际互动,如短信、信件,或有限反馈的大众媒体渠道,如广播、电视,这种多方向的通信流允许信息作为大众和 / 或人际信息发送和接收,历史上清晰的沟通边界被模糊了。

> 社交网站(Social Network Sites)是基于网络的服务,允许个人在有界系统中构建公共或半公共配置文件,查看与他们共享连接的其他用户的列表以及系统内其他人创建的连接列表。社交网站在本质上是典型的社交媒体工具,但并不是所有的社交媒体工具都是社交网站。

二、社交媒体简史

1. 创建阶段

社交媒体的历史是从 1978 年第一个虚拟在线社区的创建开始的（见图 5-1）。当时计算机科学家默里·图罗夫（Murray Turoff）和罗克珊·希尔茨（Roxanne Hiltz）在美国新泽西理工学院（New Jersey Institute of Technology）建立了电子信息交换系统（Electronic Information Exchange System，EIES），这是首批集体智慧项目之一。[①]EIES 能够为用户提供发送电子邮件、查看公告板及使用列表等服务，该系统还被用于教授课程、召开会议和促进研究。EIES 项目由国家科学基金会资助，用于进一步探索计算机会议的潜力。该项目拥有 2,000 多名来自 Exxon、IBM、政府机构和美国大学的用户。

在 EIES 项目完成的 1978 年，"电子公告栏系统"（Bulletin Board System）被发明。第一个公告栏基于文本在两台或多台计算机之间使用调制解调器（Modem）和电话线进行信息传递。直到 20 世纪 90 年代初，在万维网出现之前，它们一直都是最主流的在线社区。

图 5-1 社交媒体演化阶段

2. 博客阶段

1989 年，蒂姆·伯纳斯-李（Tim Berners-Lee）创立了万维网（World Wide Web），不久之后，博客时代开始了。第一篇博客（blog）是 1994 年美国史瓦兹摩尔学院（Swarthmore College）的学生贾斯汀·霍尔（Justin Hall）撰写的发表在 www.links.net 上的个人日记《秘密的贾斯汀的链接》（Justin's Links from the Underground），当时他是旧金山《连线》（Wired）杂志的实习生。1997 年，Robot Wisdom（robotwisdom.com）的约翰·巴杰（Jorn Barger）创造了术语"Weblog"一词，意思是记录网络。后

---

① 谢尔顿.社交媒体：原理与应用[M].张振维，译.上海：复旦大学出版社，2018：179-182.

来，彼得·摩霍兹（Peter Merholz）将该词拆分为"We blog"，并缩短为"Blog"（博客）。Pyra Labs 的埃文·威廉斯（Evan Williams）将"Blog"同时作为动词与名词使用，并设计了一个新的术语"Blogger"（博主）。

1998 年之后，一批受欢迎的博客平台陆续出现了。Open Diary 于 1998 年推出，LiveJournal 和 Blogger 在 1999 年创立。2000 年，安德鲁·苏利万（Andrew Sullivan）推出了 Daily Dish，这是最早的政治博客之一，2001 年，大量的政治博客涌现，有一些人因博客而成名。2002 年，希瑟·阿姆斯特朗（Heather Armstrong）因为在她的个人博客 dooce.com 中记录职场上遇到的人而被解雇。术语"Dooced"由此出现，意思是"由于个人网站而失业"（urban dictionary.com）。在 2004 年之前，博客是最受欢迎的社交媒体。

3. 在线社交阶段

第一个在线社交网络于 1997 年创建，名字是 Six Degrees.com。创始人安德鲁·魏因赖希（Andrew Weinreich）的这个想法来源于米尔格拉姆（Milgram）著名的小世界研究。这一研究提出，通过六个或更少的人的关系，任何两个人都会被联系在一起。2001 年，阿德里安·斯科特（Adrian Scott）创建了一个名为 Ryze.com 的社交网站，它旨在连接职场专业人士，这一想法与 LinkedIn 很相似。该网站的名称来源于"rise up"（提升），因为这反映了用户通过有质量的网络相互帮助、提升彼此的诉求。

2002 年，加拿大的程序员乔纳森·艾布拉姆斯（Jonathan Abrams）推出了 Friendster.com，该网站旨在为朋友之间的线下聚会创造条件。这是第一个达到百万会员的网站，但在 MySpace 和 Facebook 出现后它开始流失用户，后来该网站被重新设计为本地游戏网站。2003 年 8 月，克里斯·德沃夫和汤姆·安德森（Chris DeWolfe & Tom Anderson）创建了 Myspace.com，这是一个流行音乐的聚集地，很多音乐家的职业生涯从此处开始，他们自拍的想法就来源于 MySpace。2005 年至 2008 年，MySpace 都是世界上访问量最多的网站。2008 年 4 月，Facebook 的访问量超过了 MySpace，此后 MySpace 的访问量开始逐渐下降。

2003 年至 2004 年许多流行的社交网站出现了。LinkedIn 是一个面向职场的社交网站，于 2003 年在美国加利福尼亚的山景城被创建，创始人为里德·霍夫曼、艾伦·布卢、康斯坦丁·居里克、埃里克·利和让鲁克·瓦扬（Reid Hoffman, Allen Blue, Konstantin Guericke, Eric Ly, & Jean Luc Vaillant）。2004 年，Facebook 成为 MySpace 的主要竞争对手。马克·扎克伯格（Mark Zuckerberg）创建了 facebook.com 以取代纸质的课程目录，作为对大学新生介绍学校信息的一部分。该网站最初的成员仅限于哈佛大学的学生，随后成员范围扩大到波士顿地区和常春藤联盟的其他高校，该范围扩大到所有大学生、高中生，到最后，凡是 13 岁以上的人都能成为 Facebook 用户。2006 年，杰克·多尔塞、诺厄·格拉斯、比扎·斯通和埃文·威廉斯（Jack Dorsey, Noah Glass, Biz Stone, & Evan Williams）共同创建了另一个非常受欢迎的社交网站——Twitter。Twitter 可以用来发送和接收短消息（不超过 140 个字符）。2010 年，Instagram 由凯文·瑟斯特朗姆和麦克·克里格（Kevin Systrom & Mike Krieger）创建，另一个受欢迎的图像共享社交网站 Pinterest 也于同年创建，2012 年，Google 推出了 Google+。

维基（wiki）是另一种形式的社交媒体。"维基"一词在夏威夷语中是"快速"的意思。维基是一个协作项目，被视为社交媒体应用的一种特殊形式，因为它可以实现多用户联合创建知识性内容。维基是最民主的社交媒体形式，因为它允许任何人使用简单的浏览器来添加、修改或删除网页上的内容。目前最受欢迎的维基是维基百科（Wikipedia），它是由吉米·威尔士和拉里·桑格（Jimmy Wales & Larry Sanger）于 2001 年创建的，是可以免费访问的多语言在线百科全书。维基百科改变了知识储存与访问的方式。不同于只有专家才能发布词条的传统媒体，在维基百科上，任何读者都可以成为一名编辑。

2005 年，三位 PayPal 的员工史蒂夫·陈、查德·赫尔利和贾韦德·卡里姆（Steve Chen, Chad Hurley, & Jawed Karim）共同创建了视频分享网站 YouTube。该网站支持用户上传自己的视频并观看其他用户的视频。YouTube 目前已经被不同的用户所使用，包括私人用户和在网站上发布广告的企业、政治家和政府。YouTube 在 2010 年的阿拉伯之春运动中发挥了非常重要的作用。有些人也借助 YouTube 平台而变得有名，如苏珊·博伊尔（Susan Boyle），一位因参加《英国达人》而成名的苏格兰歌手。

三、社交媒体的影响

数字时代，新媒体平台的共同特征是不断走向社交化、视频化和智能化，三者密不可分。中国当代社交媒体基于强社交关系，通过不断加强人工智能推荐能力、视频化能力来迎合用户碎片化浅阅读的触媒习惯，从而获得流量。此外，原本基于智能化的平台也试图增加社交功能，通过创建社群来提高用户依赖度。不同社交平台更加融合，社交媒体的界定也愈加模糊。但可以确定的是，一个共荣共生的社交媒体生态正在走向成熟。

随着社交媒体的普遍使用，批判的声音也越来越多。社交媒体对人们生活的影响集中表现在八个方面：编辑生活，依赖感增强，浪费时间，动力杀手，阻碍我们的幸福，嫉妒的循环，预测误差，割裂关系。

第二节　网络社交媒体市场

一、国内主流社交媒体简介

随着信息网络技术的发展，社交媒体渗透人们的生活。中国社交媒体从贴吧论坛时代发展至今，形成了错综复杂的生态网络，各个平台的用户定位与功能相互区别又相互联系，边界难以被清晰界定。

简单来说，社交媒体可分为复合媒体、核心社会化媒体和衍生社会媒体三大类。①复合媒体指多功能一站式平台，它支持多种功能，如检索、社交、娱乐、购物等。用户可以根据自己的需求，在该类媒体平台上随意切换应用。在国内，微信、QQ、支付宝、淘宝是最常见、常用的复合媒体。核心社会化媒体指注重关系连接的平台。用户通过现实生活中的人脉资源以及网络交友建立起新的社交关系，如用于商务社交的脉脉、钉钉，用于私人社交的陌陌、探探、珍爱网，用于兴趣爱好的贴吧、豆瓣、天涯，用于分享生活日常的微博、QQ空间等。衍生社会媒体指注重内容生产与分享的平台。用户既可以依托平台的功能将自己的技能或知识储备转化成内容，又可以在平台上获得来自其他用户生产的内容，如问答类的知乎、果壳，图片社交类的美图、黄油相机，短视频类的抖音、快手、火山，直播类的YY、一直播等。

在网民经常使用的社交媒体中，目前市场份额排名第一的是微信，占比75.9%；排名第二的是QQ空间，占比50.5%；排名第三的为微博，占比35%；排名第四的为论坛，占比12.9%。微信、微博和论坛已经成为主流的社交媒体。

1. 微信——社交媒体营销中最有效的传播方式

微信于2011年由腾讯公司推出，2022年日均活跃用户达9亿，它是时下用户数量最多的社交媒体平台，其核心功能是基于熟人关系的三项社交应用——即时通信、朋友圈和公众号自媒体。随着移动通信和互联网的发展，微信已发展为一个集社交、购物、游戏、阅读、娱乐、运动、理财等为一体的互动平台。

2. 微博——通过视频拉近用户

微博于2009年由新浪网推出，2022年日均活跃用户达到2.5亿人，是中国最大

---

① 肖佳琦.中国社交媒体的发展特征与未来预测［J］.新闻文化建设，2020（7）：123-124.

的公共信息传播平台，其核心功能是基于弱关系的兴趣社交。用户根据自身喜好，对平台上的链接、视频、音乐、博文产生关注、点赞、评论和转发等社交行为。2017年，微博覆盖55个垂直领域，其中电视剧、综艺、动漫等泛娱乐领域的用户最为活跃。

3. 腾讯QQ——8亿人在用的即时通信软件

腾讯QQ于1999年由腾讯公司推出，2022年月均活跃用户达到5.7亿人。它传统上提供文字、语音、视频聊天和QQ空间的状态发布等功能，现已拓展为一个集在线游戏、文件共享、网络硬盘、邮箱、论坛等服务于一体的多平台即时通信软件。

4. 豆瓣——文艺的泛娱乐分享平台

豆瓣于2005年由杨勃（网名"阿北"）创立，2022年其日均活跃用户达200万人，它以读书、电影、音乐为出发点，自动给出同类趣味和友邻推荐，并集同城、小组、友邻等文艺网络服务为一体。豆瓣是当下国内最权威的书影音评分网站，拥有超过2亿的书影音爱好者。

5. 抖音——年轻人记录美好生活的短视频社区

抖音于2016年由今日头条孵化上线，2022年日均活跃用户达6亿人，是同类短视频App中的爆款。抖音是一个可以分享15秒音乐短视频的年轻人社区，它的核心功能是通过设置话题挑战、丰富音乐场景、设计影音模板等方式鼓励用户表达自我。

6. 小红书——连接消费者和优质品牌的纽带

小红书于2013年由瞿芳和毛文超创立，2022年日均活跃用户超2亿人。它是一个以美妆、护肤和保健等日用品为切入点的"社区+电商"跨境购物平台，致力于帮助用户发现全世界的好东西。借助意见领袖（网红、明星）的影响力，小红书目前是中国电商精品导购平台的领航者。

7. 知乎——高质量的问答社区和原创内容平台

知乎于2011年1月正式上线，它以"让人们更好地分享知识、经验和见解，找到自己的解答"为品牌使命。知乎凭借认真、专业、友善的社区氛围，独特的产品机制以及结构化和易获得的优质内容，聚集了中文互联网科技、商业、影视、时尚、文化领域最具创造力的人群，它已成为综合性、全品类、在诸多领域具有关键影响力的知识分享社区和创作者聚集的原创内容平台，建立起了以社区驱动内容变现的商业模式。

8. 陌陌——基于地理位置的开放式社交平台

陌陌（MOMO）有着创新的社交模式，它不同于广场式的、偏传播属性的微博、Twitter 等产品，也不同于熟人间的、偏交流属性的微信、Facebook 等产品，这保证了它的独特气质和特殊地位。在陌陌上，用户可以便捷地通过地理位置信息发现附近的人并与之进行即时互动，它降低了社交门槛，能实现更加真实的互动。

9. B 站——中国年轻一代高度聚集的文化社区

B 站早期是一个 ACG（动画、漫画、游戏）内容创作与分享的视频网站。经过十年多的发展，它围绕用户、创作者和内容构建了一个源源不断生产优质内容的生态系统，该系统是一个涵盖 7,000 多个兴趣圈层的多元文化社区，曾分别获得"Z 世代偏爱 App"和"Z 世代偏爱泛娱乐 App"两个榜单的第一名。

10. 贴吧——基于关键词的主题交流社区

贴吧的使命是让志同道合的人相聚。贴吧的组建依靠搜索引擎关键词，不论是大众话题还是小众话题都能精准地聚集大批同好网友，他们展示自我风采，结交知音，搭建别具特色的"兴趣主题"互动平台。贴吧为人们提供一个自由表达和交流思想的网络空间，并汇集志同道合的网友。

11. 喜马拉雅——音频分享平台

喜马拉雅用声音连接了中国数亿人，为内容创作者和用户搭建了共同成长的平台。一方面，创作者用声音分享自己的故事、观点、知识，并因此收获粉丝、成就感或获得 IP 增值、商业变现的机会；另一方面，丰富的音频内容陪伴用户的每日生活。

12. 快手——专注普通人日常生活的记录和分享

快手诞生于 2011 年 3 月，最初是一款用来制作、分享 GIF 图片的手机应用。2012 年 11 月，快手从纯粹的工具应用转型为短视频社区，成为用户记录和分享生活的平台。随着智能手机、平板电脑的普及和移动流量成本的降低，2015 年以后快手迎来市场。

二、社交媒体用户使用情况

1. 2020年中国社交媒体用户触媒偏好

社交媒体用户的触媒偏好呈现不同程度的分化，各类媒体对个人可支配触媒时间的争夺不断升级。从总体上看，移动网民在中国网民中占绝大多数，其与社交媒体网民也存在高度重合（见表5-1）。①

表5-1 2020年社交媒体用户不同媒介使用情况（样本量：2566）

	报纸	杂志	广播	电视	电脑（上网）	手机（上网）
从不	1058（41.2%）	889（34.6%）	973（37.9%）	286（11.1%）	171（6.7%）	30（1.2%）
一年几次	877（34.2%）	1128（44.0%）	843（32.9%）	818（31.9%）	278（10.8%）	54（2.1%）
一月至少一次	216（8.4%）	279（10.9%）	295（11.5%）	410（16.0%）	262（10.2%）	89（3.5%）
一周至少一次	145（5.7%）	156（6.1%）	191（7.4%）	367（14.3%）	312（12.2%）	106（4.1%）
一周多次	126（4.9%）	80（3.1%）	164（6.4%）	391（15.2%）	510（19.9%）	158（6.2%）
几乎每天	144（5.6%）	34（1.3%）	100（3.9%）	294（11.5%）	1033（40.3%）	2129（83.0%）

表5-2通过对微信、QQ、微博、类头条（今日头条、趣头条等）、短视频、B站、知乎和贴吧八大类应用的使用概况进行数据分析，研究网民对中国社交网络中具有代表性的主流应用的接触情况。

就每日情况而言，微信日使用时长在"4小时以上"的受访者人数最多，占比25.0%；就每周使用天数来看，微信每周使用天数在"7天"的受访者人数最多，占比88.1%，每周使用天数在"0天"的受访者人数较少，占比0.6%。

由表5-2中数据可知，受访者对不同主流社交媒体的应用存在较为明显的差别。微博的应用呈现高频低时长的特点；类头条的应用则呈现两极分化的趋势，超过半数的人（56.4%）未接触过这一应用，而每日使用的受访者占比14.0%；社交短视频应用也呈现两极分化，每天接触短视频的用户行为占比37.1%，不接触的占比29%；B站不接触者占比36.3%，明显高于每日接触者占比20.9%；知乎与贴吧的应用前景堪忧，作为社交媒体的传统形态，它们亟待调整，以维持市场规模。

---

① 安珊珊.2020年中国社交媒体用户使用行为研究报告［J］.传媒，2021（14）：19-22.

表 5-2 2020 年受访者八大应用使用情况（样本量：2566）

		微信	QQ	微博	类头条	短视频	B 站	知乎	贴吧
每日使用时长	0~0.5 小时	235（9.2%）	1684（65.6%）	1167（45.5%）	1971（76.8%）	1150（44.8%）	1468（57.2%）	1877（73.1%）	2089（81.4%）
	0.5~1 小时	350（13.6%）	265（10.3%）	401（15.6%）	214（8.3%）	343（13.4%）	294（11.5%）	250（9.7%）	130（5.1%）
	1~1.5 小时	298（11.6%）	152（5.9%）	240（9.4%）	100（3.9%）	243（9.5%）	200（7.8%）	128（5.0%）	81（3.2%）
	1.5~2 小时	300（11.7%）	100（3.9%）	233（9.1%）	98（3.8%）	212（8.3%）	149（5.8%）	121（4.7%）	84（3.3%）
	2~2.5 小时	233（9.1%）	85（3.3%）	143（5.6%）	66（2.6%）	155（6.0%）	144（5.6%）	61（2.4%）	77（3.0%）
	2.5~3 小时	194（7.6%）	51（2.0%）	114（4.4%）	39（1.5%）	110（4.3%）	90（3.5%）	57（2.2%）	45（1.8%）
	3~3.5 小时	167（6.5%）	31（1.2%）	57（2.2%）	17（0.7%）	83（3.2%）	47（1.8%）	22（0.9%）	20（0.8%）
	3.5~4 小时	147（5.7%）	38（1.5%）	58（2.3%）	13（0.5%）	58（2.3%）	44（1.7%）	17（0.7%）	12（0.5%）
	4 小时以上	642（25.0%）	160（6.2%）	153（6.0%）	48（1.9%）	212（8.3%）	130（5.1%）	33（1.3%）	28（1.1%）
每周使用天数	7 天	2260（88.1%）	816（31.8%）	1120（43.6%）	359（14.0%）	952（37.1%）	537（20.9%）	229（8.9%）	142（5.5%）
	6 天	51（2.0%）	50（1.9%）	86（3.4%）	51（2.0%）	141（5.5%）	91（3.5%）	58（2.3%）	40（1.6%）
	5 天	64（2.5%）	117（4.6%）	210（8.2%）	110（4.3%）	171（6.7%）	166（6.5%）	124（4.8%）	79（3.1%）
	4 天	62（2.4%）	126（4.9%）	245（9.5%）	103（4.0%）	147（5.7%）	184（7.2%）	165（6.4%）	106（4.1%）
	3 天	59（2.3%）	230（9.0%）	196（7.6%）	144（5.6%）	168（6.5%）	219（8.5%）	232（9.0%）	145（5.7%）
	2 天	27（1.1%）	230（9.0%）	160（6.2%）	153（6.0%）	118（4.6%）	234（9.1%）	266（10.4%）	170（6.6%）
	1 天	27（1.1%）	307（12.2%）	549（21.4%）	199（7.8%）	125（4.9%）	203（7.9%）	254（9.9%）	225（8.8%）
	0 天	16（0.6%）	690（27.9%）	0（0.0%）	1447（56.4%）	744（29.0%）	932（36.3%）	1238（48.2%）	1659（64.7%）

2. 青少年社交媒体使用情况

（1）国外青少年社交媒体使用现状

①网络接入设备移动化、智能化，青少年社交媒体使用时间越来越长

在美国，有 95% 的青少年每天都会使用智能手机。美国医学协会（JAMA）儿科杂志的一项研究显示，新冠疫情期间，青少年每天的非学校相关屏幕使用时间比疫情

之前增加了一倍，达到 7.7 小时。80% 的 12—15 岁青少年在网上玩电子游戏。从 2019 年到 2021 年，青少年的媒体使用量增长了 17%。2021 年，8—12 岁的孩子平均每天使用社交媒体的时长约 5.33 小时，而 13—18 岁的孩子每天使用的时间约 8.39 小时（见图 5-2）。①

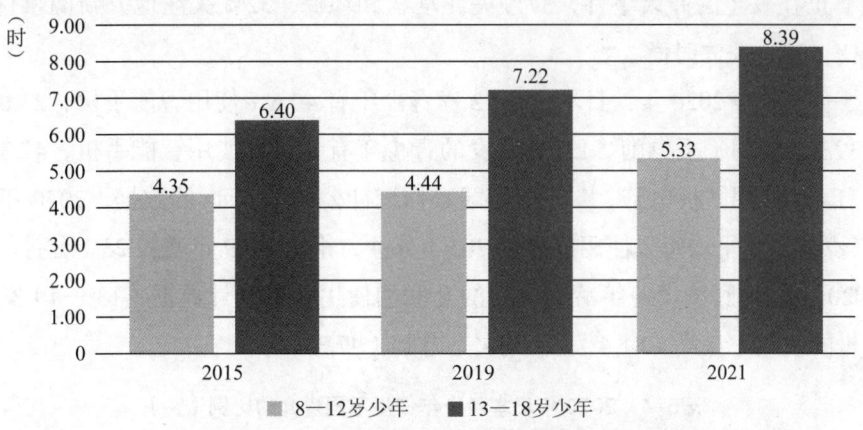

图 5-2　美国青少年日均屏幕娱乐时长

根据 2021 年的数据，美国 8—12 岁的青少年中 43% 拥有手机，相比于 2019 年的 41% 增加了 2%。此外，他们中的 57% 拥有平板电脑，43% 拥有电脑。13—18 岁的青少年中 88% 拥有平板电脑，相比 2019 年的 84% 提升了 4 个百分点。此外，他们中的 36% 拥有电脑，64% 拥有手机（见表 5-3）。

表 5-3　2019 年、2021 年美国青少年使用不同媒介的比例

8-12 岁青少年使用不同媒介的比例（%）			13-18 岁青少年使用不同媒介的比例（%）		
媒介形式	2019 年	2021 年	媒介形式	2019 年	2021 年
平板	52	57	平板	84	88
智能手机	41	43	智能手机	—	64
电脑	—	43	电脑	35	36

在英国，社交媒体是青少年生活中不可或缺的一部分。尽管网络平台将最低用户年龄定为 13 岁，但较多（59%）11 岁的英国儿童已经开始使用社交媒体。到 15 岁时，95% 的儿童在使用社交媒体。2021 年统计数据显示，在英国，几乎所有的孩子都有某种形式的家庭互联网接入，尽管许多孩子并不总是能够使用适当的设备来完成学业。2020 年至 2021 年，近 9/10 的学龄儿童在家上学，互联网帮助大多数儿童在该时期继续接受教育。

7—16 岁的儿童每天上网近 4 个小时。1/2 的儿童在 10 岁时拥有手机，几乎所有

---

① VICTORIA R, ALANNA P, SUPREET M, et al.The Common Sense Census: Media Use by Tweens and Teens, 2021［EB/OL］.（2022-03-09）［2024-01-18］. https://www.commonsensemedia.org/research/the-common-sense-census-media-use-by-tweens-and-teens-2021.

儿童在 13 岁时都拥有手机。在 12—15 岁的青少年中，99% 使用智能手机，95% 使用台式或笔记本电脑，86% 使用平板电脑。① 数据还显示，这个年龄段的青少年有 55% 在关注音乐和歌手相关内容，53% 关注体育和体育明星，44% 关注名人和演员，38% 关注当下正在发生的严肃事件，37% 关注动物和环保，32% 关注地方新闻事件，37% 关注科技，23% 关注时尚。②

表 5-4 显示，2020 年，日本 6—12 岁青少年有 40.6% 使用智能手机，23.0% 使用电脑，39.9% 使用平板电脑。13—19 岁的青少年有 81.4% 使用智能手机，47.3% 使用电脑，31.4% 使用平板电脑。③ 根据德国数据统计公司 Statista 的数据，2020 年，日本 10—17 岁青少年平均每日使用互联网 205.4 分钟，相比 2019 年增长 23.1 分钟。④ 根据截至 2020 年 8 月底按设备年龄组分列的互联网使用状况统计数据，13—19 岁青少年智能手机的使用率最高（81.4%），其次是电脑（47.3%）。⑤

表 5-4　2020 年日本青少年使用不同媒介的比例（%）

网络设备	平均使用率	6—12 岁	13—19 岁
智能手机	68.3	40.6	81.4
电脑	50.4	23.0	47.3
平板	24.1	39.9	31.4
移动手机	10.1	7.3	6.3

注：移动手机指移动电话和个人手持电话系统。

Statista 于 2021 年 3 月发布的数据显示，在韩国，10—19 岁青少年的互联网普及率达到了 100%，为各个年龄段中最高。⑥ 该公司在 2020 年 7 月至 10 月进行的针对 14,536 名韩国高年级小学生、初中生和高中生的问卷调查显示，52.2% 的青少年"几乎

---

① Children and parents: media use and attitudes report 2020/21［EB/OL］.（2021-04-28）［2024-01-18］. https://www.ofcom.org.uk/research-and-data/media-literacy-research/childrens/children-and-parents-media-use-and-attitudes-report-2021.
② News consumption in the UK: 2023［EB/OL］.（2021-07-27）［2024-01-18］. https://www.ofcom.org.uk/research-and-data/tv-radio-and-on-demand/news-media/news-consumption.
③ Statistics Bureau of Japan. Statistical Handbook of Japan2021［EB/OL］.（2021-09-10）［2024-01-18］. https://www.stat.go.jp/english/data/handbook/index.html.
④ Statista Research Department. Average internet usage time of youth per weekday Japan FY 2014-2021［EB/OL］.（2021-10-05）［2024-01-18］. https://www.statista.com/statistics/944415/japan-duration-internet-usage-youth/.
⑤ Statistics Bureau of Japan. Statistical Handbook of Japan2021［EB/OL］.（2021-09-10）［2024-01-18］. https://www.stat.go.jp/english/data/handbook/index.html.
⑥ Internet usage rate in South Korea from 2015 to 2022, by age group［EB/OL］.（2021-07-21）［2024-01-18］. https://www.statista.com/statistics/226740/age-composition-of-internet-users-in-south-korea/.

每天"使用社交媒体。①

②各国青少年社交媒体使用偏好差异显著

Tik Tok 对美国 12—17 岁的年轻人来说正变得越来越有吸引力。Forrester 于 2021 年发布的关于美国青少年网络消费的调查数据显示，美国青少年对 Tik Tok 的每周使用率同比增长了 13 个百分点（从 50% 增至 63%）。而对于同样的受众群体，Instagram 的每周使用率同比下降了 4 个百分点，从 2020 年的 61% 降至 2021 年的 57%；Snapchat 的每周使用率则持平，均为 54%。②2020 年全年，Tik Tok 以 105.1 分钟的日使用时长超过 YouTube 成为美国青少年使用最多的应用。截至 2021 年，Tik Tok 在美国共有 7,870 万用户，其中大约 3,730 万年龄在 10—25 岁，占总用户数的 47.4%；19 岁以下的女性用户成为 Tik Tok 最大的用户群体。2020 年美国的一项调查 14—22 岁青少年社交媒体使用目的的研究发现，25% 的青少年认为使用社交媒体可以"创意性地表达自我"，23% 的青少年认为可以"从他人处获取灵感"，21% 的青少年认为可以"减少孤独"，20% 的青少年认为可以"获得建议和帮助"。③

在英国，66% 的 12—15 岁儿童使用 Instagram，其使用率领先于 Snapchat（58%）和 Facebook（54%）。大约 90% 的使用社交媒体的 8—15 岁儿童表示，社交媒体有助于他们保持与朋友的亲密关系。但是社交媒体的使用也会带来社会压力，90% 的 12—15 岁使用社交媒体的青少年表示自己存在"在这类应用或网站上是否受欢迎"的压力。

2021 年日本最受欢迎的社交媒体平台为 LINE，它是一款由 NHN Japan 推出的即时通信软件。在 LINE 平台上，15—19 岁年龄段的青少年受众占 8.3%，以聊天通信为主要功能的社交媒体平台的使用人数随着年龄增长呈现不同程度的上升。④在 17—19 岁的青少年中，LINE 的使用率达到 97.8%；其次是 Twitter，使用率为 81.8%；然后是 Youtube 和 Instagram。⑤

在韩国，根据 DMC Media 和 KT 集团旗下经济研究机构 Digieco 公司 2020 年 9 月发布的报告，截至 2020 年 6 月，Naver Bank 应用在韩国的月活用户数量达到 1,690 万，居韩国市场首位。Instagram 以 1,100 万月活用户紧随其后，第三名 Kakao Story 有 990

---

① Frequency of using social media among adolescents in South Korea in 2020［EB/OL］.（2021-03-30）[2024-01-18］. https://www.statista.com/statistics/961361/south-korea-social-media-use-frequency-among-adolescents/#statisticContainer.
② MIKE P.Weekly Usage Of TikTok Surpasses Instagram Among US Gen Z Youth［EB/OL］.（2021-11-18）[2024-01-18］. https://www.forrester.com/blogs/weekly-usage-of-tiktok-surpasses-instagram-among-us-gen-z-youth/.
③ VICTORIA R, SUSANNAH F, ALANNA P, et al. Coping with COVID-19：How young people use digital media to manage their mental health［M］. San Francisco, CA：Common Sense and Hopelab, 2021：30.
④ DATAREPORTA. Digital 2021：Japan［EB/OL］.（2021-02-09）[2024-01-18］. https://datareportal.com/reports/digital-2021-japan.
⑤ Most popular social media platforms among people aged 17 to 19 years old in Japan as of June 2020［EB/OL］.（2021-10-05）[2024-01-18］. https://www.statista.com/statistics/1154808/japan-most-popular-social-media-platforms-among-young-people/.

万月活用户，第四名是Facebook，拥有980万月活用户。不同年龄段的用户对社交媒体平台也表现出不同的偏好。其中Facebook在青少年用户群体中最受欢迎。2020年第一季度，Facebook在韩国的青少年用户数量已经达到220万；Instagram平台以190万人位居次席；Twitter排名第三，其青少年用户数量为80万。①

（2）中国青少年社交媒体使用现状

①青少年网络使用率逐年增加

数据显示，我国未成年网民规模连续两年保持增长。2020年达到1.83亿人，互联网普及率为94.9%，较2019年提高1.8个百分点。根据《数字中国发展报告（2020年）》，我国中小学（含教学点）互联网接入率从2016年的79.37%提高到2020年的100%，98.35%的中小学已拥有多媒体教室。

2020年未成年网民对互联网的主观依赖程度较2019年略有提高。数据显示，未成年网民中认为自己非常依赖（有空闲就要上网）或比较依赖互联网的比例为19.6%，较2019年提高2.3个百分点。②第48次中国互联网络发展状况统计报告显示，截至2021年6月，青年群体已经成为互联网用户的主力军，其中10—19岁青少年占比12.3%。③

②城乡未成年人互联网普及率差距进一步缩小

城镇未成年人互联网普及率达到95.0%，农村未成年人互联网普及率达到94.7%。数据显示，城乡未成年人互联网普及率差异连续两年下降，由2018年的5.4%下降至2019年的3.6%，2020年进一步下降至0.3%。④随着移动互联网向农村地区持续渗透，农村未成年人在互联网接入方面与城镇未成年人已经不再有明显差异。

③青少年接触互联网的低龄化趋势

小学生互联网普及率进一步提高，2020年达到92.1%，较2019年提高2.7个百分点。初中、高中、中等职业教育学生的互联网普及率分别为98.1%、98.3%和98.7%，与2019年差距不大。通过学龄段区分发现，小学生在学龄前首次使用互联网的比例达到33.7%，较2019年的32.9%提高0.8个百分点，初中、高中、中等职业教育学生在

---

① SHIM W. Korea's social media penetration rate ranks third in world [EB/OL].（2020-09-07）[2024-01-18]. The Korea Herald, http://www.koreaherald.com/view.php?ud=20200907000815.
② 共青团中央维护青少年权益部，中国互联网络信息中心，中国青少年新媒体协会.2020年全国未成年人互联网使用情况研究报告[EB/OL].（2020-07-23）[2024-01-18]. https://pic.cyol.com/img/20210720/img_960114c132531c521023e29b6c223e438461.pdf.
③ 中国互联网络信息中心.第48次中国互联网络发展状况统计报告[EB/OL].（2021-08-27）[2024-09-19]. https://n2.sinaimg.cn/finance/a2d36afe/20210827/FuJian1.pdf.
④ 中国互联网络信息中心.第48次中国互联网络发展状况统计报告[EB/OL].（2021-08-27）[2024-09-19]. https://n2.sinaimg.cn/finance/a2d36afe/20210827/FuJian1.pdf.

学龄前接触互联网的比例均低于20%。[①]

"中国未成年人互联网运用状况调查"课题组对全国7—18岁的在校学生进行抽样调查，结果显示，未成年人的互联网普及率已达99.2%。其中，10岁及以下开始接触互联网的人数比例达到78%。[②] 对比2017年和2020年的数据发现，8岁前开始接触互联网的未成年人增多，这表明未成年人网络"原住民"的特征越发明显（见图5-3）。

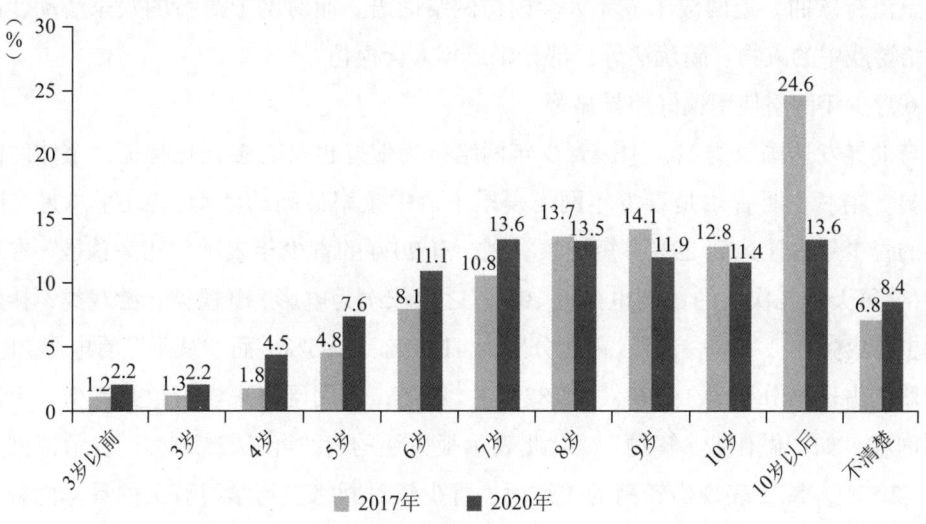

图5-3　2017年、2020年中国未成年人触网年龄对比

④青少年网络接入设备具有多样化特征

约1/4的未成年网民使用智能手表（含电话手表）上网。数据显示，2020年未成年网民使用台式电脑上网的比例为36.9%，较2019年下降8.1个百分点；使用手机、笔记本电脑上网的比例与2019年基本持平；使用平板电脑上网的比例为39.6%，较2019年提高10.7个百分点。此外，本次调查首次开展对未成年人使用智能手表（含电话手表）上网的比例的调查，该比例达到25.8%。

从上网设备使用情况来看，城镇未成年网民使用的上网设备更加多样，农村未成年网民则主要通过手机上网。数据显示，城镇未成年网民使用手机上网的比例为92.0%，农村达到92.7%。与此同时，农村未成年网民使用台式电脑、笔记本电脑和平板电脑的

[①] 共青团中央维护青少年权益部，中国互联网络信息中心，中国青少年新媒体协会.2020年全国未成年人互联网使用情况研究报告［EB/OL］.（2020-07-23）［2024-01-18］. https://pic.cyol.com/img/20210720/img_960114c132531c521023e29b6c223e438461.pdf.

[②] 共青团中央维护青少年权益部，中国互联网络信息中心，中国青少年新媒体协会.2020年全国未成年人互联网使用情况研究报告［EB/OL］.（2020-07-23）［2024-01-18］. https://pic.cyol.com/img/20210720/img_960114c132531c521023e29b6c223e438461.pdf.

比例与城镇未成年人相比存在明显差距，分别低了9.0%、14.5%和11.0%。①

⑤青少年网络亚文化逐渐形成

调查显示，网络流行文化对未成年人的日常语言和行为产生了不小的影响。有62.2%的未成年人"较多使用"网络流行语，仅有9.8%的未成年人"从不使用"网络流行语。②另一项数据表明，只有三成未成年人从不模仿网上的行为，五成未成年人学唱网上流行歌曲，近两成未成年人会模仿网络话语。而对网上流行的娱乐活动、产品及网络游戏中的人物、新玩法等，部分未成年人会模仿。

⑥青少年网络使用偏好差异显著

与世界发达国家类似，中国青少年网络行为偏好也具有多元化特征，个体之间差异明显。第一，听音乐是青少年网络娱乐生活中频率最高的活动，"几乎总是在听音乐"的青少年占比达到29%。短视频次之，有20%的青少年表示"几乎总是"在看短视频，"每天看几次"的比例也接近10%。之后依次为电影/电视类、游戏类，接触频率则主要集中在"每周一次"，占比分别为41.68%、38.95%，而"从不"看电影/电视、打游戏的占比则分别为15.56%、26.82%。③第二，利用网络来学习也是青少年上网的重要内容，如"做作业/解题"，对此表示很关注的青少年占25.58%，表示稍微关注的占42.57%。除了表现出较高的关注度，青少年对网络上与学习有关的具体内容，包括搜索资料和信息、写作业和查单词都有较高的使用频率，每天必做这两项内容的青少年比例都超过了20%。有22%青少年每天通过网络了解新闻时事，36.32%的青少年非常关心社会热点，常常在网上发表自己的看法。第三，未成年网民的网络社交活动中，网上聊天和使用社交网站的比例均连续两年下降，分别较2018年下降3.8个和6.3个百分点。此外，未成年人通过互联网逛微博、逛论坛、进行粉丝应援的比例均维持在10%左右。第四，通过互联网进行粉丝应援成为未成年网民的一种新网络社交与休闲娱乐活动。所有学历段中，初中生网民在网上进行粉丝应援活动的比例最高，达到11.0%；小学生网民比例虽然最低，但也达到5.6%。④

---

① 共青团中央维护青少年权益部，中国互联网络信息中心，中国青少年新媒体协会.2020年全国未成年人互联网使用情况研究报告［EB/OL］.（2020-07-23）［2024-01-18］.https://pic.cyol.com/img/20210720/img_960114c132531c521023e29b6c223e438461.pdf.
② 中国社会科学网.《青少年蓝皮书：中国未成年人互联网运用报告（2020）》在京发布［EB/OL］.（2020-09-23）［2024-01-18］.http://www.cssn.cn/zx/bwyc/202009/t20200922_5185844.shtml.
③ 央广网.《中国青少年互联网使用及网络安全情况调研报告》发布［EB/OL］.（2020-05-31）［2024-01-18］.https://baijiahao.baidu.com/s?id=1601973878130131292&wfr=spider&for=pc.
④ 央广网.《中国青少年互联网使用及网络安全情况调研报告》发布［EB/OL］.（2020-05-31）［2024-01-18］.https://baijiahao.baidu.com/s?id=1601973878130131292&wfr=spider&for=pc.

第三节 通信与交流:"传统"的社交

一、熟人社交:微信

1. 定义与发展史

微信(WeChat)是腾讯公司于2011年1月21日推出的一个为智能终端提供即时通信服务的免费应用程序,由张小龙所带领的腾讯广州研发中心产品团队打造。它是一款跨平台的通信工具,支持单人、多人参与。微信提供公众平台、朋友圈、消息(包括语音、短信、视频、图片等)推送等功能,用户可以通过"摇一摇""搜索号码""附近的人"、扫二维码等方式添加好友以及关注公众号,还可以将内容分享至好友或朋友圈。近年来,微信从聊天软件拓展到集聊天、自媒体、商业支付平台于一体的多功能平台(见图5-4)。

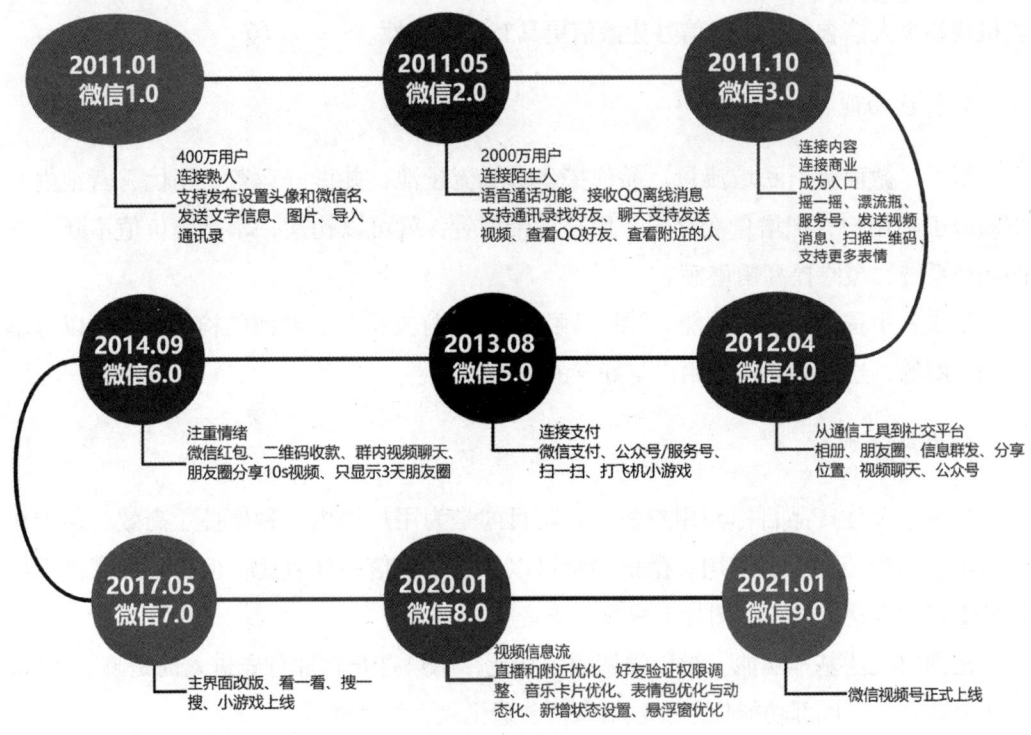

图 5-4 微信发展史

2. 熟人社交 App 设计要点

熟人社交 App 设计的要点是侧重关系，而不是侧重平台——"私域"社交。微信是基于人与人之间的关系链而衍生的社交产品，在该应用中人与人的关系不同于QQ和陌陌等，后者可能存在陌生人这一选项，微信中人与人的关系更多的是亲密的、熟悉的，或者是对于对方有一定认知和感知的更容易掌控的"亲密"关系。

3. 产品定位和特点

微信公众平台是一个自媒体平台，它是微信系统的重要组成部分，微信整个板块包含个人微信、二维码、公众平台。微信公众平台是腾讯公司在微信的基础上新增的功能模块，通过这一平台，个人和企业都可以打造一个微信公众号，目前微信公众平台支持个人电脑和移动互联网网页登录，并可绑定私人账号群发信息。

无压力的社交是微信的重要产品特色。微信产品天生就自带社交属性，而这个属性的创新点在于它是绑定真实手机号码的社会关系，这使得人们的社交压力锐减，尤其是在心理层面。更为重要的是，基于手机号码的真实人际关系网的朋友圈和基于真实机构和个人信誉的公众微信号让微信更具有媒体属性。

4. 特色功能

第一，微商吸引私域流量。品牌搭建私域流量池，并做好运营，用优秀营销内容不断吸引新用户，把增量变存量、用存量带增量，就可以构建一个品牌价值不断上升的闭环系统，最终提高销售额。

第二，小程序与游戏功能。"跳一跳"游戏有好友排行，趣测的检测结果可以分享到朋友圈等，这些都加强了用户与好友的联系。

5. 发展法则

战略层关注产品目标与用户需求，其目的是为用户提供一种便捷、高效、便于在手机上进行交流的手机应用。微信消息可以像手机短信一样直达，但是它拥有比手机短信更多的表达形式，如图片、视频、语音等。

范围层关注基本功能。微信强调通信功能，用户打开软件首先进入的是聊天面板，而不是联系人。底部功能栏主要包括微信、通讯录、发现和我。

结构层主要定义系统如何响应用户的请求，即用户如何到达，以及用户可以去哪，也就是通俗的交互设计。

框架层关注信息设计和界面设计。微信旨在让用户更便捷地沟通，选择已联系的联系人作为首页的设计理念与熟人社交内涵相一致。微信对于一些用户不经常使用的功能进行深度折叠和隐藏，简化界面和用户操作，避免给用户使用产品造成干扰。

6. 微信的传播特征

> 人际交流的强关系
> 朋友圈的形象整饰
> 多场域的社交空间
> 重构意见领袖身份

第一，人际交流的强关系。微信作为一个通信类的社交软件，主要的使用功能即社交。微信通过添加好友、保存双方联系方式与他人进行互动。值得注意的是，微信与微博、论坛不同，它是一个使用主体之间有一定社会关系的个体或群体进行交流的平台。

第二，朋友圈的形象整饰。微信的朋友圈赋予用户公开发表意见的权利。用户无论是发布乐观向上还是消极低迷的内容动态，其目的都是展现自己希望被别人了解的一面。戈夫曼的拟剧理论认为，人就像舞台上的演员，要努力展示自己，以各种方式在他人心中留下印象。

第三，微信形成多场域的社交空间。库尔特·考夫卡（Kurt Koffka）等人认为，人的行动会受行动发生的场域影响，而场域并非单指物理环境，也包括他人的行为以及与此相关的因素。基于微信私聊、群聊、朋友圈、公众号等应用开发，微信建构了多场域社交的模式。

第四，重构意见领袖身份。在微信构建的数字交往中，意见领袖的产生语境发生了变化。意见领袖一词由拉扎斯菲尔德在《人民的选择》中提出，指那些经常向他人传递信息，并能左右他人态度的个人。微信公众号的使用，使得部分现实中的意见领袖浮现，他们获得更多话语权，甚至能以言论左右他人思想。由于朋友圈的符号传播与生活中的信息传播不同，朋友圈中的传播效果受信息内容的影响比受传播者身份的影响更大，朋友圈中的意见领袖身份被重构。

7. 微信的传播策略

立体化社交策略。微信的最大特点是用户间熟知度高、关系密切，其传播行为的产生是基于实际生活的亲密度，传播内容通常倾向于对彼此关系的维护。微信在不断改进系统和版本后，以文本、图片、语音及视频为基础，以摇一摇、漂流瓶、LBS（Location Based Services）定位等作为添加好友的方式，形成了一整条立体化社交链，获得了在不同交流圈的快速传播。同时，微信有便捷高效的信息编写和发送优势，微信用户是信息的发布者，而信息借助用户朋友圈再一次获得了传播机会。微信当前的交流主要包括"一对一"和"一对多"两种方式，前者如好友聊天，后者如在朋友圈发布动态或通过公众号向关注者推送消息。

即时体验策略。微信的一大优势是具备积极良好的体验环境，体验的即时性侧重于便利的操作、及时的反馈。微信朋友圈中只有共同好友才能看到彼此对某条动态的评论，如果共同好友对动态进行回复，微信会有消息提醒，这样就加深了好友间的互动。微信公众号通过定制的版面及消息推送满足客户对产品信息的了解以及快速消费的需求。如小米科技的公众号，会不断推送产品最新信息、优惠活动、线下活动、小米社区线上活动等，这一系列内容为小米用户及潜在用户提供了良好的即时体验。同时，用户在对话框内发送想要咨询的问题也会得到人工客服的答复，这有助于售前问题的解决及售后服务的提供。公众号每天推送的消息数量通常在3到5条，这使得消息传递更为及时，迎合了数字时代受众碎片化阅读的习惯。

分享支持策略。微信的个人信息发布多半是为了满足自我展示的心理需求，他们通过个人的分享来表达自我的态度。同时，用户在朋友圈发布消息可对观看者进行选择，根据用户对好友的分组，发布的消息可以面向所有好友，也可仅让其中某一组或几组好友观看，这使得信息传播的可控性得以提高，个人信息更为安全。朋友圈的信息分享通常会得到点赞或评论的反馈，好友间私聊及群聊则能通过文字、图片、语音及视频等多种交流形式得到更深层次的反馈。一些个人账号或公众号为使信息得到有效传播，达到预期效果，通常会为进行转发或者关注的用户提供一定的物质或虚拟奖励，如赠送积分、购物券、电影票等。

二、陌生人社交：陌陌

陌陌是挚文集团于2011年8月推出的一款基于地理位置的开放式移动视频社交应用，是中国的开放式社交平台。跳出微信的熟人圈子，陌陌被称为陌生人社交领域的顶流App。在陌陌上，用户可以通过视频、文字、语音、图片来展示自己，基于地理位置发现附近的人，建立真实、有效、健康的社交关系。

1. 陌生人社交App设计要点

陌陌定位成年人，交友形式较多，它有直播、小游戏、聊天三大交友方式，且小游戏的方式较为新颖。

和熟人社交维系关系的出发点不同，陌生人社交产品主要目的是拓展社交关系。

在没有形成稳定的社交关系链之前，长时间得不到反馈会影响用户体验。这种情况下，用户想要拓展关系的诉求得不到满足。简单来说，拓展社交关系就是通过尽可能高的效率匹配质量尽可能高的人，同时尽可能快地给出反馈。比如用户想要倾诉的时候平台要尽快提供其找到倾诉对象的途径。

基于价值的交换能提高连接的质量。无论是情感价值还是物质价值，都需要给用户一个价值输出交换的落点，简单来说，就是匹配到人之后他们要做什么。陌陌能通过人与人之间的互动实现物质和精神的价值交换。

2. 产品定位和特点

第一，直播交友。交友形式主要是直播、观看直播、浏览"附近的人"等，用户多为有一定经济基础的男性，他们借助直播的广泛影响力和实时互动性来交友。第二，基于位置服务的陌生人社交。陌陌利用 LBS 进行精准定位，增进陌生人的信任感。第三，游戏等娱乐功能。陌陌更注重娱乐式交友，更加注重使人们在娱乐活动中增进感情，多人直播功能可以在增加情感的同时提高直播间人气，多样的小游戏还可以增进友谊。第四，线上线下营销闭环。人们将线上认识的网友引流至线下，能获得更深层次的情感交流，这样就形成了线上线下的营销闭环。

3. 内容+IM（Instant Messaging）的社交形式

第一，社交关系链的沉淀是人与人之间加深了解的基础，这需要有一定的载体来促进人们之间的了解。简单来说，新的软件里面可以没有人，但是一定要有吸引人的元素。第二，内容是为了沉淀人与人之间的关系服务的，它能够帮助用户顺畅地交流。陌陌通过内容让用户接触另一个用户的兴趣、心情等信息，以此保证用户间在沟通时有更好的沟通效果。第三，通过人工引导激励内容生产。陌陌通过运营手段组织定期征文活动或者日常的话题挖掘，引导用户生产内容（User Generated Content，UGC）。陌陌的一种做法是引导真实用户生产内容，并在 UGC 下方进行评论或积极回复其他用户的留言。第四，平台激励。首先是显性激励，即平台对高质量的 UGC 内容给予一定的积分奖励。用户能够通过积分提升平台等级获取等级特权，还能够通过积分换取一定的物质奖励。其次是隐性激励。平台通过对高质量的 UGC 内容进行加精置顶、全站推送等，从而给予用户精神鼓励和成就感。

4. 发展法则

● 战略层：目标与用户需求

陌陌突破了熟人关系社交，把产品目标定位在基于 LBS 的陌生人社交，以其独特的社交方式重构的社交关系上线后受到各个年龄层用户的青睐。

● 范围层：功能规格与内容需求

在用户关系上，陌陌改变了传统单向的好友申请，取而代之的是单向与双向的复合关注。这会在一定程度上减少用户社交中的挫败感，提升用户体验。

在用户特征方面，陌陌可与微博、微信等社交应用绑定，用户可通过绑定的社交应用了解他人的日常动态，进而促进情感交流。微信所提供的附近的人查找功能仅局限于一个大概的位置，而陌陌是精准定位，其最短距离以米为单位，这无疑提高了陌生人之间的信任感，同时也增强了用户黏性，极大地提高了产品的用户易用性与满意度。

● 结构层：信息构架与交互设计

陌陌商业模式有网络直播、同城服务和游戏中心三个部分，基于真实信息的消息也成为产品的盈利点，例如个性装扮、会员中心、表情商城等。

● 框架层：界面设计、导航设计与信息设计

陌陌导航栏中多运用文字表达，在逻辑关系方面更清楚；标签栏承载的五个版块采用信息图表与文字结合的方式。

5. 陌陌的社会化传播

首先，陌陌定位年轻用户。其在商业电视广告中定位的形象为"上瘾、放肆、忘我、狂热"，这符合年轻人的状态。正因如此，陌陌的广告更容易实现口碑传播。其次，陌陌的传播逻辑契合年轻人数字交往需求。年轻人潜意识里想要放纵地做自己，陌陌迎合了这种心理需求，年轻人认为用陌陌就是彰显自我、追求自我的方式。再次，陌陌专注于社会化宣传，即线上传播。

第一，它在社交媒体、电影院推出文案新颖有趣的广告。如：

做一只动物吧

做一条鱼，去合群

做变色龙，去出色

做孔雀，去炫耀

做野马，去张扬

做飞蛾，去扑火

做飞鸟，去随性

做狮子，去征服

做一只鲸，去享受孤独

去上瘾、去放肆、去忘我、去狂热

去他的，去陌陌

第二，站内互动。陌陌在站内发起 H5 Q&A 问答的互动以快速活跃站内用户。

第三，二维码海报。陌陌通过创意二维码海报实现自身内容在朋友圈、微信群中快速传播，通过商圈 LED 屏打广告等线下传播和商务合作，如陌陌的桌贴出现在麦当劳的餐桌上，实现更好的传播效果。

三、比较与总结

1. 产品战略：陌生人社交与熟人社交

陌陌是陌生人社交的现代性映射，微信是熟人社会的网络投影。人际情感匮乏是导致人际情感型动机者的互联网使用行为模式的重要心理基础，而使用陌陌是一种新的消费情感体验，它能帮助逃避现实生活中的社交焦虑和人际敏感，为个体在现实中的情感匮乏提供替代满足和补偿。微信圈层是个人或者组织以现实中的血缘、地缘、学缘、业缘、趣缘等熟人关系，以"己"为中心，以信息交互、情感沟通等为目的而建立起来的网络聚合社交空间。

陌陌通过点对点的社交获得使用与满足，微信是辐射型社交。陌陌对现实社会"公私"界限进行了重新划分，在网络空间中再造了一个"网络公域"。广大网民参与陌生人社交的门槛降低，每个网民都是陌生人，都是推动社交网络点对点延伸的重要落地单位。微信则向圈层内部的人展示更好的自己，微信圈层内部成员的社交行为存在表演性质和功利化色彩，我们用"人设"一词来描述这种现象。

2. 发展方向：细分人群与用户体量

陌陌是群组聚合加兴趣聚合，微信是资源整合加跨界拓展。陌陌利用自己培养的 LBS 用户习惯等提供附近的活动、相同兴趣小组等推荐。与豆瓣等网站相比，它会精确告诉用户活动地点，让用户能够估算参加活动的成本，选择志同道合之人。微信则重点布局资源整合和跨界拓展，它的战略布局十分清晰，语音、视频通话功能不断优化，导航功能可以共享好友的位置，这体现了与传统导航软件的差异。此外，各大平台绑定微信支付，加入大微信营销模块，使得微信直接从简单的聊天软件演变为复合式产品平台。

陌陌侧重情感交互与现实交往，微信强调技术创新和用户体验。陌陌在产品中提供了相比其他 LBS 社交应用更便捷、精准的地理位置信息，让寻找附近的人更具真实性与可靠性；同时它利用单向关注与双向关注，让人与人之间的联系与互动更加简单，最大化地降低了陌生人社交的门槛，从而增强了用户的互动。微信的底层技术创新及用户体验在微信的聊天功能中体现得特别明显。接听微信语音时听筒可以根据用户距离设备的远近而智能切换，语音输入文字为使用者节省了打字的时间，语音和视频聊天越来越便捷和通畅。

3. 大趋势：反弹与机遇

社交平台正在建立即时洞察和反馈机制，以加深对产业价值的挖掘。年轻用户的消费特点叠加其对社交商业化的需求及痛点，为品牌方、平台方提供了获取新产业价值的机会。但社交平台在把握市场热点、制造营销爆点、完成全商业流程运作等方面也面临新的挑战。未来，社交媒体需要加深对平台产业价值的挖掘，助力品牌准确把握市场热点，打通品牌营销链路，积累用户资产，提高品牌价值，建立和用户的双向沟通渠道。

直播正在提升在线社区的功能。那些把直播作为社交网络的最佳使用案例的人往往比一般社交媒体用户更愿意寻找志同道合的社区。① 而且，他们还希望品牌经营客户社区（比一般用户的意愿高出 56%），希望平台能让他们觉得自己有价值。②

流量见顶，平台另辟蹊径寻找红利。从整个行业来看，无论是陌生人社交还是熟人社交，甚至可以扩大到整个移动互联网领域，流量增长都处于疲软状态。

内容投放的选择性提高，广告的靶向性更明确。在线社区有助于平台实时为客户提供内容支持，但是如何管理这些互动更为重要。这能够使广告内容的投放更有针对性，提升平台的生命力和韧性。

案例——按钮

数字审美学者索伦·珀尔德（Soren Pold）解释说，网络交互界面和 App 程序上的按钮具有一定的社交权力，因为按钮象征着"互动的潜力"，它让人感觉非常真实和明确。珀尔德写道：

在按下按钮和通过杠杆传输的手指力量改变设备状态之间存在一种模拟连接——就像在旧的磁带录音机中，人们实际上是将磁带头与按钮一起推到既定位

---

① 新浪网.GWI：2021 年社交媒体趋势报告［EB/OL］.（2021-05-13）［2024-09-19］. https://finance.sina.com.cn/tech/2021-05-13/doc-ikmyaawc4974633.shtml.
② 新浪网.GWI：2021 年社交媒体趋势报告［EB/OL］.（2021-05-13）［2024-09-19］. https://finance.sina.com.cn/tech/2021-05-13/doc-ikmyaawc4974633.shtml.

置。计算机交互界面取消了模拟机械功能,但按钮的功能呈现同样稳定的内涵,即便它的物质基础已经消失了。也就是说,接口按钮将数字中介的符号任意性伪装成某种坚实、机械的东西,以使其看起来好像功能是基本固定的。

较为重要的转型源于 Facebook 在 2009 年引入了"点赞"按钮。目前,为了便于做出评论,经典"拇指上翘"的按钮被创造出来,它代替了一些简短的情感评论,如"祝贺!"或"太棒了!"。2009 年以来,对于"不喜欢"按钮的缺乏就一直存在争议。一些批评者认为,一个针对积极情绪的按钮仅是为了支持商业利益,比如建立品牌或推广产品和服务。Facebook 创始人马克·扎克伯格(Mark Zuckerberg)在 2014 年谈到:

一些人要求创设一个"不喜欢"按钮,是因为他们想要说"这件事情不是很好"。我们认为这对世界不是好的事情。所以,我们不打算这样做。

然而,在 2016 年 2 月,Facebook 引入了较大规模的"反应"选项:喜欢(Like)、喜爱(Love)、开心(Haha)、惊讶(Wow)、悲伤(Sad)和生气(Angry)。[①]

▌课堂讨论

社交媒体对人的影响利大于弊还是弊大于利?

▌思考题

1. 什么是社交媒体?
2. 简要叙述社交媒体的演化过程。
3. 微信有哪些传播特征?
4. 熟人社交和陌生人社交的差别是什么?

---

① 林德格伦. 数字媒体与社会[M]. 王蕾, 译. 北京:中国传媒大学出版社, 2022:217.

第六章 电商社交

> **教学目标**
>
> 掌握电商社交的基本类型
>
> 能熟练使用数字交往相关理论解释电商社交平台的销售行为

第一节 电商社交的类型

在移动互联网时代,新社交媒体的发展势头迅猛,处于上升阶段,然而,大部分社交应用虽然在短时间内走俏,但迅速被淘汰,只有极少数移动社交应用最终经过市场的考验生存下来。用户是维持平台运营最关键的因素,因此,社交平台应采取有效措施提高用户的依赖性。

如今,社交已成为商业发展不可或缺的一部分。多样化社交媒体能够对用户形成强大的吸引,带动用户参与。越来越多的企业将社交视为挖掘商业价值的入口,因而,身处移动互联网时代的企业会通过提供社交服务增强用户体验,并在这方面与同类企业展开竞争。

一、电商社交分类

电商社交是将社交和电商进行有机结合的电商类型,它指的是把关注、沟通、分享、讨论以及互动等与社交过程相关的元素应用到电子商务的交易过程中,重视社交属性的开发是其与传统电商的本质区别。

2016年年底,商务部、国家发展改革委、中央网信办三部门联合发布《电子商务

"十三五"发展规划》,提出要"鼓励社交网络发挥内容、创意及用户关系优势,建立连接电子商务的运营模式,支持健康规范的微商发展模式",这为电商社交的发展指明了方向。于 2018 年 8 月 31 日发布、2019 年 1 月 1 日正式实施的《中华人民共和国电子商务法》为电商社交提供了法律依据,提高了行业的整体规范。

如图 6-1 所示,2018 年我国移动网络购物市场交易规模已达 9.01 万亿元,同比增长 25.50%。2019 年我国移动网络购物市场交易规模已达 10.63 万亿元,2020 年我国移动网络购物市场交易规模已达 11.76 万亿元,2021 年我国移动网络购物市场交易规模已达 13.09 万亿元。

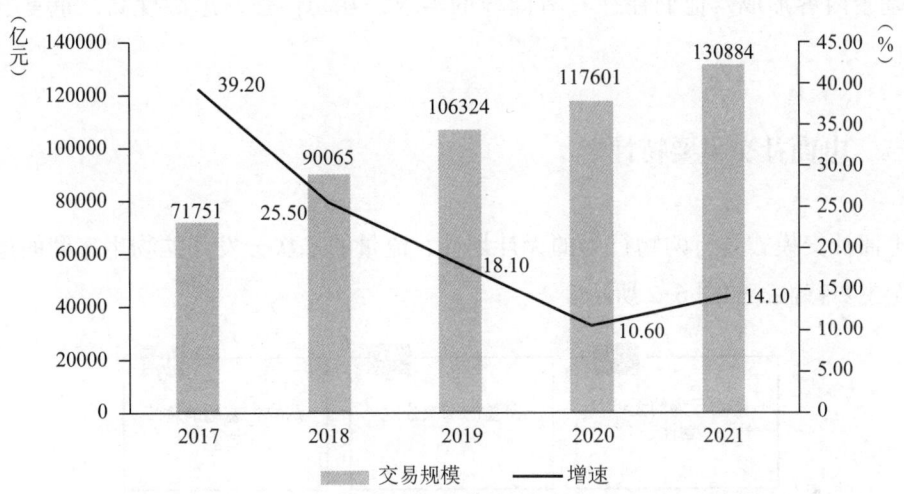

图 6-1　2017 年—2021 年中国移动网络购物市场交易规模与增速

1. 以拼多多为代表的社交拼团模式

这种模式非常巧妙地利用了用户对价格较为敏感的心理,采用了用户砍价等方式,借助社交力量来吸引用户。具体来说,它主要有直接拼团、邀请助力、邀请参与拼单与分享互惠四种方式,利用社交平台如微信的系统化工具,设计具有激励性的政策激励用户分享,达到商品的裂变式传播。这种模式最大的优势在于成本较低,它便于吸引三线及以下城市或农村用户。

2. 以云集为代表的零售电商社交模式

这种模式指用户通过商品销售实现社交圈人脉的变现,主要分为分销和直销两种。分销是平台直接面向用户 A,再通过 A 面向 B 端用户;而直销是指线下的相关实体店直接将商品推向消费者,平台承担所有的服务,例如挑选、品控、物流、售后等。云集是依托社交媒体分发渠道的会员制电商,这种模式的体量庞大,商品的流动成本相对较低，用户的黏性较高。

3. 以小红书、淘宝等为代表的内容电商社交模式

内容电商社交模式通过高质量的内容吸引拥有共同兴趣爱好的用户，并将其集合为一个社群，根据该群体的特点再引导用户进行裂变式的传播或交易。小红书以图文交叉分享为主要形式，除了体验感，它甚至还会分析产品的成分以及科技含量等，提高用户的信任度。小红书邀请明星、网红入驻，通过明星KOL爆款推荐、红人种草测评和网红联动霸屏三种方式，进一步扩大自身的影响力和知名度。这种模式的用户群体基于内容形成，他们往往具有同样的需求，互动性强，忠诚度高，重复购买率较高。

二、电商社交主要特性

电商社交模式具有购物行为的无计划性、流量的二次分发和购物生态圈的逐步建立3个主要特性，如图6-2所示。

图6-2 电商社交模式主要特征

1. 购物行为的无计划性

在电商社交模式中，人们进行的购物决策往往不在自己的计划内。以前，我们可以通过移动电商平台随时随地购买商品，但这种购物行为通常建立在人们心中已有的消费清单之上，严格意义上讲这种购物并非实时性购物，它只是省去了人们去线下实体店的环节。而电商社交模式中，很多时候人们并不知道自己想要购买什么东西，企业推送的内容及商品促使人们作出消费决策。

在社交与电商结合后，越来越多的社交场景融入了购物信息，人们通过亲朋好友发送的推广信息及购物清单购买适合自己的商品，基于信任关系，这种模式有着极高的营销转化率。在电商产业发展初期，购买同种商品的用户之间缺乏有效互动，人们以"去购物"的心态前往电商平台进行购物，虽然在平台上也能看到相关的评论信息，但其中包含大量水军刷出的虚假信息。

电商社交的出现则有效改善了这种局面，人们可以随时随地因朋友圈中好友推送的信息而购买商品，24小时处于"在购物"状态。

2. 流量的二次分发

流量的二次分发是线上社交为企业带来的最大福利，在社交媒体平台上，那些优质内容甚至能在一个小时内获得数十万的曝光量。采用电商社交模式的企业将从中获取大量收益，以极低的成本收获庞大的用户流量。此外，由于用户之间的交流沟通变得更为密切，企业需要尽可能地提高自己的产品质量、提升服务体验。

马太效应在电商社交中将会体现得更明显，优质商品的用户流量会越来越多，劣质商品会在交流分享中变得无人问津。比如，当企业的产品或者服务出现问题时，将会受到消费者的集体声讨，质量高、服务体验佳的产品会在消费者的口碑传播中获得极大成功。

3. 购物生态圈的逐步建立

传统电商模式没有建立起完善的购物生态闭环，交易行为只能靠花费高成本获取更多的用户流量。而社交电商并非如此，微博、微信作为国内主要的社交流量入口，为电商平台带来庞大用户流量的同时，也为企业产品的营销推广带来强大助力。如今，许多人购买自己满意的商品后，会在微信、微博上分享产品的相关信息。借助发放代金券等营销策略，商家可以极大提高消费者的分享积极性。他们由此完成从社交平台流量到口碑营销，再到电商流量的价值转化。

企业将围绕社交平台建立购物生态闭环。通信技术及硬件设施的不断完善为社交产品的多元化发展打下了坚实的基础，而从最初的网络论坛、贴吧，到如今微博、微信、视频网站、直播平台等的迭代发展，也让社交所涉及的内容更加丰富。从长期来看，电商行业仍存在巨大的想象空间，玩转电商社交的企业将在未来获得海量的价值。

第二节　基于内容的电商社交：小红书

一、发展历程

小红书经历了从简单的购物攻略平台迭代为好物分享社区，再引入电商平台，从而最终形成"社区＋电商"的双引擎发展模式，这个过程实现了用户与盈利的双增长。

随着社区发展成熟，用户对社区中讨论的商品产生购买欲望，小红书于2014年8

月上线电商平台"福利社",成功从社区升级为电商。2014年至2016年,小红书的slogan从"国外的好东西"变为"全世界的好东西""全世界的好生活",后又变为现在的"标记我的生活"。2017年至2018年,小红书用户量在有效地运营和市场运作下急剧攀升,截至2019年1月,小红书注册用户量突破2亿,日活用户量突破1千万,成为全球最大的电商社交平台。

二、经营特点

1. 铸造社交货币,引发口碑分享

人们都倾向于选择标志性的身份符号作为判断身份最直接的依据,如根据一个人所开的车、所穿的衣服和所听的音乐来判断其出身和品种。社交货币是一种有形、可视且对自身形象有益的事物。[①]它既能作为标志体现身份,又能作为符号显示个性。

等级徽章是小红书对活跃用户的奖励,是用户在社区内身份的体现。用户可以通过完成评论互动、收藏分享等任务解锁徽章,这个过程中其等级也相应地升级为"文化薯""金冠薯"等。等级徽章不仅能增加用户使用小红书的次数,而且能作为一种社交货币体现用户在社区内的地位与价值,提高用户的满足感和自身的影响力。小红书借助等级徽章这一社交货币促使用户自发地进行口碑分享,增强产品的宣传效果。

口碑营销也就是用户之间对自己所了解的信息进行传播。口碑传播更多的是朋友之间的相互推荐,所以信任度较高,成功率相较于其他的营销策略来说也大大提高,传播效果非常可观。这是最省钱省力的模式,企业不用花费高额的广告费用就可以达到预期的效果。小红书没有企业的广告宣传,有的是用户分享的使用笔记,消费者察觉不到厂家推销的意图,他们因此更加相信推送内容的真实性。

人们更乐意去分享有用的信息。一方面,信息的实用价值能够在传播过程中得到凸显;另一方面,传递有用的信息能强化社会的联结效应,有利于建立人与人之间的友好关系。如笔记"学生党电动牙刷入门6款测评",博主从价格、外观、性能、使用感等方面测评了6款电动牙刷并进行口碑分享。正是由于具有实用价值,该笔记获得了189次转发,5,409次收藏,348条评论。

2. 自营电商

保证产品质量无疑是电商生存的关键。由于供货市场混乱,现在很多电商平台出

---

① 韩漫玲. 基于 STEPPS 原则的网络社区口碑营销特点分析——以小红书为例[J]. 传播力研究, 2019(3): 238.

现卖假货现象。小红书的创始人也非常清楚这一情况,为了保证小红书正品货源,他选择了自营模式,设立保税仓。这从一开始就保障了产品的品质,消费者可以更加放心地购买。

品牌商与小红书直接对接,不存在第三方中介,用户下单海外商品后,海外品牌商发货或者平台从保税仓直接发货。这减少了顾客所要支付的税额,降低了商品的价格,大大提高了商品的市场竞争力。目前小红书在29个国家都有专门存放商品的海外仓库,它还成立了专门的海外物流系统,用户可以清楚地追踪海外物流,这让用户更放心,增加了用户黏性。

3. 以故事为形式的信息传播

乔纳·伯杰在《疯传》中称"故事是以闲聊为幌子的信息传播"。作为一种通俗的形式,故事往往将信息包含其中,后者随着人们的口口相传而获得意想不到的传播效果。

小红书社区也不乏以故事形式进行的口碑营销。剥去故事的外壳,一些特定的产品信息往往会引起人们的注意,如"每天阅读打卡"中的手账本、"红灰灰减肥瘦身日记"里的减脂餐等,人们在"看故事"的同时也产生了不同的关注点,由此,以故事形式进行的口碑传播达到了直白叙述无法达到的效果。

4. 营造诱导性环境

美国歌手丽贝卡·布莱克演唱的歌曲《星期五》在每个周五都会引发人们强烈的共鸣,人们点播这首歌以发泄不满情绪,这促成了这首歌的流行,也说明用户的情感或思想能被产品诱发出来。

在小红书的注册界面,用户需要选择符合自身需求的板块,如"护肤""穿搭"等。这些被锁定的板块随即生成定制化的主界面,向该用户推送来自其他用户的口碑笔记。基于个性化的需求,小红书用户收到能匹配其兴趣点的笔记推送,由此,口碑笔记作为诱因营造特定环境,诱导目标用户进行购买或传播行为。

5. UGC创新营销

小红书从创立开始选择的就是一种创新的UGC社区模式。它给世界各地的用户提供一个心得交流平台,大家可以在这里发布自己的购物心得、产品使用效果、旅游攻略等不存在过多商业推荐气息的内容。小红书平台的内容十分丰富,用户生活中所经历的事情都可以分享到小红书。小红书还可以根据用户的点赞、评论以及浏览时间为用户推荐感兴趣的板块,这增加了用户黏性,极大地激发了用户的购物欲望。

三、盈利模式

一是电商盈利。小红书的电商盈利分为两个部分,第一部分是平台上店铺交易的佣金,第二部分是自营店的收入。这两部分收入各占一半,其中自营店的收入又包括自有独立品牌的商品收入和商城自营海外商品的利润。

二是广告盈利。目前来说,小红书平台应该是软广居多,其软广夹杂在公众号的榜单或者推荐里,小红书会对软广的数量和质量进行严格把关,以避免对用户体验和用户可信度造成不良影响。

四、市场细分

1. 地理细分

小红书的用户主要分布在北、上、广、深等一线城市和华东、华南等地区。这些地区人口密度高,经济较发达,消费水平高,消费观念也较为开放。

2. 行为和心理细分

用户在小红书上发布的内容品类繁多,其中生活娱乐等方面的内容较多,如影视、音乐、资讯、游戏、旅游出行和餐饮美食等。这满足了用户的分享心态,也成了小红书用户的潜在需求。

3. 人口细分

小红书50%的用户年龄分布在20—29岁,该年龄段用户思维新颖,处于事业的上升期和稳定期,有经济独立能力,内在需求多且对新事物的接受度较高,消费能力强。根据艾媒咨询数据,截至2022年,小红书上25岁以下(不包括25岁)的用户比例高达59.86%。从性别分布看,女性用户较多,男女用户比例为1∶3。小红书操作门槛低,用户市场广泛,但就盈利目标和市场细分来说,小红书的主要目标用户市场为分布在一、二线城市的年龄处于20—29岁的大学生和女社会青年用户。

4. 市场定位——基于UGC的购物笔记分享社区+自营跨境电商

从市场定位来看,小红书的目标用户多为具有中、高等消费能力的年轻女性,这部分人群消费意愿高,消费能力强。小红书主打分享社区,这有利于提高用户的参与度,培养忠实的用户群体。小红书能够根据用户笔记标签及用户生产的内容进行分析,了解用户的需求,通过强大的算法实现个性化推荐。小红书建立了保税区,与国外品牌合作为用户提供直购服务,这能够更好地满足用户的需求,提高用户的信任度。明星、网红的入驻增加了用户黏性,将粉丝转化为购买力,降低了平台商品试错和压库存的风险。

小红书具有社区和电商平台的双重属性。在综合社区类 App 中,小红书月活用户数量稳步增长,并在 2019 年 3 月以微弱优势超过百度贴吧,拔得头筹。在综合电商类平台中,小红书位列淘宝、京东、天猫之后,与苏宁易购不相上下,成功挤入综合电商平台的第二梯队。但是在纯电商领域,小红书所占的市场份额相对很少。

五、社交传播策略

1. 品牌账号入驻

如今,很多品牌在小红书上建立"安利—种草—购买—反馈"的成熟流水线,用户的购物体验不再仅仅停留在"高冷"的官网、商场的柜台。

品牌账号是品牌在小红书社区的官方认证账号。只有完成认证,品牌才可以在小红书社区拥有品牌账号。新注册的品牌账号不仅可以看到品牌发布的日常笔记,还能够看到@该品牌的素人笔记,这极大地增强了品牌与社区用户的互动,也让做功课的小红薯们有的放矢,被种草后也不用在评论区追着留言"好好看啊~在哪儿能买到呢",只需要轻轻左划一下就可以转到品牌的商品页面。它还设置了官方旗舰店的一键链接,找商品的环节被省略,这极大地方便了用户下单。

①推广笔记——只有认证品牌账号后,品牌才能邀请用户合作发布商业推广笔记,并获得正常曝光;其中,具有品牌合作人资格的用户须使用品牌合作报备系统,品牌账号可通过系统查看笔记数据。

②数据分析——数据包含粉丝数据、笔记数据的多维度数据,它帮助品牌了解粉丝增长趋势、定位爆款笔记特点,最终目标是实现品牌账号的优质成长。

③店铺绑定——用户可绑定小红书官方品牌店铺。个人页增加商品展示栏,小红薯拔草更便捷,社区流量实现高效转化。

④扩大品牌影响力——品牌知名度越大,表明品牌被越多的消费者所知晓。事实证明,消费者对知名度较低的品牌普遍怀有一种不信任感,也很难接受这些品牌的产品,这类品牌的市场占有率因而较低。近年来,大量 App 不断涌现,它们之间竞争激烈。品牌最需要的是个性化营销,在此商业逻辑下,谁能生产吸引消费者的内容

谁就能获得传播的权力,而纵观各大品牌,"明星魅力+经济运营"的经营模式最为成功。

为了吸引更多的人注册,平台使出了浑身解数,小红书也不例外,它先后赞助了《偶像练习生》和《创造101》这两档流量综艺节目。平台让练习生们注册小红书账号,分享自己的生活,并在节目中通过选手们的个人展示和广告宣传获得品牌曝光率,同时还为用户提供投票和获取现场门票的入口,实实在在地借助练习生的人气给自己带了一波流量。在此期间,小红书客户端下载量达到了高峰,投资回报率相当可观。明星的入驻无疑为品牌的发展起到由"点"及"面"、由"浅滩"到"深水"的作用。

⑤引发社交媒体的加持——明星以及经纪公司对明星个人社交媒体极其重视,他们在社交媒体中的生长和活跃有着高效的资源变现能力。当明星入驻品牌时,品牌可将明星作为引流对象,在社交媒体上策划一系列营销活动来挖掘品牌的社交媒体价值。

例如,小红书邀请江疏影入驻,并和她展开了为期一年的沉浸式合作——红唇日记。在此期间,江疏影会定期发布"红唇日记视频",向用户展现她荧幕后的一面,也会向用户推荐自己用过的效果不错的口红、唇膏,告诉用户一些她从化妆师那里"偷学"的护唇小技巧。真实的生活加上炙手可热的小视频形式让"红唇日记"成功吸引了大批用户,红唇视频一年内发布正片43期,全网点击播放量破亿次。

不得不说小红书在社交媒体上的营销是成功的,品牌既能接地气,和粉丝做朋友,又能传播自身的文化与价值。当明星入驻品牌,品牌文化中自然会融入明星本人的人格魅力,品牌也更容易得到粉丝和媒体的关注,从而快速引流。品牌要深入了解网络传播规律,和明星建立更深厚的合作关系,以明星带动品牌发展,打造陪伴式品牌成长模式,这也是互联网平台的创新传播方式。在社区模块,小红书以前只鼓励用户发表购物笔记,现在允许用户发表风景旅游之类与购物无强关联的内容,其目的是确保用户持续增加,包括拉新的速度以及用户的活跃度,在购物需求略低的情况下,平台打造生活方式社区以增加用户黏性。

2. 社交传播分析

①话语的表露:从被动到主动

在传统的偶像生产过程中,偶像虽为个性化的人,但在经纪公司眼中他却是一件"商品",偶像不但不能有自己的想法,而且其各方面都要受到经纪公司的严格限制。

明星可以以个人身份入驻小红书,将自己打造成一个"自媒体",内容无须经过经纪公司的编辑与过滤,他们开始真正地直接表达自己的真实情感。相较于其他App,

小红书的环境更单一，美妆、穿搭、旅行、娱乐的内容更贴近人们生活，因此明星们也不会错过发声的好机会，在林允等"尝鲜者"之后，他们纷纷入驻，通过自我分享来制造话题和生产内容，提升自己的人气。

②身份的多变：从明星到美妆博主

由于明星身份的特殊性，他们在大众面前展示的都是近乎完美的形象，而其生活也像是被蒙上了一层面纱，用户在潜意识里对他们的生活有强烈的好奇。捕捉到用户对明星的窥私欲，平台邀请明星入驻成为一种新的传媒景观。

在大多数人看来，明星的穿衣护肤是一个范本。他们精致的五官、优质的皮肤和时尚的穿搭就像是一本"美丽秘籍"，而明星入驻小红书恰恰为普通消费者提供了一个"解密"的渠道。和明星的其他商业代言不同，在小红书上，明星发布的内容大多都是自己的护肤心得，或者是自己亲自试验过的高性价比产品，这些偏向于个人化的推荐增加了小红书的实用性。业内人士说过，"带货力"是衡量明星商业价值的重要标准之一。小红书完全就是明星变身美妆博主的跳板，是一个吸睛的营销魔盒。

③性格的转变：从虚拟人设到现实人格

明星参演影片时，角色都是被设定的，他们刻画的是既定的人物形象，对明星来说，这在自我呈现上是没有契合性和真实性的。而在社交平台上，明星的非表演性特质得到体现。在其中，明星没有角色标签，他们都在表现自己，而越是贴近生活的本色展示就越能被观众所接受。如尝试走这条路线并大获成功的林允，这个走红之后黑料不断的小姑娘，因为在小红书分享平价美妆品、心得、进行素颜直播被赞"真性情"，反而赢得了一票年轻女粉丝的心，堪称一次成功的人设洗白营销。明星们在小红书中刷了存在感，也在粉丝心中形成了新的人设。

案例——种草实践：挖掘用户痛点

我们结合对用户在小红书种草的实践的分析可以发现，为了最大化地缩短用户从认知到购买的路径，产出种草内容时必须解决三个问题：什么内容能吸引消费者？什么内容能促使消费者最终购买？什么内容能获得小红书流量支持？

（1）什么内容能吸引消费者？

a. 能引发用户共鸣的生活场景类内容。用生活中的某个场景、某段体验（比如"夏天晒黑""睡前护肤""亲子出游"）可以直接唤起消费者"我也有这种经历"的意识，或者激发消费者"我也能变得这样"的欲望，平台从而实现种草或引流。

b. 知识干货类笔记吸引更精准的用户。这种能直接解决用户难题的笔记，比如"五官扁平的脸,怎样才能变立体?""怎么挑选一款净水器?"等能够直接影响目标人群。

(2)什么内容能促使消费者最终购买?

从种草到拔草的过程是让消费者对产品产生认同、信任甚至购买决策的过程。诸如明星达人参观实验室、before & after 对比、素人采访、成分党解析等方式让消费者能更直接看到产品的效果和研发过程,笔记形式多为测评类,较适合种草功能性、科技性的产品。

(3)什么内容能获得小红书流量支持?

首先,品牌需要改变一个观念——既然花了钱,产品就要多露面,这在小红书是大忌,品牌在做单个产品种草的时候过多露面很容易被平台判定为广告,从而被删帖。用户大多也会抵触广告类的笔记。在小红书,品牌一般会围绕产品选定1至2个话题做内容合集,软性内容较容易被用户接受。平台要求KOL首先要产出4篇优质笔记才能发布1篇广告,而小红书对合集的笔记要求会适当降低,所以从投入产出来说,客户做合集,即在内容中植入产品更划算。就品牌而言,除了做跨境品牌,小红书也开始引入本土品牌。国内供给能力和用户需求的势能落差为小红书提供了一个好机会,但目前这个落差在不断减小,所以小红书从跨境品牌转向国内品牌。近年来"国货"潮火热为小红书引来不少对口用户。

其次,巧追热点更容易获得站内流量支持,实现由站外流量到站内流量的转化。小红书的内容选题主要来自两个方面,一是围绕话题,用相关的关键词裂变选题;二是追踪热点。例如前段时间火爆的《陈情令》,小红书就做了很多相关的专题策划,共计有超过1.7万人参与话题讨论。

传统电商领域主要关注交易,很少有决策。小红书不一样的地方恰恰是有认知和兴趣两个阶段,用户在这里形成了购买的意向,然后平台再做转化,整个过程就形成了闭环。这就是小红书与传统电商最大的区别。

2015年开始,算法推荐的"千人千面"开始被内容、电商平台广泛运用。2016年,小红书进行系统升级,把人工运营内容变成机器分发的形式。根据"千人千面"的算法推荐,热门话题会被推荐给关注和搜索相关内容的用户,许多美妆博主借着热度推出同款妆容、唇膏试色等笔记,高赞内容由此产生。音乐博主也会顺势推出自己演奏剧中曲目的短视频,这样笔记不仅会被关注《陈情令》的用户看到,还会被推荐给对美妆、音乐等领域感兴趣的用户。

在小红书中,顶层的明星、KOL分享自己的生活方式和消费主张,通过"购物笔记"进行测评、体验式的内容输出,小红书通过"千人千面"的内容分发,延长用户使用时长。算法的加入使得"购物笔记"能更精准地匹配用户,这进一步"增肥"了小红书的"种草"土壤。

小红书推荐机制跟自媒体平台推荐机制一样，可以根据笔记内容标记标签，因此，品牌可以围绕产品给笔记多打几个相关标签，平台会根据笔记标签推荐给平时关注此类标签内容的用户。

最后笔记能否取得高的浏览量跟前两次推荐用户的体验度直接相关，用户体验度高的笔记，往往会获得更多的曝光率。小红书的点赞、收藏、评论是用户体验效果的直接反馈。

小红书的核心就是基于生活方式和消费的内容社区。移动互联网最核心的资源是流量，流量的背后是用户，用户的背后是他们的时间，这是移动互联网的底层逻辑。小红书最核心的资产就是社区，它吸引了用户的注意力和流量，构建了坚固的竞争壁垒。电商只是流量变现的一个手段，未来流量可能还有其他变现方式。

第三节 基于直播的电商社交：淘宝

一、直播中的口碑传播

1. 电商中的级联现象

网络直播电商中容易出现级联现象，即人们对于产品的采纳程度很大程度上取决于平台上其他人采纳该产品的程度。也就是说，消费者不再过分依赖传统广告，他们更看重社交媒体中其他消费者的意见，因此用户评论和反馈信息可以作为一种与广告策略互补的低价的能有效获得顾客以及维系顾客关系的渠道，用户参与在线口碑传播对于提高电子商务网站的点击率以及产品的购买率至关重要。信息强度越大，产品价格越高，买卖双方在线交往越频繁。

早在20世纪60年代，口碑传播就被认为是一个新事物在社会系统中扩散的基本动力，也被称为网络营销，指消费者之间对与产品相关信息的口耳相传。

那么，在没有实质性收益的前提下，消费者为何会主动参与在线口碑传播？第一，用户参与在线口碑传播的主要心理动机是彰显自我价值，进行自我表达；第二，用户分享产品信息能够获得来自他者对自身利他主义行为的认可；第三，品牌忠诚度较高的消费者基于对商品、服务、零售、推销员的满意度以及对品牌的承诺发布产品评价，参与口碑传播，从而与品牌保持积极的、有价值的关系；第四，越来越多的用户倾向于在社交媒体上寻找产品信息，在线口碑传播具有庞大的社会参与群体。

2. 用户参与口碑传播的行为分析

用户参与口碑传播的行为按照对在线交易平台的内容贡献程度可分为三类：消费行为、内容贡献行为和内容创作行为。消费行为投入水平最低，具有被动参与的特征，如在线浏览与品牌相关的网页或评论；内容贡献行为指用户参与在线用户之间的互动，是积极的数字交往行为，如对产品进行打分、对与品牌相关的博客或视频等媒介内容进行评论；内容创作行为包括用户发布与品牌或产品有关的内容，如在自己的博客中发布产品使用心得或购买某产品的照片等。

3. 用户评分的统计特征

用户的产品评论是数字交往内容分析的一部分，该内容分析包括用户评论内容的文本分析、质量分析、语义分析以及情感倾向分析。首先，产品评论内容的体量、分值以及评分的离散程度都能影响其他用户的消费意向，产品评分与人们对产品质量认知呈正相关。其次，从评分分布特征看，用户对产品评分普遍偏高，呈现出"J形分布"。也就是说，直播电商社交中的同伴影响非常大，直播社区最终留下的大多都是产品的粉丝，用户要么不假思索地跟随前一个用户，出现常见的"盖楼"式评论；要么出现和前面用户对立的评论，这容易导致购买偏见。再次，评分分布与产品受众的相关性，表现在方差和后续销售方面，方差大的产品目标受众往往是某些小众消费者，且其后续销售需求相对于上市时更大。

另外，从用户评分的时间特征看，用户对产品的评分随时间延长而降低。第一，主观选择偏见。早期购买者往往是该产品的粉丝，因此他们更倾向于留下比一般消费者更为积极的意见。第二，存在"选举者困境"，即每个给出评论的用户都试图最大限度地影响全局得分。活跃用户介入程度高，更倾向于留下与其他用户差异较大的评论；而欠活跃用户往往会人云亦云，并留下较先前更为积极的意见。而且，直播电商中的数字交往还存在三元闭包原则。三元闭包原则是指，在一个社交圈内，若两个人有一个共同的朋友，则这两人在未来成为朋友的可能性就会提高。如图6-3所示，C向B购买产品的概率随着C和B之间发送的信息量递增，同时随着上次购买时间与信息发送时间的时间差以及产品价格递减。

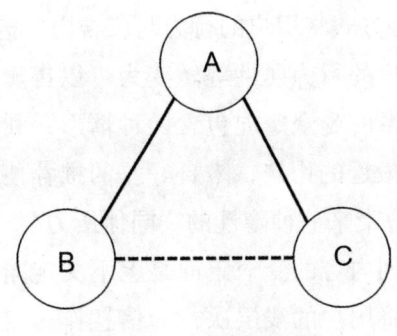

图 6-3 三元闭包模型

4. 口碑营销的效果测量

对于直播电商来说,口碑影响的效果体现在两个方面,一是传播本身的效果,如在线观看的人数;二是最终产生的投资收益贡献。

信息传播效果可以通过一条信息被浏览的次数以及信息传播的深度、广度、速度进行衡量:

- 传播深度:帖子在网络传播中经过的最大步数;
- 传播广度:帖子到达的人数;
- 传播速度:帖子从发布到第一次被转发的时间间隔。

5. 数字指纹对购买行为的影响

随着大数据分析和人工智能技术的发展,数字指纹成为影响购买行为的重要因素。通过对数字交往内容的相关度分析,平台可以快速地实现精准营销。该分析的基本假设是用户的信息需求隐含了其产品偏好,因而用户会关注与其产品偏好相符的其他广告信息。如用户在搜索引擎中搜索"美国大学排名",则表明其可能需要留学服务,则该用户对留学培训机构的广告的需求比一般用户高。

第一,产品定向。与流行品牌和产品比,消费者不太熟悉的品牌和产品对他们的影响更大。

第二,用户评论情感倾向是所有口碑传播内容(如数量、视觉辅助信息等)中预测产品销量最准的一个特征。积极的评价能够刺激消费,但消极的评价会产生较大的负面影响。

第三,广告受众的精准定向。社交媒体中的嵌入广告成本较低,定位精准。

第四，受众定向。这种方式将用户的行为与广告内容进行匹配，其核心任务是通过机器学习等方式，将用户的行为属性等转变为可以售卖的属性，如移动公司售卖客户的号码。基于社会关系的受众定向包含四种情形，利用用户网络关系直接寻找与已知目标用户网络距离最近的用户，来自好友的推荐使人认为该信息更可靠，来自好友的推荐信息会给用户带来一种隐性的"同伴压力"，在线社会关系表现出较强的同质性。而基于用户自创内容的受众定向是上下文定向（内容相关度分析）的延伸和发展，但上下文只是将用户的浅层次行为信息作为定向标准，无法关注用户更深层次的偏好信息。除此之外，受众定向还包括地域定向、人口属性定向、行为定向等。

二、淘宝直播

1. 淘宝直播现状

淘宝直播是阿里巴巴推出的直播平台，定位是"消费类直播"，用户可边看边买，商品涵盖母婴、美妆等类型。它于2016年3月试运营，2019年观看直播内容的移动用户超过千万人，主播数量超20,000人。

电商社交是电商发展的必经之路，社交化让电商的流量更加多元，在马云"新零售"提法下，直播也成为电商销售中非常重要的一个场景，它让商品所见即所得，用户可以更加直观地感知商品。依托淘宝、天猫而诞生的淘宝直播有着得天独厚的优势，平台上出现了主播在田间地头卖农产品、网红卖服装或者企业直播卖汽车的场景，总之，淘宝遇见直播，电商变得更加多元有趣。

就主播的构成而言，现在70%是商家直播，并且店铺直播业务发展迅速，很多商家自己成立了MCN机构，专门培养达人给自己的店铺带货。而商家与主播的合作成本主要由三部分构成，即代销费、佣金和商品折扣。头部主播的代销费用通常高达8万—15万元，佣金占销售额的15%—30%。

就发展趋势而言，从展现到价格，再到种草，品牌要做的不是被动地等待用户来买，而是激发用户需求，做更多种草工作。3G是图文时代，4G是短视频时代，5G的出现标志着真正意义上的直播时代的到来。5G直播可以缩放镜头，清晰到可以看到画面中人物的毛孔。直播间的选品必须是适合能够深度讲解的产品，比如彩妆、服装、食品、珠宝等。

2. 淘宝直播特点

（1）即时性。只要达人引导得当，直播期间的流量就会是相对不错的。

（2）互动性强。主播承担了线下导购的角色，线下门店转化率可以达到60%—70%。

（3）获取方式多样。台式电脑、笔记本、平板电脑、智能手机等都可以在线观看淘宝直播。

（4）受众广泛。直播可以全民参与，只是粉丝数不同会导致直播效果各异。普通用户的参与更接地气，比如淘宝直播中就有很多普通商家的玩法，如"村红直播抓土鸡捡鸡蛋"等。

3. 淘宝直播亮点

（1）实时展示。品牌将需要展示给用户的内容用直播形式呈现，效果大增。当然，商家要诚信经营，不能在直播时展示一种产品，发货时却是调包产品。

（2）抢购氛围。直播让电商购物环节的抢购氛围更浓，用户参与的实时评论会增加其他用户对商品的好感。

（3）导火线预埋。直播作为营销战役的关键，前期预埋导火线至关重要，它决定了直播活动的吸引力和参与度。

（4）放大传播。品牌在微博上发起直播话题，微博大V参与话题，这能够扩大直播宣传的声量。

（5）直播时机。一次整合营销需要分为不同的阶段，不同阶段的信息主题所承载的内容与意义也不同。直播选择第一阶段曝光品牌，还是后期做营销转化，需要策划团队制定不同的策略。

（6）游戏玩法。综艺化的直播类似电视节目的游戏场景，博主可以邀请参与直播的粉丝进行互动，以取得更好的效果。

（7）体验营销。使用产品是最好的体验营销方式，以前的营销都是采用平面或者视频广告的形式，而直播通过镜头呈现并解读明星、网红使用产品的步骤，这大大提高了受众的参与感与购买欲。

（8）形成IP效应。一个有栏目策划思维的直播团队不是单纯地进行一场直播活动，他们从名称到直播的各个环节都进行设计，以期形成IP效应。

■ 课堂讨论

电子商务中销售重要还是社交重要？

思考题

1. 什么是社交电商或电商社交？
2. 当前，电商社交有哪些类型？
3. 电商中的级联现象是什么？
4. 数字指纹如何影响购买行为？

第七章 游戏社交

教学目标

了解游戏与社交的关系
掌握数字交往空间的游戏形式
掌握基础的社交分析技巧

第一节 游戏与社交

一、游戏理论

在我国古代汉语中,"游"和"戏"是分开的。"游"通"斿",解释为旗帜、飘带,如《荀子·礼论》中有:"龙旗九斿,所以养信也。"《论语·里仁》中有"父母在,不远游",这里"游"还含有游动、流动、出游的意思。而"戏"通"戯",含有武器"戈",本身带有某种严肃、庄严、神圣的意味,后慢慢发展出玩闹、调笑的含义。在《现代汉语大词典》(2002年版)中,"游戏"的解释包含了游乐、玩耍嬉戏和戏谑、不严肃不郑重等两层含义。在英语中,"play"和"game"的含义的丰富程度却远远超过了汉语中"游戏"的含义,它涵盖了游戏形式、游戏内容、游戏心理等多个层面,与汉语中"玩"的含义更近。

对待游戏的态度方面,在中国古代"经世致用"的传统文化中,游戏被认为是"玩物丧志、不学无术"之举,如"业精于勤而荒于嬉"便可一观。除王阳明、李贽等极个别的思想家鼓励儿童游戏之外,在中国古代几千年的封建文化发展中,游戏都是处于被压制、被漠视的地位。即使是庄子的"逍遥游",也更多地体现精神层面的达观和超然,在儒家文化为主导的封建社会中,这种"逍遥"只是一个可望而不可及的梦想。五四运动后,一些先进知识分子对游戏尤其是儿童游戏的看法开始发生转变,以鲁迅、丰子恺、蔡元培及陶行知为代表,他们提出尊重儿童的天性,不要让儿童成为"小大人",让儿童在游戏中获得成长的观点。此后,游戏在我国慢慢被"正名"。

西方的游戏思想发端于古希腊时期。一般认为,西方的游戏研究以第一次世界大战为界分为"古典期"和"现代期"两个阶段。古典游戏理论包括精力过剩说、松弛消遣说、复演说和预演说等,现代游戏理论则更多地依托心理学、文化学、社会学等学科进行自身观念体系建构。古希腊时期的柏拉图(Plato)和亚里士多德(Aristotle)都对游戏作过论述。柏拉图认为:"个人应该在'游玩'——献祭、唱歌、跳舞中度过他的一生,这样他才能赢得众神的恩宠,保护自己不受敌人的侵犯。"① 德国著名哲学家席勒(Schiller)认为,游戏平衡了人的感性冲动和理性冲动的矛盾,他将游戏提高到与美和艺术同样的高度,认为游戏是人性获得自由与解放的真实体现。"只有当人是完全意义上的人,他才游戏;只有当人游戏时,他才是完全意义上的人。"② 而现代游戏研究的先驱约翰·赫伊津哈(Johan Huizinga)则将游戏融入文化系统中进行考察,认为游戏是文明的主要基石之一。"如今文明生活的伟大直觉力量在神话和仪式中都有其根源,如法律和秩序、商务和谋利、涂鸦和艺术、智慧和科学,所有这些都根植于游戏的原始土壤。"③

从游戏的形式来看,传统的游戏一般分为智力游戏(如拼七巧板、猜灯谜、玩魔方)和活动性游戏(如捉迷藏、抛手绢、跳橡皮筋)等。而随着电子技术和网络媒介的发展,各类电子游戏、单机游戏、网络游戏开始盛行并不断更迭。特别是进入互联网时代,与早期电子游戏、单机游戏的小众化相比,各类线上、线下游戏席卷而来,游戏及游戏精神已然成为数字交往时代一个重要的文化特征。

二、游戏的社交化

20世纪初,齐美尔(Simmel)提出社会生活可以作出形式和内容的区分,形式重于内容,这在游戏中表现得最充分。比如打猎,一开始是为获得食物,后来变成了游戏或体育活动,成为一种娱乐和消遣。人们也会专门为游戏创造一些新的形式,并随心所欲地选择创造的对象。

---

① 胡杨,董小玉.游戏的人与游戏精神:移动社交时代的"游戏化生存"[J].新闻界,2017(10):73-77,102.
② 胡杨,董小玉.游戏的人与游戏精神:移动社交时代的"游戏化生存"[J].新闻界,2017(10):73-77,102.
③ 胡杨,董小玉.游戏的人与游戏精神:移动社交时代的"游戏化生存"[J].新闻界,2017(10):73-77,102.

齐美尔的社交游戏理论认为，社会的本质是一种"社交聚会"，社交本质上是一种纯粹的、只重形式的社会互动，游戏是社交的实现形式。游戏本质上是一种社交技能的学习过程，如锻炼口才、说服别人、掩饰谎言等。

齐美尔的理论告诉我们，我们社交的内容可以无限变化，但一定不能失去游戏精神的形式外壳，这种游戏精神的形式很大程度上决定了社交内容，重要的不是我们玩什么，而是我们每个人心中都保有游戏精神。

1. 边界重构：游戏时空的渗透与蔓延

对于游戏者而言，一旦参与游戏，便如同进入另一个与世隔绝的时空。在这个时空中，孩子可能是妈妈、医生、宇航员，他（她）正在严肃地完成游戏赋予的角色任务。此时如果有人去打断他，他会因此感到烦躁。而当下的大型网络游戏中虚拟与现实的界限则既清楚又模糊，游戏的界面、音响特效让游戏者清楚地感觉自己处于游戏之中，这与现实有明显的区别；而游戏中的社会规则、情感追求等却与现实异曲同工，界限模糊。有人认为，当下的网络游戏与其他亚文化的最大不同在于游戏带来的不仅仅是形式美学，更是一整套社会体系。让·鲍德里亚（Jean Baudrillard）在其关键著作《拟像与仿真》（*Simulacra and Simulation*）一书中提出，拟像是无本源的摹本，它比真实看起来更真实，通过成为受众"先验"的存在而对现实造成影响。从这个意义上说，网络世界已经不是一个人造的现实，它就是现实。特别是对"95后"这样的网络原住民来说，游戏几乎与生俱来。[①]

而随着数字交往的深入发展，高度发达的媒介技术产生了各类移动终端，这无限延展了人们生活的时间和空间；各类社会化媒体和 App 的出现改变了传播的形式与观念。实际上，我们已经无法将现实与虚拟截然分开。网络游戏中厉害的角色被称为"大神"，而这个称呼已然延伸至现实。我们走在路上经常可见穿着女仆装、戴着兔耳朵的 coser（cosplay 的表演者），而很多 coser 表示，这种本来只在 cosplay 表演时才穿的服装风格已经成为她们的日常着装。游戏已经融入生活，成为社交的一部分。

2. 选择性会聚：趣缘导向下的游戏化社交

斯蒂芬森（Willam Stephenson）在《大众传播的游戏理论》中提出的"选择性会聚"（Convergent Selectivity）概念，是指人们按照自己的喜好、行为习惯而会聚，它着重彰显个体的精神自由与行为自由。游戏中这种选择性会聚表现尤为明显，不同的人

---

① 胡杨，董小玉. 游戏的人与游戏精神：移动社交时代的"游戏化生存"[J]. 新闻界，2017（10）：73-77，102.

选择不同的游戏，有人喜欢智力棋牌类游戏，有人喜欢角色扮演类游戏，也有人喜欢暴力刺激的打斗游戏等。因游戏而形成的社交与传统社交最大的区别在于，传统社交聚集的类型可能是由于血缘、地缘等个体本身的关系，而游戏化社交形成的关键是因为"趣缘"，即人们因为相同的兴趣爱好聚在一起，进而交往。

在数字交往时代，人们线上的交往呈现明显的小众化、圈层化及趣缘化特点。"物以类聚、人以群分"从未像数字交往时代这样明显。以二次元文化为例，其主要构成是 ACG 产品文化体系，A 即 Animation（动画），C 即 Comic（漫画），G 即 Game（游戏）。二次元被主流文化看成亚文化，但它却拥有绝对不可小觑的忠实拥趸。这些二次元爱好者进一步分化出鬼畜文化、御宅文化等更小的文化群体，他们甚至拥有自己的服饰、语言，从行为模式到审美趣味都带有明显的圈子化特点。而这种线上的圈层又延伸至线下，各种规模的漫展、游戏展、表演、聚会等在线下广泛开展。数字交往时代有许多这种因小众、圈层以及趣缘而形成的共同体，其成员群体归属感强烈。

3. 游戏社交功能出现交互设计趋势

当今的游戏玩家不只是为了追求游戏本体战斗的胜利，他们还渴望更多玩家之间的交流，建立战斗之外的社会关系。这种游戏外的互动包括交易、合作、聊天、交友。玩家在游戏内会加入诸如"工会"的游戏社会单位，在游戏外他们也会自发建立聊天群进行交流。越来越多的游戏强调交互设计，官方鼓励玩家在游戏中建立互助关系，包含工会内的等级分工制度，以及个人范围内的师徒关系，甚至出现共享、借用等现象，这都是通过玩家与玩家之间的互助来降低新人玩家的入门门槛，同时建立起不限于游戏内的羁绊，来强化老玩家的游戏黏度。当老玩家对游戏感到厌倦时，人际关系往往会阻止他们离开。

以手游《阴阳师》为例，该游戏在社交功能的交互设计上一直在做深化，官方设定组队战斗能最大化提升资源效益，并在组队的交互设计上做了不少改进，从自动化战斗、自动化组队到上线自动化维持体力的功能，简化组队续航的交互操作，这些都是在鼓励玩家建立合作关系。而游戏内不断更新的"寄养结界""好友羁绊""群组频道""密友频道""赠送碎片"等功能，都在时刻提醒玩家之间要通过建立关系来优化游戏效果。工会采用"共同建设"的模式，工会人员的活跃度能提高工会的等级，等级越高的工会给予每个人的福利也会越高，社交性一环扣一环，这逐渐演变成不合作就难以高效进行游戏的机制，网易的目的很明显是在强化游戏的社交趋势，促进新老玩家之间的关系构建，提升玩家的留存率。

适度的社交成为一种新的交互元素，比如 2022 年年底备受期待的《死亡搁浅》发售后，其"玩家互助"和"资源共享"的游戏机制成为热议话题，玩家在共享其他玩家的资源时会产生必要的思想交流，他们会思考该如何规划路线才能最有效地利用其他玩家留下的资源，以及如何留下资源能最有效帮到其他玩家，这个互助的过程从思维上让玩家达到深入理解并帮助彼此的目的，又通过点赞机制来实现玩家的"成就"目标，并且在保留每个玩家独立性的基础上，帮助他们建立跟其他玩家的联系，这个度和时机都把握得恰到好处，可谓在游戏性和社交性上做到了完美的平衡，当社交功能上的交互设计不单是作为一个增加玩家黏性的手段，而是成为一种游戏目的，甚至是游戏机制本身的核心，游戏设计就获得了更多新概念和创造性。①

第二节　MOBA 游戏社交

一、定义

MOBA 类游戏，即 Multiplayer Online Battle Arena Games，译为多人在线战术竞技游戏。MOBA 手游在开始前便预设了每个人的角色，一般分为两类，一类是人们扮演自己所选择的英雄，以该英雄的设定为标准进行社交，如该英雄与其他英雄的关系、该英雄在设定中的性格；另一类是玩家扮演自己所选择的职业。在射手、辅助、法师、上单、打野（刺客）这五个角色中，人们根据自己所选择的职业赋予自己相对应的角色语境。这种预设的社交语境为玩家提供了前台形象的保护感，消除真实身份对社交的影响，缩短社交距离，提高社交效率。

二、游戏中的社交设计：以《王者荣耀》为例

从 2016 年到 2017 年，中国移动游戏经过不断摸索逐渐走出了属于自己的道路，手机游戏市场得到了前所未有的扩张。2017 年，随着各大游戏公司的不断创新，手机游戏市场规模达 1,489.2 亿元，同比增长 45.6%。② 在这个阶段，游戏厂商凭借优秀的内容和版权宣传等，着手培养忠实用户的付费习惯，用户平均收入的提高提供了中国移动游戏市场规模稳步扩大的基础。

---

① 蔡兆烨. 电子游戏社交性与玩家社区趋势 [J]. 大众文艺, 2020（7）: 79-80.
② 毛雯露. 手机网络游戏社交特点与其功能延伸 [J]. 东南传播, 2019（10）: 119-124.

MOBA 类游戏成为用户的新宠,其中代表性的是《王者荣耀》,该手机游戏 2017 年的下载量超过了微信、淘宝,成为中国市场 ios 年度下载量最高的应用。《王者荣耀》作为腾讯天美工作室于 2015 年推出的一款 MOBA 类竞技手游,自面世起便因其强大的社交属性深受用户欢迎。极光大数据显示,2018 年 10 月,《王者荣耀》月均日活跃用户近 6,000 万,远高于国内其他手游;它也是 2018 年国内唯一每月月活跃用户过亿的手游,其游戏玩家以大学生群体为主。①

Quartz 的分析者认为,《王者荣耀》之所以成功,是因为腾讯在自己旗下的社交软件上广泛地推送该游戏,使更多非目标用户获得与该游戏相关的信息,这种方式将用户和游戏紧密地连接在一起。同时,微信、QQ 还提供了玩家查看游戏排名和邀请其他玩家组队的平台,社交的延伸也提高了用户对两类 App 的黏性。游戏开发商注意到社交软件在推广游戏中的效用,纷纷在游戏中加入"分享有奖"机制,通过用户间的口口相传来提高游戏的知名度。社交媒体解决的是"出口"的问题,它无法成为留住用户的手段。游戏过程中用户的需求,尤其是社交需求,是这一阶段众多手机网络游戏尚且无法提供的功能。因此,提高游戏性的措施就包含了完善社交功能,游戏厂商不得不在游戏中增加社交元素,以玩家间的互动交流来延长用户的在线时长。

《王者荣耀》的社交设计主要有以下几点。

第一,碎片化时间的多人互动性。手机网络游戏提供了更多的便利性,吸引了更多的用户,同时,由于手机使用量的增加,人们的时间更加碎片化,《王者荣耀》支持多人同时在线并可以在同一个游戏进程中从事活动,支持随时随地在任何一台智能手机上进行游戏,它因此成为游戏用户最青睐的游戏。

MOBA 类游戏进行了一系列简化,如《王者荣耀》平均 15 分钟一局的随时组队机制,在一次次的组队互动中,用户的碎片化时间得到更好的利用。同时游戏的碎片化时间机制很大程度上降低了用户的参与门槛,人们在任何场合,只要网络通畅,都可以参与,这极大地增强了用户黏性。

第二,不断融入社交元素。很多游戏因为加入较多的社交元素而加速了在社交圈的传播。比如,为了吸引女性用户,《王者荣耀》采用了更可爱的人物设计,其出装技巧也成为朋友交流的天然话题,它的超神、MVP、三杀等阶段性成果,为好友之间的炫耀性交往提供素材。相比其他游戏,《王者荣耀》将 QQ 和微信这两个中国最大的社交关系链纳入游戏无疑是最成功的举措。新玩家进入时,他的游戏好友已经有几百个,他能看见现实生活中的朋友谁在玩《王者荣耀》,这样的社交吸引力对于一个新手来说

---

① 金子涵,郭海仑,郑诗雨.社交网络游戏中大学生群体的关系需求研究——以 MOBA 类手游《王者荣耀》为例 [J].传媒论坛,2021(5):161-162.

几乎无法抗拒。

第三，提供了线上线下同步社交的基础。《王者荣耀》依托腾讯QQ和微信两大社交平台，利用已经组建的虚拟社交圈，游戏设计者引导玩家进一步拓展游戏内的社交，这丰富了游戏的社交内涵。游戏内和游戏外两类社交方式为用户营造场内与场外联动的交流环境，以及线上与线下结合的互动场景。游戏内完善的社交机制（匹配、语音、聊天）加上依托QQ和微信的天然优势，《王者荣耀》将线上线下两种社交方式紧密连接，游戏虚拟社群被建构起来。

游戏内的数字交往设计包括：①游戏体验类设计包括游戏组队、游戏组队对话、游戏英雄选择、游戏内对话互动（团战等动作）、游戏结束后的点赞和举报等。该类型的设计主要围绕游戏本身展开互动，包括关于游戏信息的交换、与游戏操作相关的问题的讨论。②人际交往类设计包括游戏后的资料查看、加好友、组战队、排行查看、私信聊天、赠送英雄、赠送金币等行为。该设计类型主要以人际交往为主，目的在于表达游戏崇拜、将现实社群关系转换为虚拟社群关联。③系统互动类设计包括买英雄、装备英雄、参与游戏开发者的活动、看游戏英雄相关动态。该类型的设计主要以信息获取为主，通过系统这一媒介，形成与其他用户的互动。

游戏外的数字交往设计包括：①交流互动：玩家在注册登录环节就被系统给出了有限的两种选择方式——QQ登录或微信登录，这种关联个人社交账号的注册方式一方面省去了玩家注册消耗的时间和烦琐的信息填写，另一方面它将游戏作为一种社交平台，这样玩游戏的社交圈便转移到新的游戏平台。与此同时，QQ和微信能够显示玩该游戏的都有哪些人，其游戏级别是什么，社交与游戏作为两个不同的应用却因关联同一个账号而被有效地融合在一起，这提升了熟人社交的可能性。②信息互换：游戏依托新闻App、直播、微博、论坛、贴吧等平台获取信息。③现实社交：该类型的设计能满足朋友组队、宿舍开黑、人际交往的需求。④陌生人社交：它包括游戏崇拜与二次社交。《王者荣耀》的排位机制刺激了玩家的对比心理。"陌生人社交"在游戏中体现为玩家之间的竞技和对抗，在5V5匹配赛中，每场比赛的MVP、每位玩家的策略实施以及团队配合等因素，都能在一定程度上满足玩家的虚荣心并激发他们继续游戏的欲望。《王者荣耀》拉近了陌生人之间的距离，除了操作、走位、配合，它还可以通过游戏中的地域和定位让玩家成为游戏好友。①

第四，交流装置完备。游戏系统内部为增强游戏玩家的互动提供了多种可供交流的装置。首先，系统提供了四个可供聊天的对话框，并将其分为"综合""好友""战队招募""小队"四个板块。综合板块可供所有人聊天、交友，形成了一个以陌生人

---

① 杏玮.手机网络游戏中的社交浅析——以《王者荣耀》为例［J］.新媒体研究，2018（10）：126-127.

为主的交流区，凡是在该服务区登录的IP玩家均是该共同体的一员。组队和交友是两大主要驱动力，玩家为提高排名需要寻找与自己水平相当的队友一起比赛，如"找个战队""排位排位、渡劫了""排位有人吗"，这是以成就型驱动，即以排名晋级为由聊天交友；还有玩家试图以游戏专长吸引异性，如"找妹子""带妹子飞"。与综合板块相对应的是好友私聊窗口，它形成以强关系为连接的交流区。战队招募和小队板块则是一个将弱关系转化为强关系的纽带，它们通过建立固定团队来一起玩游戏。

除了游戏过程，游戏设置了全队或组队可以开启语言或文字聊天的界面，供玩家通过语音或文字探讨策略或互相吐槽。在这个场景中，玩家在每局游戏中的表现奠定了他暂时性的地位，高手可以向其他队友发号施令，玩得不好的玩家则会被责怪。

第三节 游戏社交理论分析

一、游戏社交的人际互动

游戏就像一个"拟剧"舞台，个体是表演者也是观众。对游戏用户而言，游戏内的互动过程实际上是游戏角色扮演的过程。除此之外，与其他用户交往互动的过程也是多样化角色扮演、角色切换的过程，与不同的个体或群体进行游戏互动时用户所扮演的角色会随之变化。在与现实好友玩游戏即熟人社交时，对方既是现实生活中的朋友或同事，又是游戏中的队友或敌人，游戏玩家就会调整游戏时的表现策略，以现实熟人对自己的期待为最终行为导向。

游戏传播与互动中有大量有意味的符号，从游戏世界观、游戏系统、游戏角色、游戏规则的设计，到游戏传播，再到游戏玩家在游戏内外的多元互动可以看出，游戏传播与互动中蕴含着丰富的符号，如用随机组队表示团队协作，用熟悉的古代典故或历史人物命名游戏角色，用MVP表示全场表现最佳，用分数和数值评估游戏行为和能力，用语言、文字、图片表达游戏感受等。游戏中的用户通过游戏里有意味的符号与他人进行交流并达成共识，实现人际互动。游戏所构建的特有符号，包括机制、角色定位、队伍配置、专有名词称谓等，都有其独特的意义内涵。游戏社群内产生的社交行为是建立在这些符号与意义的基础上的，也正因如此，游戏所搭建的虚拟社群中的社交行为是一种意义的共享，它会加强群体的认同感与归属感，从而增强游戏的社交属性。

社交比提升游戏操作技能、提高排名更为重要。对于用户来说，比起自己一个人玩游戏，和一群人玩更有感觉；比起和陌生人一起玩，和朋友一起更有亲近感。也就是说，交往在游戏中占据重要地位，而游戏中交往可以分为合作与冲突两种。

1. 游戏中的交往合作

游戏里的人可以更真实、更自由地说话，同时他们在一个团队里与他人合作可以感受到鼓励和乐趣。从符号互动视角看，社会合作的六个要素包括同时在场、互相关注、调整自身行为、预测队友行动、共享目标和一致行动。合作不仅需要队友拥有以上六个要素，还需要每个成员确定好自己的角色定位。比如在《王者荣耀》中，到达地方区域有三条路线，在每条路线上每个人的职责是什么，当并肩作战时技能不同的人应该如何互相配合，何时单挑敌方，何时进攻防御等，这些问题贯穿整个游戏过程。①

在团队组建中，成员的名声、可信度和责任心是衡量其是否有资格进入一个群体的重要标准，且这三个标准都能进行量化。比如，点击每个玩家的头像都有个人资料页，上面标注着该玩家的信誉分、胜率等，信誉分由系统根据玩家是否存在挂机行为、言语辱骂行为等来判定。这些标准是队员文明游戏、享受游戏的保证。此外，每个团队也有自己的领袖，莫斯科维奇（Serge Moscovici）在提到领袖的合法性来源时指出，个人魅力往往是不靠谱的，唯一能够提供合法性地位的是成功，成功才能够加强群体对领袖的忠诚。在游戏虚拟社区中，个人魅力是无法直接体现的，领袖地位的获取只能依靠个人的排名和胜率。

游戏的交往场景往往会形成话语权，水平高的人会成为默认的领导者，带动全队的节奏；而表现一般的人往往会将自己定位为跟班或辅助的角色。在这种场域中，获得话语权的资本是符号，生命、金钱、装备、小兵、防御塔等都是衡量个人表现的符号，而谁拥有这些符号越多，谁就更具有话语权。符号会被转化为数据，每个玩家都有自己的表现数据，其标准包括累计击杀敌人数量、推塔数量、死亡次数等，人们通过数据就能知道每场比赛中表现最佳和最差的队友是谁。因为每场战斗都不可控制，玩家只有在充分了解相关信息、预判敌人位置并取得一致性行动时才能取胜，而这需要不断地操作练习。

一场游戏中，通常会有人一对多并取得不错的成绩（自己没死或击杀敌人），这时他能快速获得其他队友的认可，增加全队的信心。如果在接下来的环节他能够保持这

---

① 付玉，王婧. 以游戏为社交场景的人际互动行为研究——以《王者荣耀》为例[J]. 东南传播，2018（8）：92-95.

个成绩,那么他的个人数据会高于其他队友,这时候话语权或领导权自然落到他身上。在游戏的对话界面,他能够向其他人发送指令,这些指令包括"集合""撤退""注意""小心埋伏""等等我,马上到"等,队友遵从指令意味着他们承认此人作为该群体领袖的地位。在这样一种常规模式下,级别较高的玩家带领全队在合作中体验击杀敌人的快感和团队合作的成就感。

2. 游戏中的交往冲突

科赛(Lewis Coser)在《社会冲突的功能》(The Functions of Social Conflict)中提出,冲突并非社会的病态模式,组织既需要和谐又需要不和谐,既需要对立又需要合作,敌意的表达可以通过使有敌意的参与者退出而保证群体不解体。[1]如弗洛伊德(Sigmund Freud)所说,在群体内部人的情感具有矛盾性,爱恨往往交织,这种矛盾性是引发冲突的源泉。[2]科赛从正面看待群体冲突的功能,但是在游戏中,人际冲突引发的负面作用却往往大于其正面功能,这种冲突阻碍了健康理性的人际交往。游戏中的人际冲突通常有两种,一种是各群体间的冲突,另一种是群体内部的冲突。两种冲突经常同时发生,常常体现为语言暴力。在以陌生人为主的游戏比赛中,团队的默契合作具有极大的不确定性,队友要么各打各的,要么因为个人心中不快吐槽、辱骂队友或敌方,这种语言暴力经常出现在游戏的对话界面,以下是作者随机截取的某场次比赛中对话界面的一段对话。

A:上来选射手的人就是坑

B:你说话素质能高点吗

A:跟你这种辣鸡说话不能

B:呵呵 跟你这种辣鸡一起作战也是恶心

A:就会送人头 打得不好去人机 不要打排位祸害别人

B:那你滚啊 谁让你打排位了

上面的对话显然属于群体内部冲突,内部冲突不利于团体作战,受到言语伤害的一方往往选择挂机或者随便打打,这会进一步激化矛盾。这种冲突往往得不到妥善解决,大多伴随着一场游戏的结束而不了了之,甚至介意的玩家很有可能在游戏结束后互相举报对方存在言语辱骂行为或恶意挂机,系统随机评定后可能会冻结相关玩家的

---

[1] 科赛.社会冲突的功能[M].孙立平,译.北京:华夏出版社,1989:24.
[2] 科赛.社会冲突的功能[M].孙立平,译.北京:华夏出版社,1989:24.

账号。这是冲突整合的一种方式，但是类似现象如果再次发生，玩家往往会选择屏蔽所有对话来调整自己玩游戏的心态，这种方式缓和了内部冲突，也对自身起到了一种心理保护的作用。

尽管语言暴力冲突在短短一局比赛后就结束，但是恶意爆粗口成为习惯并非一件好事，玩家在虚拟社区可能形成与现实空间截然相反的性格，并将负面情绪传播给他人，这进一步助长了网络虚拟空间舆论的低俗和污浊，破坏了数字交往环境。

> **理论——意见领袖缺失的人际传播**
>
> 　　拉扎斯菲尔德（Paul Lazarsfeld）提出，意见领袖是两级传播中的重要角色，是人群中首先或较多接触大众传媒信息，并将经过自己再加工的信息传播给其他人的人。他们介入大众传播，加快了传播速度并扩大了影响。
>
> 　　大众传播并不是直接流向一般受众，而是要经过意见领袖这一中间环节，即"信息→大众传播→意见领袖→一般受众"。从"大众传播"到"意见领袖"为第一级传播，从"意见领袖"到"一般受众"为第二级传播。
>
> 　　数字交往中，两级传播变成了多级传播或N级传播。意见领袖不止一个，甚至人人都可以是意见领袖。陌生人的游戏社交中，人们彼此不相识，通过游戏表现确定的意见领袖十分不稳定，这导致一个游戏组队中常常缺少意见领袖。
>
> 　　玩家在游戏中出于操作、对待游戏的态度（挂机、演员等）或其他不道德的行为（把队友的蓝buff抢了）使双方出现争端，玩家结束比赛后出于泄愤，会添加队友进行辱骂，但这种冲突通常持续时间不长，骂完即删。
>
> 　　在游戏中因为一些友好的行为，如帮队友承受伤害，玩家也会产生感激等情绪，这是短期的情绪所推动的社交，它缺乏支撑长时间社交的动力。传统社交媒体以情感劳动为主要社交动力，比如在豆瓣，用户出于对文学或电影的热爱，加入相关小组；在现实生活中，朋友、亲人通过微信联系；在微博、B站，用户因为喜欢、崇拜某位自媒体生产者而关注其账号。

二、类型游戏下的类型社交

用户对游戏的选择反映了用户对游戏社交的需求及期望程度，而游戏类型和社交功能则决定了玩家会在游戏中进行怎样的社交行为。首先，手机网络游戏用户的社交行为以游戏类型作为基准进行了初步的划分。从游戏种类对玩家社交行为模式的影响来看，在当前的手机游戏市场中，手机游戏的类型主要分为卡牌类、MOBA类、角色扮演类、休闲社交类、养成类、模拟经营类、策略类、动作类等。其中，休闲社交类、休闲竞技类以及即时竞技类手机网络游戏更注重完善社交功能。此类游戏必须凭借社交来更好地发挥游戏性，对于喜爱这类游戏的玩家而言，频繁互动才能更好地进行游戏以获得胜利和奖励。而养成类、模拟经营类游戏则对社交的依赖较小，用户互动少。

　　类型游戏下的类型社交疏通了手机游戏中堵塞的人际互动需求，它试图让不同喜好的玩家从各类游戏中各取所需，但是从整体的手机游戏社交生态来看，"低频率、弱关系、无激励、少满足"这几大社交特点无法被摆脱。调查数据显示，虽然大部分移动网络游戏设置了单人聊天、频道聊天，但使用这些功能的用户并不多，只有31%的玩家会私人聊天，而进行频道喊话行为的玩家约占33%。在16个尝试其他类别游戏的玩家中，仅有2人完全赞同"我经常和其他玩家在频道上聊游戏相关的话题"这个说法，只有3人在游戏内的私人聊天中与他人建立强关系。[①] 这说明在线手机游戏对玩家而言较难获得亲密的好友，绝大部分玩家之间只是形成了"邀请参与游戏"的弱关系，并不会使用单独聊天功能进行深度沟通。同时，玩家通过手机游戏认识的好友，大部分也很难转化为能够交换其他社交软件账号的网络好友。在参与问卷的手机网络游戏玩家中，不到1/3的人在游戏外仍保持着和其他玩家的交往。[②]

　　移动端的竞技类网络游戏的"无游戏不社交"，依托游戏性存活的社交功能在传统社交的意义上表现得乏善可陈。即使社交功能赋予了游戏新的活力，延长了一些玩家的应用使用时长，但由于竞技元素和社交元素的碰撞，或是游戏性和社交功能的冲突，厂商为游戏增加的社交元素始终略显羸弱，很难给人带来社交满足感。其中，休闲竞技和棋牌类游戏拔得头筹，保持下载量的领先。随时随地的玩，没有持续活跃的要求，百玩不腻的战术以及由轻转重的交互性将会是手机游戏发展的趋势，这些也将为手机网络游戏提供发展动力。即使玩家对游戏现有的社交功能略感无力，植入社交元素对游戏的推广和增加用户黏性仍然必不可少，但如何把硬性插入的社交功能带来的效果转为用户必需，则是接下来游戏公司需要探索的。

[①] 毛雯露. 手机网络游戏社交特点与其功能延伸 [J]. 东南传播，2019（10）：119-124.
[②] 毛雯露. 手机网络游戏社交特点与其功能延伸 [J]. 东南传播，2019（10）：119-124.

案例：类型游戏下的类型社交

表7-1 类型游戏社交特征

游戏名称	用户互动的传播效果	用户交往特点和频率	社交功能（2017）	社交功能（2019）
阴阳师（卡牌类）	多环节、多层次的社交功能设置丰富了用户社交体验的同时，提升了游戏的流畅度，用户间保持了良好的社交互动氛围。它主要通过游戏中"阴阳寮"培养游戏群体，建立核心用户群，并通过游戏外社交媒体维护这些用户。	爱分享、炫耀抽卡，喜爱同人交流，对音乐、动漫和美食等有共同话题，会受到其他好友是否参与游戏的影响。	好友系统较完善，好友栏有展示、留言等功能；游戏中有聊天功能；玩家建立"阴阳寮"互动，搜索附近玩家及好友位置。	友人帐可以添加图片、文字、表情和话题等游戏中趣事手帐并发布，它还加入直播元素。
暖暖环游世界（养成类）	该游戏几乎没有用户互动功能，被许多用户玩成了单机游戏，用户体验较差。	交流内容少，机会少，用户间不是弱关系就是无关系。除官方社交账号的评论和攻略分享外，用户几乎无交流。	游戏设置有本周搭配赛评分；游戏页面有暖暖社区，但因作用不大，社区中恶意举报和争吵严重被取消。	该游戏经由腾讯代理的《奇迹暖暖》增加了"我的小区"，另有小区茶话会等玩法，以社交游戏换取报酬吸引用户。
崩坏3rd（动作类）	该游戏根据用户需求增加社交功能，但功能设计不完善，与游戏不匹配，互动频率较低，用户社交期望相应降低。	虽然有联机和社团功能，玩家更希望达成游戏目标而非社交；社交频率适中，聊天深度不够。	游戏设有好友系统，并推出"舰团""出港访问"等社交功能；客服是一大特色，出色的角色代入感、到位的服务和额外的社交体验满足了许多钟爱二次元的玩家的需求。	它在"舰团"基础上推出了"舰团战"等玩法，也在节日活动中推出聊天室、射击等多元社交玩法，试图让更多玩家在同一平面相遇。
仙境传说RO守护永恒的爱（角色扮演类）	得益于角色扮演类用户互动的潜力及原有网络游戏版本作为基础，社交功能强大，但社交占用大量时间。	用户对游戏IP认同感强，会进行创作交流；互动频率高，用户积极开发使用游戏中的工会、师徒、情侣、好友等功能。	游戏的许多玩法单人无法完成，社交要求较高。游戏设置了许多可以激励玩家互动的网游传统社交项目，如达到一定等级后可以领取相机与好友拍照留下游戏中的记忆，创建聊天室等。	该游戏加强工会建设，增加社交机制。2018年增加"初心公社"，冒险者可以点击后直接进入RO同人，将线下同人爱好和线上游戏链接；2019年又增加全新的"家园"系统，玩家可以自由建造布置自己的"家"并邀请好友在"家"中畅玩。

续表

游戏名称	用户互动的传播效果	用户交往特点和频率	社交功能（2017）	社交功能（2019）
梦幻花园（模拟经营类）	该游戏用赠送体力等方式留住好友，但缺乏社团和完整的社交系统。	用户间维持着交换体力和其他物件的弱关系，交流少，沟通少。	玩家可以改造搭建自己的花园，有社交系统记录该过程。唯一的社交功能必须依赖Facebook，绑定账号后方可向好友要体力。	好友要靠Facebook来维持，但游戏推出了团队功能，可以向团队中的队友要体力，也可以在游戏中和队友直接聊天。
王者荣耀（MOBA/策略类）	语言功能仍有发展空间；存在打输就骂人的玩家，影响社交环境；游戏提供很多找朋友的方式，借助微信、QQ完善社交系统。	社交特点呈两极化，一类用户因看重游戏胜负，更在乎互动带来的游戏效益；另一类用户更享受和朋友的互动，会频繁发图、点赞。	游戏可进行即时交流；可用微信和QQ直接登录并建立熟人好友圈；游戏中有"QQ部落"按键，可进行长期社交互动；可建立情侣、基友、死党、闺蜜及师徒关系，此外游戏还提供以游戏习惯相似性为标准的用户筛选系统。	个人主页界面进行了优化，新增来访记录，可设置隐身，增加了点赞、关注功能，提升人气值后还可以换取道具。"大神攻略"功能则汇集顶尖玩家的攻略，方便他人查看。

课堂讨论

网络游戏中游戏收益和社交收益孰轻孰重？

思考题

1. 游戏为什么会社交化？
2. 社交游戏有哪些常见的社交装置？
3. 如何避免游戏社交中的意见领袖缺失？

第八章　视频社交

> **教学目标**
>
> 了解视频社交时代的数字交往特征
> 掌握视频社交语言
> 了解中视频和短视频社交的异同

第一节　视频社交时代

一、视频社会化

在经历了影视视频时代之后，网络视频时代信息化、移动化不断加速视频产业化进程，基于技术创新、产业升级以及更宏观层面的驱动力，一个全新的视频社交时代正加速到来。①

1. 人与人：从文字化生存到视频化生存

学术界将数字化生存分为两个阶段：文字化生存和视频化生存。②在以电脑为主的互联网发展初期，人们的数字化生存主要以"文字"方式存在。视频社会化时代，视频成为人们交流表达观点的主要载体，它改变了人与人之间的沟通方式和生活状态，

---

① 人民日报中国品牌发展研究院.《中国视频社会化趋势报告（2020）》发布［EB/OL］.（2020-11-26）［2024-07-10］. http://it.people.com.cn/n1/2020/1126/c1009-31945945.html.
② 人民日报中国品牌发展研究院.《中国视频社会化趋势报告（2020）》发布［EB/OL］.（2020-11-26）［2024-07-10］. http://it.people.com.cn/n1/2020/1126/c1009-31945945.html.

随着视频社会化进程的加速，一种更能促进社会认同的社会互动模式形成了。

2. 人与自然：从重现、逼真到超认知

人类有着再现物质世界的"原始冲动"，美国传播学家哈特将文字、印刷、摄影等界定为"再现的媒介系统"[①]。不同的再现媒介系统对应了人与自然世界的多元关系，它经历了从模仿自然、逼近真实到超越认知的阶段，视频社会化开启了人与自然关系的全新阶段。视频社交时代，技术创新带来的不仅是无限逼真的再现自然，更是一个超越认知的全新世界。高清摄影技术为我们呈现事物的每一个细节；借助先进的视频处理技术，我们可以通过完全虚拟的方式重建一个"人工自然"来到达超越认知的世界。

3. 人与社会：从产业要素到社会要素

视频以其独特的传播优势形成了迅速、生动、广泛的信息传播格局，提供了人类情感共享的重要场域。视频不仅仅停留在产业要素的范畴，它从硬件到软件的更深层次的变革，逐步形成了完整的产业生态链。视频的实用属性上升，直接服务实体经济和经济转型，视频+教育、视频+医疗、视频+电商、视频+办公等新形态层出不穷，拓展了全社会全行业的"视频+"模式，进而形成更高质量的普惠式发展，这拉动了人们精神需求与物质需求的双重升级。视频作为一种社会要素全面参与社会各行各业发展，塑造社会生产的新形态。

➢ 视频+教育：全国各类学校采用视频网课方式实现师生互动与知识共享，满足人们在特殊时期的教育需求。
➢ 视频+医疗：互联网医疗平台访客量大幅增加，用户消费习惯逐渐养成，这将进一步推动互联网视频医疗相关产业发展。
➢ 视频+电商：截至2020年6月，中国电商直播规模达3.09亿，同时，电商的业态革新也带动了传统产业转型，创造了更多新兴就业岗位。
➢ 视频+办公：日常视频远程办公有了进一步发展，截至2020年6月，我国远程办公用户规模达1.99亿；网上招聘用户规模达1.12亿。

---

① 人民日报中国品牌发展研究院.《中国视频社会化趋势报告（2020）》发布［EB/OL］.（2020-11-26）[2024-07-10］. http://it.people.com.cn/n1/2020/1126/c1009-31945945.html.

二、视频社交基础

1.视频社交终端

第一台家庭录像机开启了视频社交的进程,此后它几经更迭升级,到数码时代,相机、摄录机等数码产品大行其道,当前,数码摄影技术融合到手机终端,诸多新技术和新功能的研发让手机功能大放异彩。与大众化的终端一样,无人机、云台等专业化终端也逐渐为大众所熟知,视频设备终端不断更新迭代的背后是视频终端品牌的产业竞争与融合发展。紧跟时代不断创新发展的品牌,把大众需求放在首位,重视产品创新与技术研发,最终带动产业整合与升级。产业升级又反过来推动视频技术的不断发展,成为视频社交发展的重要基础。

智能手机时代,移动互联网和智能终端的普及让视频从生产到传播的全面社会化成为可能,大光圈镜头、高像素传感器等诸多新技术的发展,让手机的成像质量越来越高。随着移动互联网的深度发展,尤其是5G时代手机影像应用场景的不断丰富,人们对视频的拍摄提出了更高要求,诸如夜拍、防抖、人像等功能日益完善。与此同时,终端手机厂商重视公众需求,他们依托静态影像的技术积累与面向视频的技术创新研发快速满足用户需求的产品。智能手机品牌OPPO的Reno系列产品,针对手机手持拍摄的抖动问题和夜拍画质问题,研发"视频超级防抖""超级夜景视频"等相关技术,满足了用户的需求,也极大提升了手机视频的夜拍画质,让用户得以更好地"随手""随时"进行视频记录与创作。

在后置摄像头迅猛发展的同时,前置摄像头拍摄技术的不断升级则引发了叙事主体的转变——自拍照片、视频、视频通话、Vlog视频等形式让以自"我"为中心的影像获得前所未有的重视。以OPPO为代表的国产手机品牌率先尝试人像美颜技术,基于此技术的不断更新,自拍不仅成为一种拍摄技术,更成为一种被技术主导的认知范式、交往模式和生活方式。

手机以及其他智能移动终端的发展为视频社会化提供了物质基础,其产品不断更迭带动了产业升级,这客观上推动了视频社会化的进程。同时,手机摄影摄像功能使得视频生产产生"去中心化"的变革,拍视频不再需要摄像机和复杂的编辑流程,通过智能手机,每个人都可以成为内容的生产者。[①]

---

① 人民日报中国品牌发展研究院.《中国视频社会化趋势报告(2020)》发布[EB/OL].(2020-11-26)[2024-07-10].http://it.people.com.cn/n1/2020/1126/c1009-31945945.html.

2. 视频社交平台

视频平台的发展历程是视频社会化在传播渠道层面的体现。2005 年，YouTube 平台率先在美国建立，这标志着社会化视频行业的兴起；2013 年，随着 UGC、PGC 的发展，资本逐步进入短视频市场，移动视频商业化元年开启；2016 年，中国迈入视频直播时代。2019 年，中国迎来"5G 元年"，后随着视频市场的日趋成熟，2020 年"视频社会化元年"来临，"电商直播"与"视频生产"成为互联网经济增长的两大引擎。

三、视频社交形态

视频社交通俗来讲就是基于视频的社交。视频在这里有两层含义，一是指内容样式，二是指技术形态。当前视频社交主要分为直播、视频群聊、短视频虚拟社区三种形态。

直播——除了具备社交属性，直播形态由传统的秀场逐渐向细分垂直领域转型，且通过"直播+"不断融合新场景

视频群聊——通过"讨论组"或聊天室，用户可以随机拉好友开始群聊。聊天室还有房间和管理，用户可以选择围观、上麦、语音、视频。

短视频虚拟社区——该社区通过 UGC 形式的短视频将人际关系从线下搬至线上，拥有转发、点赞、评论、分享等社交功能。不同于短视频分享应用，它不以工具性为目标，而是凭借内容输出（短视频）来实现社交网络构建。

此外，视频社交还衍生出运动社交、旅行社交等多元形态。视频社交改变了当代年轻人的运动观念，社交认同已成为中国都市年轻群体使用运动健身类 App 的重要内在动因；目的地 Vlog、游记 Vlog 等视频社交方式改变了当代年轻人旅行的方式，旅行被赋予了新的意义。

第二节 视频内容社交：Vlog

法国社会学家让·鲍德里亚认为："在后现代社会，人们通过消费的符号来标记自己所归属的阶级。"[①] 在后现代社会，大众偏向于通过消费符号划分所属阶级，一些有个性、追求生活品质的年轻群体对文化审美品位也进行了划分，他们抛弃了大众化的短

---

① 鲍德里亚. 消费社会 [M]. 刘成富，全志钢，译. 南京：南京大学出版社，2014：7-17.

视频生产,转向能够迎合他们趣味、体现差异化和个性的视频形式——Vlog。

一、Vlog(视频博客)社交传播

1. 社交需求和表达欲

数字交往时代,人的社交需求得到进一步满足,新的社交方式层出不穷。社交媒体在发展过程中不断打破社交互动的界限,在各垂直领域拓展用户市场,其中以Vlog为代表的视频类社交媒体飞速兴起,逐渐成为互联网行业的新风口。视频类社交媒体的市场被不断重构,市场竞争日益激烈,其未来健康有序的发展要依靠全方位的内容优化与技术创新。

最早一批开始制作视频博客的博主并不会像专业综艺节目组一样做全面的调研,他们创作的初衷仅仅是满足个人的表达欲,这是极具个人色彩的。而随着Vlog的流行,越来越多的KOL(关键意见领袖)争先恐后地加入这一阵营,试图拓宽自己的内容矩阵。这波内容浪潮也很快被流量明星看中,他们随即通过Vlog展现关掉聚光灯后真实的自己,通过镜头语言成功营造了"在场感"。

视频社交中自我表露的程度比以往任何一种社交媒体都要高。数字技术为线上用户提供了视觉、听觉甚至触觉方面的社交体验,呈现一场全民视频的社交盛宴,但这背后恰恰体现的是人们与生俱来的强社交需求。正如雪莉·特克尔在《群体性孤独》中说的,"社交机器人的发明说明人类兜了一个大圈子,还是无法摆脱对亲密关系的渴望。"[1]

2. 交流表达方式的改变

心理学研究证明,人类存在着"生动性偏见",具有视觉显著性的信息容易左右人们的判断。相对而言,视频具有更强的感染力。Vlog和短视频的兴起预示着未来的交流表达方式将切换到视频,这也代表了传播内容由文字、图片到视频的转向。

Vlog这一简洁的内容形式的出现,在多样化的社交表达方式之外降低了成名的成本,许多年轻人在输入足够多的信息后开始拿起手机拍Vlog,为自己的生活寻找更多观众,输出自己的想法和影响力。

相比以图文为主要形式的传统博客,Vlog将文字、图像、音频元素完美结合,是目前信息传播最高级的形态。同时,它最大限度地还原真实生活,其内容在色彩饱和

---

[1] 特克尔.群体性孤独:为什么我们对科技期待更多,对彼此却不能更亲密?[M].周逵,刘菁荆,译.杭州:浙江人民出版社,2014:11.

度、亮度和色调上具有高情态性,这更能增强观众的在场感,拉近与观众的距离,建立互动关系,实现交际目标。

3. 陪伴与共鸣

视频社交是年轻一代的社交形式。就像社会话题是实时更新的一样,20世纪70年代唱山歌,80年代送情书,2018年制作Vlog。"和我一起×××"是常见的Vlog模板,它背后流露的是年轻一代普遍渴望的陪伴需求。Vlog以第一视角为主线,用户在观看时获得一种陪伴感,从而与Vlogger(视频博主,录制视频博客的人)产生某种共鸣,实现双方价值理念的趋同,因此Vlogger的用户黏度往往较高。Vlog依托社交网站发展,不仅具有较强的社交属性,而且其内容的垂直度较高,极具个人特色的视频风格和内容进一步细分了受众市场。

二、Vlog本土化

1. Vlog的定义

Vlog(video blog或video log),即视频博客。它最初发源于YouTube,是UGC内容下的一个细分领域。真正让Vlog走红和发展的标志性人物是凯西·内斯塔特(Casey Neistat),他曾持续600多天更新Vlog,他剪辑的Vlog具有强烈的个人风格,极具辨识度、专业性、技巧性以及创意性,这让他成为事实上的"Vlog之父"。国内Vlog由留学生群体率先使用并逐渐流行,它成为爆点则得益于2018年9月"00后"女星欧阳娜娜拍摄Vlog,她带动了更多艺人、专业机构加入。就真实性来说,Vlog只是相对真实,它是有选择地采集、编排的内容。非横屏、抖动卡帧也是一些Vlog风格的体现。

初期,Vlog需要用户具备一定的编辑能力,从策划视频开始,再用相机和手机拍摄与主题相关的内容,再进行剪辑配乐。Vlog的内容生产者如节目编导一样,需要展现给观众的是一个完整的视频故事。

Vlog在国内兴起的时间并不长,最先是从海外留学生开始,他们用视频的形式记录自己在国外的学习和生活,目的是缓解身在异国的孤独感,以视频的方式寻求共鸣,把Vlog作为一种社交方式。作为国内的第一批Vlogger,井越是中山大学的博士(辍学),他的Vlog有较高的美学意味,视频内容和剪辑方式给人以美感。竹子是在国外生活的北京姑娘,是一个自信、洒脱、真性情的女孩。

在国外,Vlog的发展获得平台政策和功能的支持;在国内,Vlog出现的初期并没有获得平台支持。

2. Vlog 的特征

Vlog 在社交层面具有"播客属性",播客时代刷新博客时代,Vlog 是博客(Blog)的衍生产品。视频博客以影像代替了传统博客的文字和图片表现形式,以创作者(Vlogger)视角为主导,通过拼接剪辑记录个人生活,并通过网络平台实现互动共享,创作者鲜明的个性风格、生活态度以及价值理念被展现出来。

Vlog 在技术层面具有"视频属性",它是文字的升维,填补了直播与短视频之间的空白地带。

Vlog 在内容层面具有真实性和接近性。它可以避免直播时话题或者展示形式单一的问题,而且可以对视频进行后期编辑。相对于短视频而言,它是个人化的内容和生活故事,时长限制较少,表现真实的同时还可以表现美好,有很好的目的性和故事性,用户观看体验非常好。

此外,Vlog 是一种视频博客,它不同于视频日记,因为 Blog 一词来源于"网络日志"(Web Log),而不是"网络日记"(Web Diary)。日志(Log)本是航海记录,它是对船速、船程以及船上发生的所有对航海有意义的事件的记载,具有非个人化、公开性的特点,主要为别人而写。因此,Vlog 是个人性和公共性的结合体,其精髓不完全是表达个人思想和记录个人日常,而是以整个互联网为视野,精选日常见闻,基于记录和传播的双重目的,具有更高的共享价值。所以,Vlog 不太适合记录太过私密而又无传播价值的内容,这个尺度的把握非常关键。

三、传播模式

1. 传播主体:个性化

Vlog 发布者个性鲜明,具有较强的人格魅力。传播主体是传播活动的起点,在传播活动中居于主导地位。Vlog 发布者既是 Vlog 的拍摄者和出镜者,也是 Vlog 的后期编辑,所以 Vlog 发布者承担着内容的搜集、创作和传播等任务。可见,Vlog 发布者在传播过程中具有重要意义,往往以个人魅力吸引受众,受众更易与他们产生情感联系和认同。以 Vlog 发布者"活蹦乱跳的肥瞳"为例,她真实、不做作,以爽朗的笑声和夸张的表情为特征,以对着镜头大口吃东西、和朋友一起大声欢呼等画面将性格特点直观呈现给受众。

2. 传播内容：生活化

Vlog生活化、碎片化的传播内容是传播的核心部分，也是吸引用户的关键一环。不同于电影艺术，Vlog在内容上更像私人化日记、日常生活的"流水账"，这种日常琐碎的内容更具有接近性。Vlog的叙事往往呈碎片化，它由多个片段拼接剪辑而成，以第一视角展示个人姿态、身处的场景以及社交活动等日常行动，节奏平缓直白，没有博人眼球的夸张情节和视觉快感，较为真实。

从内容主题上看，B站将视频类型分为动画、番剧、音乐游戏、生活等，生活类又细分为搞笑、日常、美食圈、动物圈等。根据统计数据，B站Vlog关键词下，播放量排名前100的样本中，95%的内容是生活类的，而日常生活类占总样本的81%（见图8-1）。由此可见，日常生活主题的Vlog最受用户喜爱。

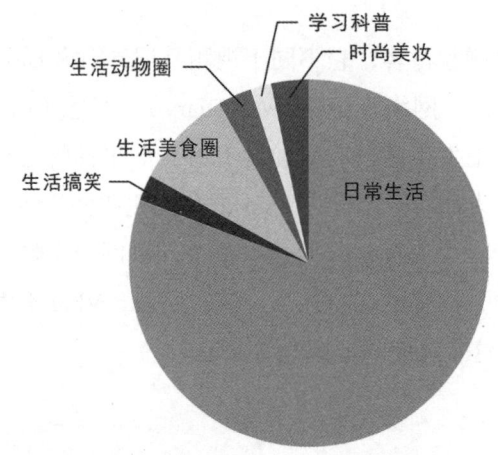

图8-1　Vlog生活类内容所占比例图

从内容时长来看，根据短视频的概念界定，播放时长5分钟以内的视频为短视频。以每5分钟为一个时间段，100个Vlog样本的时长分布主要集中在6—10分钟，15分钟以内的Vlog占总样本的81%。15分钟以内的Vlog能够满足受众碎片化观看的需求，因而更受他们青睐（见图8-2）。

内容侧重上，与快手、抖音类短视频内容追求即时满足和捕捉瞬间不同，Vlog传递价值观，塑造个人形象。它摒弃一味追求泛娱乐化内容，强调去表演化、快节奏的剪辑手法和碎片化的叙事逻辑，传播真实的日常生活，并加入更多的细节，传达Vlogger的生活态度和价值理念，以引发观者的共鸣与思考。比较典型的就是@大概是井越，博主将个人意见表达以及对生活的哲学见解与琐碎的日常相结合，"相声式的讲道理"方式降低了受众的接收门槛。

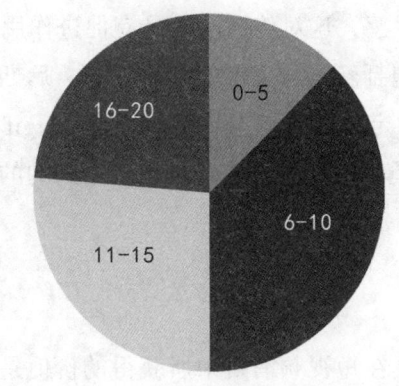

图 8-2 Vlog 内容时长的分布（单位：分钟）

3. 受众：主动的参与者

受众指的是传播内容的接受者，他们是传播活动的动力。但在移动互联网时代，传播受众不再被动地接收信息，他们会主动参与传播活动。在 Vlog 的传播过程中，受众的主动性体现在主动选择、评论转发和提建议等方面，实际上他们间接参与了 Vlog 的制作。

Vlogger 也会采用互动式拍摄方式。这虽然不如直播临场感强，但是参与者也一直与镜头对话，带着受众去感受生活或分享私人生活，以满足受众的窥私欲。Vlog 就像一种生活化的电影，当你面对这种交互性极强的传播形式时，代入就显得自然而然，受众能够获得一种替代性满足。

Vlog 是围观时代的产物。使用文字、图片或视频在前台表演来美化自己，这迎合了用户的喜好。而相对于传统的图文和视频，Vlog 淡化了前台这一概念，它展现了大量的起床、洗漱、做饭等场景，以及公众人物在私人空间中素颜出镜、穿着随意、嬉戏打闹的反差形象，这更像是将个人的后台（人们准备表演的地方，通常不为观众可见）公之于众，形成了看似完全真实的个人生活记录。Vlogger 通过这种方式使粉丝产生了亲近感，但实际上这仍是他们美化个人形象的手段，目的是吸引更多有窥视欲的粉丝观看明星或网红的私人生活。

4. 传播渠道：即时互动的网络平台

传播渠道是传播主体将内容传递给受众的途径。社交网络、各类视频网站作为 Vlog 的传播渠道，使得传播主体与受众之间以及受众与受众之间跨时空即时互动，这有利于拉近双方距离，满足社交需求。

传播形式包括转发、点赞、评论、弹幕等。传受双方通过即时互动提高了用户在传播过程中的能动性和满足感，这对传播活动具有促进作用。短视频 App 能为受众提供多样的自我表露形式，包括转场、分屏、变声变速、后期配音、导入音乐、音频分离、选封面图、素材库、自定义画中画（可加 jpg、png、gif 格式素材）等。Vlog 与普通短视频不同的是，它强调真实自然，强调与观众之间的的交流，所以更像是朋友之间的"安利"（真心推荐）。

5. 传播效果：短暂性

受众的短视频分享及其在短视频消费中所获得的价值是有限的，短视频消费也存在信息茧房效应。基于数据算法的精准推送在抖音等短视频平台上得到广泛应用，这为锁定受众提供了方便。越来越多的受众通过推送的方式开始消费短视频内容。长期暴露在算法和"偏爱信息"下的受众，逐渐习惯了短视频平台为其提供的个人化、定制化信息服务，这会加深偏见并制造非理性的极端主义，对于短视频而言，也逐渐远离其作为"人的延伸"的初衷。短视频的传播和互动使得一种关于存在的、可被共享的特殊理解首次成为可获得的娱乐体验并被揭示。正如预测专家纳特·西尔弗（Nate Silver）所警告的："这是信息时代的另一个风险——我们分享如此多的信息，以至于我们的独立性被破坏了。"① 换言之，受众看似随心所欲的交往互动行为实际上是被短视频媒介规训的行为。这样的被动交往短期内会连接较多的社会关系，但时间一长，许多交往就会逐渐消失，传播效果也会大打折扣。

6. 品牌营销

Vlog 在品牌营销方面有着巨大的发展潜力，这得益于 Vlogger 与粉丝建立的强于其他内容品类的亲密度和黏性。当粉丝认同 Vlogger 的视频内容和价值理念时，对于 Vlogger 投放的广告，粉丝会更愿意接受并加入讨论，从而形成良性的互动营销局面。

Vlog 依靠最强的粉丝黏性，做最硬的广告植入。从广告效果转化和品牌曝光的维度来说，Vlog 可以说是一个很适合做品牌营销的模式，其内容垂直度极高，深度优质的内容、鲜明的个人风格很容易沉淀粉丝。且粉丝对广告的抵触心理减弱，宽松的时长限制能展示更多的商业信息。

个人 IP 和个人品牌仍有距离。Vlog 门槛不高，但制作优秀的 Vlog 并不容易，想要形成个人品牌就更难。井越在采访里说到，"以前谈合作还需要跟品牌方解释什么是 Vlog，现在已经有人因为我 Vlogger 的身份主动找上门来了。你有一定的扩散网络规模，你有相对高的级联率，你就因为拥有比较可观的数据而被甲方注意到"。

---

① 韦伯斯特. 注意力市场：如何吸引数字时代的受众 [M]. 郭石磊，译. 北京：中国人民大学出版社，2017：96.

第三节 短视频社交：抖音

抖音短视频 App 自问世以来便备受用户青睐，它为广大用户提供了优质的画面观感体验，成为极具代表性的新型视频社交平台。平台中的视频时长短，多为 15 秒或者几分钟的音乐短视频，互动方式多样。用户可以发布自己的作品，也可以与其他用户进行互动交流、私信、加入或发起直播等。他们突破时空局限进行交流，互相启发，充分利用碎片化时间满足社交需求。

一、短视频社交传播

短视频作为一种新型传播形态，呈现许多创新的传播特征。本文从传播主体、传播内容、传播效果、营销方式等方面论述短视频的特征。

1.传播者与受传者的互联互通

在社交媒体短视频的传播过程中，受众既是信息的生产者又是传播者。自媒体时代，移动 App 的使用趋向成熟，短视频生产者呈现基数大且覆盖面广的特点。拍摄视频不再专属于媒体从业人员，它逐渐在普通民众中普及。在新媒体技术的加持下，接收信息也变得更为便捷和容易，拥有智能手机 App 的人都具备接收短视频传播的硬件条件。传播者与受传者形成了互联互通的关系，角色壁垒被打破，人们通过拍摄短视频将信息传播出去，又在观看短视频时接收信息。在互动中，双方完成了信息交换和知识分享。

2.传播内容与传播形式的有机结合

短视频的出现让每个人都可以用视频影像的方式自由地表达观点，短视频成了人际交流中的"口语"，随手拍成了"脱口而出"的话，看到即可"说出"。基于此特点，短视频内容更个性，主题更丰富，各个领域被涵盖，且信息量巨大。根据短视频发布者所处的不同圈层，他们输出的许多极具全面性和差异的传播内容形成了不同层次的多类别的视频群，表达方式更加随心所欲，也更具革新精神。

在表现形式上，短视频篇幅小、时间短，时长基本维持在 1 分钟以内。这种短小凝练的内容更加符合现代人碎片化阅读的行为习惯，人们利用闲暇时间即可完成视频观看或互动参与。同时，相较于纪录片、新闻播报，短视频更能迎合当下人们快餐式的信息交流需求，使得交流更便捷。相较于传统纸质媒介的文字或图片传播，短视频以动态的方式结合音效等多种元素将信息展示给受众，它具有更强烈的感官冲击，更容易引起受众兴趣，获得良好的传播效果。

3. 传播效果与受众反馈的迭代更新

在传播学理论中，传播效果的概念有双重含义。第一，它指带有说服动机的传播行为在受传者身上引起的心理、态度和行为的变化；第二，它指传播活动尤其是报刊、广播、电视等大众传播媒介的活动对受传者和社会所产生的一切影响和结果的总和。短视频作为第二层含义下的传播媒介，其传播效果会对受传者或者社会造成相应的影响。比如奢靡浪费的视频会引发负面效应，反之，轻松乐观的内容会激发人们积极向上的生活状态，注重人文关怀的视频会给人们带来幸福感。

综合分析抖音、快手等短视频软件可以发现，发布者可以通过读者留言接收反馈信息，并据此对视频内容进行调整；而受众也会因为视频的传播内容而积累知识，甚至改变自己的生活方式。双方形成有效的双向传播。因此，短视频在其产生的传播效果和受众反馈之间完成了一次对信息传播的迭代更新，受传者互相影响又相互改变。

4. 信息传播绑定产品营销

社交媒体短视频在营销板块的应用也成为其特征之一，直播带货、吃播录制、热点宣传等短视频营销手段层出不穷，涉及领域包括美食、冒险、悬疑等。信息传播与产品营销绑定之后，视频播放流量数据成为广告商投放广告的考量标准，商家可以通过拍摄短视频并将其投放至社交 App 来完成宣传销售、在线交易等一系列流程。

案例——YouTube 是一种社交媒体吗？

YouTube 是一个大型的视频收藏库，有超过十亿的用户每天在该平台上观看成百上千万小时的视频内容，每分钟有 300 小时的视频上传至平台。

有一项研究对用户订阅行为和 YouTube 平台评论进行了对比，发现系统内的"社交"和"内容"行为之间有显著差异。这意味着在 YouTube 上社交的用户与传统看电视的用户不同。同样的研究发现，25% 的用户有一个或多个互惠订阅链接。这可以和 Facebook 上 100% 的"朋友关系"相比较，就定义界定而言，这些关系都是相互的。一项关于 Twitter 的研究发现，"互为好友"这项服务的相互关联比例是 22%，可以说，YouTube 比 Twitter 更具社交性。[1]

---

[1] 林德格伦. 数字媒体与社会[M]. 王蕾, 译. 北京：中国传媒大学出版社, 2022：124.

二、抖音——新型社交媒体

随着互联网技术的发展完善，视频社交逐渐出现在大众视野，并成为时下用户喜爱的新型社交方式。抖音 App 将视频与音乐相结合，通过评论、点赞等互动形式，满足用户日常在音乐方面的社会互动需求。作为视频类社交媒体的代表，抖音具有简单易操作、社交功能强大等特点。

在大数据的支持下，抖音短视频可以根据用户的观看喜好进行精准推送。比如，某用户喜欢看"抖音文案馆"短视频，并对此类视频积极点赞评论，抖音后台便会向该用户推送大量此类短视频。所以，不同用户刷到的视频是不可能完全一样的。

用户下载抖音并完成账号注册后，便可以按照自己的想法拍摄小视频，他们有选择地使用软件上的贴纸特效，并配上相应的音乐，将作品分享到平台并跟其他用户互动。这种社交方式注重特定情境和氛围下的情感表达，是一种基于视觉分享和展示的情境化、具象化的视觉社交。

三、抖音的强社交属性

抖音官方定位是音乐创意短视频社交应用，主打功能是短视频，强调社交属性，充分发挥平台的强互动性和社交优势，打造新的社交圈群。抖音成功将用户通过视频社交联系起来，它不仅具有传播属性，而且具有极强的社交属性。用户通过平台接收信息、交流情感，一种社交关系链被建立起来。

1. 用户社交关系链的建立

线上社交与线下社交性质相似，它们都离不开人与人之间的交流沟通与信息分享，或是一方诉说一方倾听，或者是双方都在诉说，只有这样才能够建立社交关系，哪怕双方并不熟悉，甚至是完全陌生。抖音短视频便是这样一个交流分享信息的平台，不同用户相互交织成一个复杂而又庞大的关系网。

不同于传统媒体的价值生产体系，抖音让用户参与内容生产，用户地位从价值链末端上移至生产环节，以用户为中心的互动仪式市场形成。用户在抖音短视频里可以通过自己的账号发布作品，或者在自己感兴趣的视频下点赞留言评论，与评论区其他用户实时交流互动，产生情感共鸣，结交新朋友。在与陌生人的互动社交过程中，人们可以突破时空局限，认识更多三观相同的人，互相点赞关注，扩大社交圈。而且用户在抖音平台能看到别人对自己作品的评价。他们会给喜欢的视频点赞，不喜欢的也会直接怼。用户的转发会使作品得到更广泛的传播,吸引更多的粉丝。在满足社交需求的过程中,这种双向的互动传播加强了抖音的互动性。抖音短视频的强社交属性离不开用户关系链中双向互动的加持。

美国社会学家柯林斯在互动仪式链理论中提到,这些互动和仪式能不断产生情感能量,从而形成组织信仰及思想,而组织中的个人产生情感后会引发社会互动。人们在抖音中发布音乐短视频,进行群体互动,获得情感共鸣,满足社交需求。

2. 平台内互动社交的建立

抖音短视频会针对用户位置展开同城用户推荐,用户可以自主选择观看同城用户的视频,这个功能体现了抖音短视频 App 的社交属性,增加了同城用户之间的交流互动。

不同于单向传播,抖音平台的内容呈现方式发生了变化,信息传播是多向互动的。视频作品发布后,用户可以在评论区发表自己的意见,@其他用户进行互动,也可以就别人的意见发表自己的看法。这可以有效激发用户的互动兴趣,从而构建浓厚的社交氛围,形成较大的社交圈。在这个情感交流的互动平台,基于关系的社交是短视频平台建设的重要方向,它是平台发展的激活机制,能决定平台的发展方向。

四、多元化互动方式增强抖音社交属性

用户入驻抖音后,可以通过抖音多元化的互动方式进行社交,实现线上社交与线下社交的整合。抖音平台将信息以一种集视听于一体的方式呈现给受众,这极大增强了抖音的社交属性。首先,抖音短视频创作门槛低,用户可以将自己的生活以音乐短视频形式分享给其他用户。其次,抖音视频时长短,这有效满足了快节奏生活状态下用户的人际关系需求。最后,用户可以在抖音短视频中通过关注页面或直播间等打破自己熟悉的线下社交圈,通过全新的社交模式拓展自己的社交圈。

1. 点赞、评论和转发

用户在抖音上通过视频方式来"记录自己的美好生活",抖音有三种隐私设置方式——每个人都能看到、只有朋友才能看到、每个人都看不到,其他用户可以对自己感兴趣的视频点赞评论,评论区便成了一个大的社交圈,用户可以在里面畅所欲言,与其他用户进行社交互动。用户还可以直接将视频从抖音分享到 QQ、微信和微博等其他社交平台,这为用户进行跨平台社交带来了极大的便利。

用户的点赞和评论会对视频生产者产生鼓励,观看与被看之间产生良性互动,这种群体认同会激励视频生产者持续创作。在大数据的加持下,平台也会筛选不同用户

的点赞、浏览、搜索类型，针对不同用户进行精准推送，这能满足用户个性化社交需求并增加用户黏性。所以，抖音的互动方式对用户社交具有一定的促进作用。

2. 私信、关注、加好友

抖音具有私信、关注、加好友的功能，通过这些功能，用户可以直接在抖音 App 进行互动社交，而不用借助第三方软件，这节省了时间成本。用户可以关注自己感兴趣的"抖主"。App 首页有用户的关注栏，点击即可查看自己或他人所关注的好友，旁边有"关注"按钮，引导用户关注。这些互动功能可以有效增加用户黏性，除帮助实现基础社交之外，还能够开展有针对性的拓展型社交。这进一步强调了互动的重要性，增强了抖音平台的社交属性。

继 2018 年抖音私信功能上线后，经过几次迭代优化，抖音界面设计形式已接近朋友圈，粉丝可以通过这个功能与"抖主"进一步互动，进而增强互动体验感。截至 2021 年 8 月，抖音陆续上线了好友在线显示、朋友浏览记录、一起看视频以及基于算法推出的社交卡片进行好友推荐等多个具有社交属性的功能，用户可以及时了解对方的在线状态，邀请抖音好友一起观看视频，方便实时沟通，获得及时反馈，满足即时社交的需求。

3. 热门直播

直播是一种更为直接的互动，主播通过抖音平台进行直播吸引受众观看，受众可以在直播间评论、刷礼物等。主播类型多样，有游戏主播，卖货主播，甚至有直播写小说的主播。直播功能突破传统社交模式，为用户提供了一个更为生动直观的社交场所。

直播间有以下几种类型的社交互动：主播之间的互动，他们可以连麦进行唱歌、聊天、玩礼物 PK 等，让更多用户认识自己；主播与受众的互动，用户可以在直播间通过评论向主播提问，主播回答提问，进行实时互动；受众之间的互动，受众进入自己感兴趣的直播间后，可以找到与自己兴趣爱好相同的人，并与他们形成互动。

■ 课堂讨论

弹幕社交是视频社交吗？如果是，那么弹幕社交的未来又将何去何从？

■ 思考题

1. 什么是 Vlog？
2. 什么是视频社交？
3. 短视频社交和 Vlog 社交的异同点有哪些？

第九章　数字全球化与国际交往

> **教学目标**
>
> 了解数字交往的全球化特征以及什么是数字全球化
> 了解网络人文共同体和全球数字共同体构成

第一节　数字全球化

一名来自肯尼亚的女孩可以在线登录加利福尼亚的可汗学院上数学课，成千上万的叙利亚难民依靠 Facebook 获取最新信息以指引他们前往欧洲的道路，一家跨国能源巨头计划用传感器来远程监控全球 4,000 座油井的生产，澳大利亚的制造商从阿里巴巴平台的中国供应商那里购买零件，印度将患者的临床数据发送给美国的药物研究人员……数字全球化的新纪元已经开始。

一、数字全球化定义

数字全球化是指数字技术、数字媒介和数字公司驱动下的信息和数据流动，经济关系和生产方式的数字化整合，社会关系和生活方式的数字化联通，以及思想和文化观念的全球传播和重构。美国麦肯锡全球研究院（MGI）较早关注数字全球化问题，并发布了一系列相关研究报告。数字全球化的核心是互联网。麦肯锡全球研究院在其发表的《数字全球化：全球流动新时代》报告中指出，互联网造就了数万亿美元的数字化商业交易，这使国民经济和工业体系发生了巨大变革，使跨境数据流动发生爆发式增长，全球化的轨迹被改变。跨境数据流动不仅传播信息和观念，也带动了货物、服务、金融和人口的全球流动，数字化正在缔造一个超级互联时代，它成为全球化的新标志。人工智能、大数据、云计算和物联网等技术与网络通信技术相结合，将数字全球化推向了一个全球互联和万物互联的新阶段。①

长期以来，人们关于全球化的认知局限于商品、服务和资本等的全球流动，当前，传统的全球化遭遇挑战，而被数据流动所推动的全球化展现出巨大动能。数字贸易地位突出，数字通信连接全球，数字化的世界创造了全新的商业机会，日益复杂的数字平台塑造了一个让买卖双方有效对接的全球大市场。数字全球化让数据流动体系的边缘国家受益更多，让更加多样的企业参与全球经济活动，尤其是中小企业，它激发着全球商业创新和企业成长。经合组织的报告认为，数字化是全球化的有机组成部分，它已经成为全球性现象。数字化时代机遇与挑战并存，如果政府能够革新政策以适应数字化时代，那么数字化将带来难得的全球机遇，释放巨大的增长红利，创造更多的福祉。

数字全球化总体而言为世界带来了新的发展机遇，数字经济的贡献尤为突出，它已经成为世界各国经济增长的新动力。数字全球化通过区块链技术、互联网、移动互联网、大数据、云计算、人工智能等高新技术快速融合和贯通，重新建构了层次繁多、结构明晰、复杂多维的结构化世界，实现万物互联互通互惠，通过信息、结构和通信的光速化，打造经济文化的互融互合、共融共享的新业态，开启人类通往全球化大同世界的和合之道。

从全球化涉及的变革来看，数字全球化与以往全球化不同的是，数据的全球流动成为全球化的新推动力，数字技术的全球应用、经济活动和交易行为的数字化、观念和思想的数字化传播、社交媒体的全球使用和人类生活场景的数字化，都使全球化呈现前所未有的新面貌。从全球化速度来看，全球化生产和技术革新以前所未有的速度跃进，苏珊·斯特兰奇（Suzan Strange）三十年前所言如今成为事实。她认为，技术变革的加快和成本的上升，激发了生产的国际化，提高了资本的流动性。当技术变革加速之时，适应环境的企业能够借助新技术的东风不断推出新产品或者更新生产流程。产品和流程的生命周期因新旧转换而缩短。企业（尤其是高科技企业）为了紧跟技术变革的潮流，不得不加大研发力度，以科技创新为导向，这是相当耗费资金的行为。为了积累创新和研发资金，在未来科技竞争中立于不败之地，企业必须扩大利润规模，而国内市场能为企业提供的利润空间相对有限，企业不得不争取数字全球化、数字风险与全球数字治理的海外市场，海外拓展和国际化是这类企业的宿命。数字全球化将这一变革进程体现得淋漓尽致，数字产品更新周期远远快于其他门类的产品，数字高

---

① 刘兴华. 数字全球化与全球数字共同体［J］. 国外社会科学，2021（5）：39-51, 157.

科技公司在研发投入方面的竞争异常激烈,数字资本、数字技术和数字市场的全球拓展趋势也十分明显。

二、全球数字交往特征

1. 即时性、共时性和互通性

全球化活动具有即时性和共时性,交易、信息传递和社会互动几乎瞬时完成,这极大地拓展了全球经济空间,提高了全球化活动的频率。全球生产和消费链条中,中介要素被极大压缩,交易成本降低,新型的企业—企业和企业—消费者关系体系开始出现。从全球化范围来看,数字全球化进程几乎遍及人类生活的各个角落。它以数字基础设施为前提,以社交网络和通信网络、智能网络、信用网络、传媒网络和信息共享网络为载体,以计算机和通信技术、大数据、云计算、物联网和区块链等数字技术为引擎,以高科技数字公司集群为主要市场行为体,对人类的生活方式和行为方式产生了全方位的影响。

从全球化效应来看,数字全球化不仅关涉贸易和数据,也具有安全内涵和影响,与各国的全球地位和世界权力分布结构息息相关。各国开始将数字产业和数字技术作为实现综合国力跃升的突破口,数字科技产业越来越与国家权力、地位和国际制度规则安排交叉在一起。数字科技的变革将引领新的数字化浪潮,成为百年未有之大变革的组成部分。发展中国家和新兴经济体在全球发展格局中有了与发达国家大致相同的起跑线,面临着实现赶超的新机遇。数字技术的广泛普及使这些国家能够在高科技产业分工中找到自身新的角色定位和生长点。

数字全球化创造了新的分享形式、机制以及新的职业,脱离传统的工作场所和受雇非实体的职业大量增加,工作地点、工作内容和管理体系的分离越来越普遍,利用电子商务、社交媒体、直播和视频分享 App 谋生的自由职业急剧增加。当然,一些传统行业的就业会受到数字全球化的冲击,智能化浪潮将使大量原本由人力完成的工作岗位被机器取代。从本质上看,数字全球化就是一个数字互联不断加深的进程。

数字化时代,互通性是信息和通信技术的显著特征,人们在全世界旅行的过程中,可以打跨国电话,用信用卡在世界各地支付,这些行为都是数字化时代互通性的体现,数据可以跨越系统和组织流动。工业、能源、汽车等领域互联互通已经司空见惯,智慧城市建设让城市内的数字互联全面开启,卫星、遥感和地理信息技术应用于农业、生态、国土、水资源的开发利用,行业内各生产要素的互联架构形成。"元宇宙"更是试图将人们生活和工作场景全方位数字化,它利用数字技术构建连接世界和映射世界的数字空间。

从最突出的表象来看，数字全球化呈现"集群加速"的特征。数字经济和数字生活的大趋势带来用户对数字工具和载体的需求，电子通信设备和智能设备的普及又激发了电子元器件和芯片产业的迅速成长，后者的技术革新又进一步扩大了数字设备的市场并激发了消费，数字经济和数字生活进一步升级，"集群加速"非常明显。与此同时，数字生产和生活的革新速度也同步加快。当然，一旦某个环节出现停滞或者陷入革新困境，那么整体的"集群加速"将会放缓。新冠疫情促使数字全球化全面提速，原本依靠面对面交流、接触和人员聚集而完成的活动不得不转至线上，数字化生活在全球范围内强势铺开。应对疫情的数字化识别、追踪、隔离、诊疗、研究交流和信息共享最终培养了各国人民的数字化生活习惯，数字社会在国家内部和全球范围正在迅速形成。

2. 数字全球化的趋势清晰可见

世界互联和数据全球流动都在加速，数字平台降低了国际交易成本，并创造了全球市场和全球消费者群体，社交媒体和电子商务网站等领域的小型企业借助数字化平台成为微型跨国公司，个体的生活、工作和学习越来越数字化，数据流动成为经济增长的催化剂，数字技术的革新深刻影响着全球价值链和公司的发展模式。在制造领域，生产自动化和高级制造机器人促使公司以更靠近消费市场和资源地为原则决定投资设厂的选址。在服务领域，人工智能和机器学习将帮助公司完成越来越多的服务型任务，公司无须将这些任务外包，这可能会导致一些服务业商业外包的缩减。数字技术将促使新业态迅猛发展，网飞（Netflix）、腾讯视频、声田（Spotify）等平台成为订阅制流媒体的代表。据估计，从 2018 年至 2030 年，人工智能将创造 13 万亿美元的全球经济增量，这相当于使 GDP 每年多增长 1.2%。[①] 人工智能对传统工作机会必然会构成一定威胁，但总体而言影响有限。预计到 2030 年，人工智能领域的投资将使新工作的数量增加 5%。[②]

数字内容经济成为全球经济的一支活跃力量。数字内容主要针对年轻人，作为数字时代"原住民"的年轻人会更加主动地推动政府、社会、商业和工作迈向更高程度的数字化。另外，文化和语言在数字化世界的重要性不言而喻，英语和北美体系的主导地位开始下降，世界各国的文化和语言都开始进入数字世界，亚洲国家表现尤为突出。数字全球化的重要理念是尊重多样性和重视包容性。区块链技术的应用也是数字

---

① 刘兴华. 数字全球化与全球数字共同体［J］. 国外社会科学，2021（5）：39-51, 157.
② 刘兴华. 数字全球化与全球数字共同体［J］. 国外社会科学，2021（5）：39-51, 157.

全球化的重要进展。区块链的分布式账本技术可用于数据存储和金融交易等多种场景，它可以让使用者在低交易成本和安全的数据共享方面受益。

过去30年，互联网自身也发生了翻天覆地的变化，从窄带到宽带，再到移动互联网，互联互通水平大幅提升，互联网价值链日益复杂化，这创造了服务业的新业态和新门类。阿里巴巴、亚马逊、百度、谷歌等代表性公司在数字支付、数字广告和数字服务等产业链条上表现突出，移动互联网创造了快速增长的全球消费者市场和商业模式创新的新空间，大量手机应用软件（App）涌现，数字市场迅速吸引大量私人资本。数字全球化带来一些商业和生活方式的变化，企业更容易通过数字化渠道获取顾客信息，了解其偏好，消费者可以在全球更快捷地寻找产品或定制产品，线上调查变得轻而易举。WhatsApp等协同型技术应用和网络会议可以让全球市场信息获取和同步工作成为可能。万物数字化有明确的物质基础，数字化产品被全球化营销，全球化时代的数字化劳动也与信息紧紧捆绑在一起。书籍、电影、音乐、教育和货币等在形式上开始迈向数字化，网络直播、网络游戏、数字图书馆、数字博物馆成为数字化生活和学习的组成部分，智慧购物、无人销售、智能配送、远程医疗、视频会议、无人驾驶则造就了数字化时代新颖的商业和生活方式。数字导航、数字勘探、数字监测等提升了科技和工业发展的水平。数字全球化正在创造一个全球互联互通的新世界。

3. 个人直接参与全球化

得益于社交媒体和其他网络平台，个人正在建立他们的跨境联系。全球有9.14亿人在社交媒体上至少拥有一个外国好友，并且有3.61亿人体验过跨境电商。这些数字仍在快速增长。在Facebook上，超过50%的用户拥有至少一位国际好友。① 在新兴经济体的用户中，这一比例甚至更高且增长更快。②

个人的参与对商业和经济会产生明显的影响。数字化平台提供了一个拥有大量潜在用户的基地并提供了有效的市场营销方式。当社交媒体把产品展示给来自全世界的用户时，产品能以前所未有的规模实现病毒化推广。2015年，阿黛尔的新歌 *Hello* 上线仅48小时，就在YouTube上斩获了5,000万次点击。她的专辑《25》在美国一周之内就卖出338万张，比历史上任何其他专辑都多。2012年，米歇尔·奥巴马（Michelle Obama）穿的一件来自英国网络时尚零售商ASOS的衣服的照片被转发了816,000次，在Facebook上被分享了400多万次，这带来的结果就是这款衣服很快被卖断货。

---

① 易东明.数字全球化：全球流动的新纪元（编译）[J].汕头大学学报（人文社会科学版），2017（5）：25-31.
② 易东明.数字全球化：全球流动的新纪元（编译）[J].汕头大学学报（人文社会科学版），2017（5）：25-31.

数字化平台为个人提供了学习、合作与获得新技能的新途径，个人可以向他们的潜在雇主展示自己的才华。全球大约有 4,400 万人从 Freelancer.com、Up work 以及其他数字化平台上找到自由职业；将近 4 亿人在领英上发布了他们的专业简历。富有创造力和驱动力的人能在全球舞台上占据一席之地，这在前数字时代是不可想象的。大量不为人知的歌手因为在 YouTube 上传视频而被人所知，在 YouTube 上传视频的德雷克就曾登上 2015 年的排行榜并获得奥斯卡最佳原创歌曲的提名。

第二节 网络人文共同体

网络是构建人文共同体的重要媒介支撑。一方面，网络作为全球范围跨文化传播的媒介，是构建人文共同体的重要技术和平台。构建人文共同体关键是要缩短不同地区和组织之间的文化距离，解决跨文化传播难的问题。而跨文化传播本质是不同历史阶段、不同地区或我们自己社会中不同区域的文化交流。因此，跨文化传播首先要解决时间异质的问题，其次要解决空间异质的问题。网络媒介恰恰打破了时间和空间的限制，汇聚了历史的、当下的以及地理异域的信息，为跨文化传播提供必要的平台。在这个过程中，网络发挥的是信息和文化传播的媒介功能，它作为一种媒介技术形态而存在。且这种新兴媒介技术所具有的低门槛、自由开放、即时通信、去中心化等特征为不同文化的存续和交流提供了方便。

另一方面，多元文化在网络空间的交流交互是形成网络人文共同体的基础条件。构建网络人文共同体最终是在不同文化的交锋或博弈中形成具有共性的文化空间。网络文化空间是各类强弱连接的关系集合，是基于文化认同的社会关系网络。在网络交互和反馈的媒介作用下，网络变成了一个多元文化可以共同存在的"大熔炉"，通过其自身的吸收、扬弃、消化、再造过程形成独特的多元文化生态。换言之，数量庞大的网络用户以一个个独立社群的方式分布在各个不同的网络社区内，一个个各具特色的网络亚文化形成了，它们共同构成了多元网络文化生态，进而在网络空间形成各美其美、美美与共的网络文化。正如黄明波和沈文锋所言，环境的多样性促成了文化的多样性，庞杂的网民来自社会各个阶层，他们拥有不同的教育背景、经济实力和社会地位，其在网络上发布的各种信息与各大网站一起构成了复杂多样的网络文化。也就是说，网络空间是一个由多元文化所构成的公共空间，它的存在形式具有人文共同体的基本特征。①

---

① 张苏秋. 网络文化传播生态：缘起、特征与治理［J］. 中国文化传播，2022（1）：70-82.

一、网络人文共同体演化机制

1. 复制粘贴：达尔文式遗传、修正和选择机制

从网络媒介内部看，网络文化生产演化是一个达尔文式的遗传、修正和选择过程，即网络文化在网络空间内经历着被生产、再生产的不断演化。实际上，文化一词始终强调"过程"，尤其是人类物质和精神发展中抽象而来的普遍过程。鲍尔德温（Elaine Baldwin）等也指出，文化是一个永不停息的创造意义的社会过程，它会适应、变化和变异成新的形式。

网络媒介的开放性和低成本促成了网络文化生产的复制粘贴。网络文化表现在互相联系的网络文本中，而这些文本被不同的网络用户分别阐释并形成网络亚文化。这个过程中，用户之间的互动会不断地证实、修正、拒绝和改正用户自身的文化语境，因为不同用户会把产生于他自身文化的先理解或前理解带进网络文本。前理解激活了网络文化阐释的过程，且它本身也在阐释中受到影响，产生"诠释的循环"。可见，网络人文的生产主体仍然是人，人在网络空间的主体行为建构了网络文化。如同现实社会中的文化生产一样，网络文化在其自身网络空间内便可以实现生产迭代。网络上的信息内容即文本以数据的形式存储在磁盘或云端装置中，作为网络文化的记录和初始生产材料被置于公共网络空间，方便网络用户选择、接收、查阅、加工与转发，而这些内容一经发布便又成为用于网络文化生产演化的中间产品。

正如洛根（Logan）在《什么是信息：生物域、符号域、技术域和经济域里的组织繁衍》中所述：

如果我们把每个人的文化视为有机体，那么，我们就可以认为，如果儿童习得类似于父母和其他文化同种个体的语言，文化就完成了一次自我复制。但由于受同龄人的不同影响，儿童对父母的文化做了修正。[①]

网络文化也是一个有机体，数字存储和传输技术串联人的行为，它们在网络空间以达尔文式的遗传、修正和选择机制进行复制粘贴，完成网络文化的生产和演化。遗传即复制，修正即发明，选择即被其他人"捡起来用"。这种研究文化进化的进路其

---

① 洛根.什么是信息：生物域、符号域、技术域和经济域里的组织繁衍［M］.何道宽，译.北京：中国大百科全书出版社，2019：88.

实是以模因概念为基础的新达尔文主义。模因是道金斯用来替代自私基因以证明达尔文主义的新的复制因子，它是一个文化传播单位或模仿单位。构成文化的行为模式都是模因，网络模因类似于人体的遗传因子，它是网络文化的复制器，经过复制、变异、选择而反复演化。考夫曼（Kauffman）研究语言要素的再生产时提出催化闭合机制，即语词互相催化并产生新的语词。文化的传播与此类似，网络文化通过模因传播而导致某种形式的进化。

2. 技术迭代：间断平衡机制

从网络人文外部看，媒介技术进步为网络文化生产演化提供了外部动力。正如伍兹（Woods）所指出的，内部发展的变迁通常是源自发现或发明，而外部发展或接触的变迁，一般源自借用或传播。① 从内部发展变迁看，媒介技术是构成网络文化的物质基础，加速了网络文化发展变迁；从外部发展变迁看，媒介技术为网络空间和现实空间的信息勾连和文化交互提供了渠道。基特勒对电影、留声机、打字机和计算机软件的研究，西格特（Siegert）对邮政系统的研究，都强调不同媒介技术的传播功能。媒介技术构成网络文化的话语网络，它是使某一给定文化能够选择、存储和处理相关数据的技术与机构网络。这个话语网络以技术的物质形式对网络人文进行展示，这使文化的非物质性具体化，进而使网络用户能够感知到多元网络文化。数字技术驱动着当代文化的裂变，新的审美和文化认同被重构和发展了。

网络人文的生产演化还伴随着颠覆性媒介技术迭代。颠覆性技术即破坏性技术，是指时间尺度上人类工具的突然而间断的变革。在所谓的技术域时间尺度上，颠覆性技术的时间尺度是相对短暂的。它总是对应着新技术时代，若干新技术利用颠覆性技术而使旧技术过时。因此，颠覆性技术形式是间断平衡的完美例证。这些技术演化的间断恰恰说明远离平衡态的水平会突然冒出来，与混沌的非线性动态系统分道扬镳。这个技术迭代过程也就是网络文化不断演化的过程，可以用耗散结构理论解释。普里戈津提出的耗散结构理论是开放系统在远离平衡态条件下，其发展过程受外界物质流和能量流交换的影响而发生突变，导致新的结构生成和整体有序度增加，网络文化就是在非平衡态的基础上，通过突变形成有序度极高的新结构。进一步地，张兴奇和顾晓艳提出，文化系统从无序状态向有序状态过渡，必须满足以下耗散结构条件：第一，系统必须是开放的。因为开放的系统才能与外界进行物质和能量交换，孤立的系统不可能产生耗散结构。第二，系统处于远离平衡态。只有处于远离平衡态时，系统才会从一个不稳定的无序状态通过涨落形成新的有序结构。第三，系统内部诸要素之间存

---

① 伍兹. 文化变迁［M］. 何瑞福，译. 石家庄：河北人民出版社，1989：3.

在非线性协同作用。第四，涨落导致有序。从网络媒介技术发展的时间轴看，无论是3G、4G、5G技术，还是大数据、区块链、人工智能等技术，网络媒介一直处于频繁的技术迭代过程中。移动互联时代，摩尔定律所描述的处理器性能每隔两年翻一倍的更新速度不但没有减缓，反而更快。这就意味着，网络文化时刻处于媒介技术间断下的远离平衡态，而这样一种非平衡态向平衡态的演进即间断平衡，也就是网络文化演化的外在技术动力机制。

3. 开放多元、扩展适应与自组织

系统论认为，结构即系统内各个要素不同的作用方式和组合方式产生动能，动能产生增效的逻辑，增效就是动力机制的结果。因此，从网络文化的生产演化动力机制看，网络人文共同体具有自组织结构。网络是社会公共性的产物，人际关系的交互性形塑网络人文共同体组织结构的深层机理。在网络人文演化的过程中，外部环境并不存在具有指向性的干预，它是由网络空间自发自觉的交互行动交织而成的系统。网络人文共同体作为一个自组织系统，一个嵌于网络自组织系统的基本单元，它能始终保持与外界环境物质能量和信息的交换并不断促进网络人文共同体的发展。

多元性和共生性是网络人文共同体演化的结构基础，而且多元文化不可避免地同处于一个共同开放的网络空间中，具有较强的邻接可能性。如图9-1所示，在达尔文式遗传、修正、选择机制和间断平衡机制的共同作用下，多元网络亚文化经过复制粘贴和技术迭代最终形成具有共同体式自组织结构的网络人文共同体。文化研究中，结构主义将文化定义为能够催化自我繁衍的思想、信念和知识的系统。与结构主义强调固定的文化模式不一样的是，网络文化自组织结构是在达尔文式遗传、修正和选择机制以及间断平衡机制的双重作用下逐渐形成的动态结构，它不断在多元文化共同交互的过程中扩展、适应以致共生。一方面，网络文化的自组织结构接近于海尔斯（Hayles）的自组织范式，"这个范式不存在信息，或者说，信息深深地沉入系统，难以和界定系统的组织属性区分开来。"[①]另一方面，网络文化自组织又是格尔茨科学文化现象学中的文化系统。这是一个埃德加·莫兰意义上的自组织系统，文化也如同生命系统一般，具有"自我控制""自我复制""自我再生"功能。

---

① 李清华. 格尔茨与科学文化现象学[J]. 中央民族大学学报（哲学社会科学版），2012（5）：21-30.

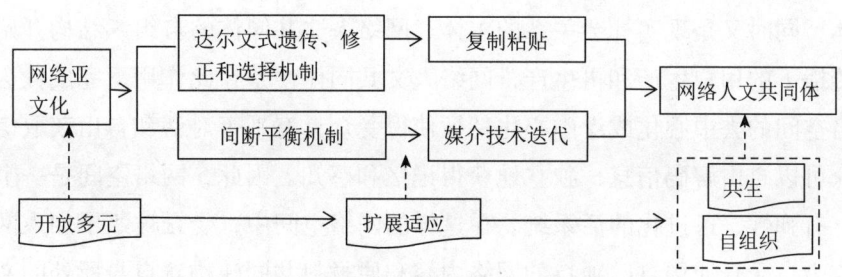

图 9-1 网络人文共同体演化概念模型

二、网络人文共同体的形式特征

1. 多元融合是网络人文共同体的本质

文化的多元性是一个与年龄、性别、阶级、身份相关的问题，任何根据民族、部落或社会而确定的文化区隔体，都是由多种文化构成的。因此，网络文化既是网络空间原生文化，即网民在网络空间特有的行为和组织惯例、价值观念、制度与传统，也是网民现实生活中所处地域、环境的文化在网络空间的延伸和再现。实际上，我们理解任何文化形式的意义，都不能单纯把它固定在一种文化的内部，而应看它如何适应不同文化的交叉点。一种被广泛接受和有代表性的文化形式被证明不是普遍的，而是与处在某个特殊时刻的特定群体有关的。

2. 求同存异是网络人文共同体的主要形式

人文是指人类社会的各种文化现象，人文共同体是人类不同主体之间在文化领域的核心元素和精华部分的碰撞汇融、有无相通。习近平总书记指出，文明因多样而交流，因交流而互鉴，因互鉴而发展。人文共同体意味着文化的宽容与开放，构建人文共同体也就意味着所有的文明都是平等的，各美其美，美美与共。除此之外，人文共同体可以加强各国人民之间的相互理解和信任，促进中外民心相通，进而促进不同文明之间的交流互鉴，促进国家之间的全方位合作。可见，多元文化的交流互鉴、包容并蓄是人文共同体的基本要求，也是构建人文共同体首先要达到的文化效果。

3. 网络人文共同体自组织系统通过受众交互自治来维系

网络有机体从诞生之时就具有自我造血的能力，但不论是其复杂多变的组织结构，还是新奇多元的虚拟内容，网络文化的蓬勃发展从未离开和现实社会的勾连与互动，网络文化既是对现实社会景观的再现，又是对社会历史的观照。受众作为网络文化生产的主体，同时又是现实社会关系的主体。网络人文共同体的自组织结构开始于互联网双向传播下的用户生产和再生产，网络人文共同体便是在此作用下完成社会文化再现。网络空间的去中心化或泛中心化特征使得受众具有平等对话和自由获取信息的权利，受众可以自由解码信息，独立地获得记忆和感知。因此，网络空间是一个具有自适应性、有弹性、可进化的活系统。在这样的网络空间中，受众被赋予加入网络文化生产的权力。受众使用自己独特的网络内容和原材料共同建构着自身所处的文化共同体——"文化部落"，他们逐渐创造出各自的网络元文化——一种用来阐明其他文化形式的更高级的文化模式。社交网络在这种自组织机制下实现群体文化建构。该文化系统将受众置于一个特定的位置，从而定义了一个受众网络角色及其期望的模式化或制度化体系，该体系塑造受众行动的价值与规范，形成了网络文化空间的自组织结构基础范式。如微博、微信、抖音等自媒体用户根据自身的习惯和偏好进行网络浏览并上传信息，在具体网络媒介的规则作用下自动对接或管理自己的网络社群。这里会产生群主和追随者，他们共同维护着群文化，不同的群成员交融，还可以进行跨文化交流。这一切都是在网络受众自组织机制下自然发生的，媒介只是提供了工具。

第三节 全球数字共同体的构成

数字领域是人类生产生活和交往互动的独特空间维度，其虚拟性、即时性和跨越国界的特性使"共同命运感"更容易出现。数字领域的组织形态是不断演化的，从有信息传递关系的联合体到成熟的全球数字共同体的发展历程大致经历以下几个阶段。[1]

第一阶段是信息联合体。这一阶段以 Web1.0 的静态信息传递为特征，网络世界中只存在以"个体间信息连接"为基础的"联合体"。在这一阶段，安全是静态的，它主要涉及信息源、信息展示及基础设施的安全，体现的是"点对点的共享感"，即信息展示者和信息接收者之间共享信息。第二阶段是互动共生体。以 Web2.0 的网络互动为特征，组织化的社交网站使网络带有了明显的"社会共生性"。安全开始具有动态性，体现出"网络化的命运感"，威胁所影响的不再是简单的信息接收者和传递者之间的关系，而是一个小型的数字虚拟社会。第三阶段是组织化集合体。这一阶段以数字制度和机构的涌现为特征，数字社会不再是离散的组织化关系，而是基于制度和机构的"集合体"，安全变得高度聚合化，反映"集团化的命运感"，"集合体"成员可以通过制度和机构共同应对数字危机和挑战。第四阶段是社会化共同体。在互联网技术、大

---

[1] 刘兴华. 数字全球化与全球数字共同体 [J]. 国外社会科学，2021（5）：39-51, 157.

数据、人工智能和物联网等技术手段全面发展并被广泛应用的背景下，数字全球化进入一个新的万物互联、命运与共的阶段，共同体以高度的社会化为特征，成员之间拥有强烈的集体认同，他们将自身看作共同体的一部分，共同应对威胁，呈现"大同化的命运感"。

数字全球化正在推动全球数字共同体形成，我们可以将当下的世界描述为全球数字共同体的雏形。数字化力量已经在各个分支领域形成某种共同体。在新冠疫情这一全球危机冲击下，世界正面临一次"重置"，疫情防控的封锁和隔离政策使经济和社会活动不可逆转地迈向数字化轨道，在社交媒体和智能手机将全球大部分人口连接在一起的时代，这一趋势更加明显，在线教育和远程工作等数字化活动将更加普遍。

全球数字共同体由若干子共同体构成，包括技术共同体、社会共同体、安全共同体、商业共同体和资讯共同体等，具体如下。

1. 技术共同体

技术共同体是建立在网络信息技术、大数据、人工智能、云计算和物联网等技术手段基础上的共同体。技术创造、交易、转移、扩散和升级是技术共同体内的重要活动，技术的全球共享维系着共同体的存续。数字技术从产生到普及应用都推动着信息的流动，并逐渐推动全球技术标准、基于技术应用的相似生活方式以及网络技术产品的全球化普及。

2. 社会共同体

社会共同体是指用户规模巨大的社交媒介（如微信、Twitter 和 Facebook 等）将处于不同地理空间的人们连接起来，形成人际关系网络，并实现即时通信和信息共享。Twitter、Facebook 和 YouTube 等数字媒体成为个人和集体行动的工具，私人问题和公共问题的界限模糊了，交流的形式也改变了，社交平台成为个人声音的放大器、群体活动的播种机。在全球数字技术革命大潮下，大众心理深度介入社会和政治领域。有重要全球影响力的政治领袖可以通过提出倡议、蓝图和构想，为共同体建设的筹划和推进提供动力。在以社交网站和即时通信软件为基石的数字社会共同体中，网络使用者建立了极其复杂的社会关系网络，不断进行分享、反馈和互动。推动网络科技创新的技术精英通过其发明影响网络空间的生活方式。

3. 安全共同体

安全共同体是指网络恐怖主义、黑客和网络洗钱等安全挑战迫使各国及其公众不得不通力合作，共同出击，在互动中不断积累积极的"反射评价"，形成安全共同体的集体认同。政府的安全政策和行动以及政府间（包括双边和多边）合作是推动安全共同体建设的主要力量。国际电信联盟等国际组织依赖其组织架构和机制，以及相关国际协议、准则和规范，为安全共同体建构提供国际平台。互联网领域的国际非政府组织（市民社会组织）以其高度的专业性、技术性和公益性，为安全规范的传播和建设提供动力。

4. 商业共同体

商业共同体是指手机 App、购物网站、网络金融、数字货币、智慧医疗、在线教育等使数字领域变成与现实世界并立的一个商业空间，共享的消费文化、交易方式和结算手段是这一共同体的特征，全球贸易、投资和融资在网络商业共同体中得以扩展，商品和资本借助网络空间而实现的全球流动使商业共同体的规模不断扩大。网络空间中的电子商务、广告、连通互联网的移动通信设备、云服务器、移动运营网络等不断创造新的市场，市场力量将全球的网民和商业机构紧密融合在一起。与互联网有关的跨国数字公司不仅是网络信息科技的引领者，也是网络空间生活方式和消费方式的塑造者，是网络政治和经济的重要参与者。

5. 资讯共同体

资讯共同体是指互联网使全球同步共享新闻资讯，由此形成庞大的媒体聚焦场和全球舆论场，世界各地可能在互联网的作用下同时关注同一重大事件，可能同时受网络舆论变化的影响，资讯共同体塑造着网络文化的形态和思想观念的变化倾向。在信息实时共享的时代，网民群体有趋同化的倾向，"全球村"意识在网络空间中体现得更为明显。由于即时同步接收全球资讯，网民群体深度介入网络舆论并影响全球舆论和政府决策。

课堂讨论

数字全球化具体可以从哪些方面推动全球化？

思考题

1. 什么是数字全球化？
2. 全球数字交往特征是什么？
3. 网络人文共同体的形成机制是什么？
4. 全球数字共同体有哪些形式？

第十章 数字交往安全

教学目标

了解总体国家安全观内涵与外延
了解数字交往空间的潜在风险
了解数字交往安全治理涉及的具体议题

第一节 总体国家安全观

一、总体国家安全观的内涵

总体国家安全观是习近平总书记在中央国家安全委员会第一次会议上首次正式提出的。习近平总书记精辟阐述了新形势下我国国家安全工作需要回答和解决的一系列重大理论和实践问题，明确将总体国家安全观确立为新时期国家安全工作的指导思想。

1. 历史性的重要会议

2014年4月15日，习近平总书记主持召开中央国家安全委员会第一次会议指出，"增强忧患意识，做到居安思危，是我们治党治国必须始终坚持的一个重大原则。我们党要巩固执政地位，要团结带领人民坚持和发展中国特色社会主义，保证国家安全是头等大事。"[1] "成立国家安全委员会，是推进国家治理体系和治理能力现代化、实现国家长治久安的迫切要求，是全面建成小康社会、实现中华民族伟大复兴中国梦的重要

---

[1] 习近平. 习近平谈治国理政 [M]. 北京：外文出版社，2014：200.

保障，目的就是更好适应我国国家安全面临的新形势新任务，建立集中统一、高效权威的国家安全体制，加强对国家安全工作的领导。"①

这次会议是党中央为做好新形势下国家安全工作召开的一次重要会议，标志着总体国家安全观首次正式提出。习近平总书记站在统筹两个大局的战略高度阐述了总体国家安全观的基本内涵、指导思想和原则，为开创国家安全工作新局面指明了方向。

2.总体国家安全观的丰富内涵

总体国家安全观是一个富有中国特色的安全概念。习近平总书记指出，"当前我国国家安全内涵和外延比历史上任何时候都要丰富，时空领域比历史上任何时候都要宽广，内外因素比历史上任何时候都要复杂，必须坚持总体国家安全观。"② 总体国家安全观对国家安全的内涵和外延的概括，可以归结为五大要素和五对关系。

五大要素，就是以人民安全为宗旨，以政治安全为根本，以经济安全为基础，以军事、文化、社会安全为保障，以促进国际安全为依托。以人民安全为宗旨，就是要坚持以民为本、以人为本，坚持国家安全一切为了人民、一切依靠人民，真正夯实国家安全的群众基础；以政治安全为根本，就是要坚持党的领导和中国特色社会主义制度不动摇，把制度安全、政权安全放在首要位置，为国家安全提供根本政治保证；以经济安全为基础，就是要确保国家经济发展不受侵害，促进经济持续稳定健康发展，提高国家经济实力，为国家安全提供坚实的物质基础；以军事、文化、社会安全为保障，就是要注意这些领域面临的大量新情况新问题，遵循不同领域的特点规律，建立完善强基固本、化险为夷的对策措施，为维护国家安全提供硬实力和软实力保障；以促进国际安全为依托，就是要始终不渝走和平发展道路，在注重维护本国安全利益的同时，注重维护共同安全，推动建设持久和平、共同繁荣的和谐世界。上述五大要素，清晰反映了国家安全的内在逻辑关系。

五对关系，就是既重视外部安全，又重视内部安全，强调外部安全与内部安全彼此联系，相互影响；既重视国土安全，又重视国民安全，强调国土安全与国民安全有机统一；既重视传统安全，又重视非传统安全，强调传统安全威胁与非传统安全威胁相互影响，并在一定条件下相互转化；既重视发展问题，又重视安全问题，强调发展和安全是一体之两面，只以其中一项为目标，两个目标均不可能实现；既重视自身安全，又重视共同安全，强调全球化和相互依赖使得中国和世界的安全已密不可分。也就是说，国家安全是一个不可分割的安全体系，每一要素虽各有侧重，但是都必然、

---

① 《总体国家安全观干部读本》编委会.总体国家安全观干部读本[M].北京：人民出版社，2016：19-22.
② 习近平.习近平谈治国理政[M].北京：外文出版社，2014：200.

必须与其他要素相互联系、相互影响。上述五对关系,准确反映了辩证、全面、系统的国家安全理念,是对传统安全理念的超越。

五大要素和五对关系是理解总体国家安全观的关键所在。这就要求我们必须全面地、准确地理解总体国家安全观的丰富内涵,辩证地看待国家安全外延的创新发展,从全局和战略的高度审视国家安全问题,统筹好不同领域、不同性质的安全工作,形成维护国家安全的强大合力。

二、网络安全

没有网络安全就没有国家安全。一个安全稳定繁荣的网络空间,对各国乃至世界都具有重大意义。网络安全事关我国国家安全和社会稳定,事关人民群众切身利益。[①]

1. 网络安全事关国家安全和国家发展

网络安全已成为信息时代国家安全的战略基石。信息化与全球化的快速发展,正在塑造一个"一切皆由网络控制"的未来世界;网络空间的快速成长,正在催生"谁控制网络空间谁就能控制一切"的法则。政治、经济、社会、军事、科技等各个领域的安全问题,都与网络安全问题紧密关联。政治领域的"颜色革命"暗流涌动、经济领域的网络犯罪频繁发生、社会领域的网络攻击日益猖獗、军事领域的作战方式加速转型、科技领域的网络窃密,都是网络空间对传统领域安全问题的激化与变异。从国家安全的战略高度认识网络安全,把网络安全作为国家安全的战略基石去捍卫,是维护国家安全的时代诉求。

维护网络安全是促进国家发展的前提和条件。安全和发展是一体之两翼、驱动之双轮。发展是安全的基础,不发展是最大的不安全。放慢信息技术发展、限制网络应用、拒绝开放共享,换不来持久安全。安全是发展的条件,任何以牺牲安全为代价的发展都难以持续。要以改革的精神、开放的理念、创新的机制,科学治理和化解信息化发展中出现的问题与风险,掌握国家网络安全战略主动权,维护网络安全,促进国家发展。

2. 网络安全事关广大人民群众工作生活

互联网深刻影响和改变着人们的工作生活方式。越来越多的人通过互联网获取信息、学习交流、购物娱乐、创业兴业。截至2022年12月,我国网民规模达10.79亿人,

---

① 《总体国家安全观干部读本》编委会.总体国家安全观干部读本[M].北京:人民出版社,2016:147-151.

移动网络的终端连接总数已达35.28亿户。① 网络深度嵌入经济社会发展，融入人民生活。网络安全问题相伴而生。网络攻击、网络恐怖等安全事件时有发生，侵犯个人隐私、窃取个人信息、诈骗网民钱财等违法犯罪行为猖獗，网上黄赌毒、网络谣言等屡见不鲜，这些问题已经成为影响公共安全的突出问题。维护网络安全就是维护每个公民自身的安全，清理整治网络有害信息和打击不法行为迫在眉睫、刻不容缓，广大人民群众对此呼声非常强烈。

3. 维护网络安全面临的机遇和挑战

我国网络安全和信息化工作取得了显著发展成就，网民数量世界第一，中国已成为网络大国。我国依法开展网络空间治理，网络空间日渐清朗。与此同时，网络安全日渐成为关乎全局的重大问题。网络安全威胁广泛多元、隐蔽性强，并与政治、经济、文化、社会、军事等领域威胁深度结合、相互激化，使国家安全边界扩大，安全问题的综合性、联动性、多变性日益凸显。

（1）外部势力通过互联网实施侵犯，对意识形态安全构成威胁

随着数字全球化的推进，互联网发展对国家主权、安全、发展利益提出了新的挑战。网络具有跨时空、跨国界、信息快速传播、多向互动等特性，对现实社会问题和矛盾具有极大的催化放大作用，极易使一些局部问题全局化、简单问题复杂化、国内问题国际化，给国家治理带来挑战。互联网已经成为意识形态斗争的主战场，网上渗透与反渗透、破坏与反破坏、颠覆与反颠覆的斗争尖锐复杂。

当前，有些外部势力通过互联网进行意识形态渗透，宣扬所推崇的价值理念，鼓噪"网络自由"，攻击我国的政治制度和发展模式。习近平总书记指出："维护网络安全不应有双重标准，不能一个国家安全而其他国家不安全，一部分国家安全而另一部分国家不安全，更不能以牺牲别国安全谋求自身所谓绝对安全。"个别国家在网络意识形态领域的一连串举动，是其霸权主义在网络空间的延续，我们要高度重视。能否打赢网上意识形态斗争，事关党和国家未来，事关我国政治安全，我国维护网络意识形态安全任务艰巨。

（2）关键信息基础设施遭到攻击破坏，将严重威胁经济发展

我国关键信息基础设施智能化、联网化程度迅速加深，重要行业和公共领域对网络的依赖性持续增强。国家关键信息基础设施已成为经济社会发展的"神经中枢"，其安全稳定运行是保障人民群众正常生产生活的基础和前提。近年来，针对关键信息基

---

① 中国互联网络信息中心. 第51次中国互联网络发展状况统计报告［EB/OL］.（2023-03-23）［2024-09-19］. https://www.100ec.cn/detail--6625554.html.

础设施的网络攻击时有发生,给国家安全和经济社会稳定运行带来重大危害。

相对信息技术的快速发展和广泛应用,我国网络安全整体防护能力还不强,基础信息技术水平较为薄弱,特别是在用的核心芯片、操作系统、数据库等基础软硬件大部分采用国外产品,埋下重大安全隐患。信息产品的"后门"、漏洞一旦被用于网络攻击,就可能产生重大网络安全事件,它将带来金融紊乱、供电中断、交通瘫痪等后果,经济社会安全乃至国家安全将受到严重威胁。

网络违法犯罪给公共利益带来重大危害。计算机病毒、木马等在网络空间传播蔓延,网络欺诈、黑客攻击、侵犯知识产权、滥用个人信息等不法行为大量存在,一些组织肆意窃取用户信息、交易数据、位置信息以及企业商业秘密,这严重损害国家、企业和个人利益,影响社会和谐稳定。网络金融诈骗等犯罪活动使网民蒙受经济损失。

案例——泄私愤引发的黑客攻击

2014年8月1日晚,浙江温州15.98万有线电视用户遭受黑客攻击,电视屏幕出现大量非法图文信息。抢修期间,46.5万用户无法正常收看有线电视达5个多小时。经查,此情况是北京某信息技术公司某技术人员出于个人泄愤,对温州中广有线电视网络实施破坏所致。经法院审理认定,该技术人员犯破坏计算机系统罪和诬告陷害罪,判处有期徒刑12年,剥夺政治权利2年。

黑客将反动信息通过技术手段直接植入用户机顶盒,这是针对有线电视网络的新型攻击方式,此前从未出现过,其传播范围更广,社会危害性更大。《国家安全法》第二十五条规定,"防范、制止和依法惩治网络攻击、网络入侵、网络窃密、散布违法有害信息等网络违法犯罪行为"。网络攻击,危害国家安全,违法必被究,情节严重的将被追究刑事责任。

第二节 数字交往空间的潜在风险

一、数字交往风险

1. 数字空间中的个人权利异常

数字空间中个人权利所涉及的数字风险主要来自两大领域,即数字自由和数字隐私权。数字自由的销蚀或者过度扩张都是自由的非正常状态,是随时会爆发的数字风险。贝克（Becker）在其遗著《世界的变形》中提出，风险全球化蜕变的一个重要体现是美国棱镜计划所暴露的"数字自由风险"。棱镜计划掀开了世界风险社会新篇章。关于数字自由风险的讨论并不是传统上由像切尔诺贝利核电站那样的灾难所引发的，而是由斯诺登（Snoddon）引发的，他揭露了西方世界保护自由和数据的预期与现实政策的鲜明反差。数字领域隐形霸权控制的灾难性后果堪比核灾难。[①]

数字自由被美国实施的泛滥的全球监控严重侵蚀，是数字自由风险的一个方面。监控越是全方位，公众越无法感知，数字监控就是近在咫尺而又看不见的灾难。风险的另一面则是美国长期鼓吹的所谓"网络自由"所诱发的挑战。自由是相对的，数字自由是数字空间使用者的基本权利，但是毫无拘束的无限度的自由将带来无穷的风险。所谓"网络自由"从表面上看似乎要为各国公众争取不受政府制约的言论和集会等自由权利，但实质是要让政府放开网络的闸口，给西方从事"颜色革命"的大军以长驱直入的便利。呼吁取消政府监管审查的声音表面上看是在为自由和人权呐喊，实质是要将自由凌驾于一切，无视秩序、发展和安全。绝对的数字自由带来的是干涉、意识形态渗透、谣言、犯罪、舆论混乱和政治动荡。以新冠疫情为例，很难想象一个国家的公众若以自由为名拒绝电子查验和疫苗证书、拒绝数字轨迹追踪，疫情将会失控到何种地步。

数字隐私权的异常是指隐私权被侵害，这虽然是关于个人的数字风险，但如果波及范围广，就变成国家甚至全球的数字风险。网络用户在互联网上留下的痕迹及其个人信息，如个人金融账户和电子邮件通信内容，都可能被获取和使用，用于达到不当甚至是不可告人的目的，为个人隐私信息加密是互联网发展和治理的要求。但是，在数字隐私与打击犯罪和维护国家安全之间存在某些矛盾之处，一些执法和安全行动势必要牺牲一些个人隐私以获得犯罪证据。个人的上网记录或者网络通信内容以及其他个人信息，即数字指纹，都有可能被搜集甚至被出售给商业实体。

数字隐私权涉及数字信任问题。移动设备、手机App、监控设备、定位技术和人脸识别技术等使人们的信息和数据被多种主体搜集和利用，而数字社会的人们并不能像在传统社会那样了解这些被搜集的信息由谁掌控、如何使用和用到何处，大数据分析、数字技术和应用让人们常常无法在信息披露和不披露之间做出选择，这种权利正在丧失。由此，数字世界的信任面临坍塌的风险。看似信息和数据被合法使用的地方，有可能正在发生隐蔽的不道德的侵权。尽管一些局部性的规范正在尝试管理这样的问题，但是信任危机很难在短期内消除。原本只展示给自己信任的人的信息成了事实上的公开信息，在人们不知情的情况下，个人信息可能已经被共享了很长时间，并且被

[①] 薛晓源，刘兴华. 数字全球化、数字风险与全球数字治理[J]. 东北亚论坛，2022（3）：3-18，127.

不可预知地用于大数据分析，生产各种"推断数据"。数据公开化运动增加了大数据应用于不可信赖、非价值中立的活动的可能性，这类活动将导致社会不公平问题更加突出。

除此之外，还有一些数字治理问题值得关注，比如算法的透明度问题。算法在制定和运作过程中可能损害某些群体的利益，算法过于公开透明，可能导致商业保密和知识产权问题，透明度水平缺乏科学测量标准和监管，也会导致算法被恶意利用。另外，算法之下未成年人权利保护问题和数据歧视问题也值得关注。

2. 网民网络安全事件发生状况

如图 10-1 所示，截至 2022 年 12 月，65.9% 的网民表示过去半年在上网过程中未遭遇过网络安全问题，较 2021 年 12 月提升 3.9 个百分点。在遭遇过网络安全问题的被调查者中，遭遇个人信息泄露的网民比例最高，为 19.6%；遭遇网络诈骗的网民比例为 16.4%；遭遇设备中病毒或木马的网民比例为 9.0%；遭遇账号或密码被盗的网民比例为 5.6%。

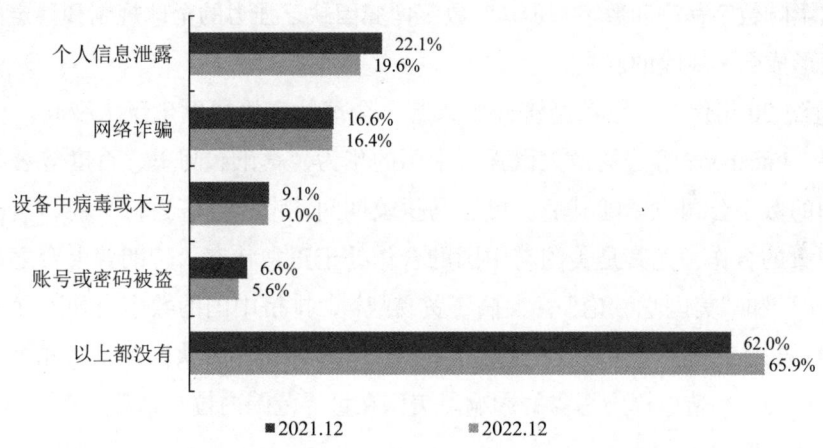

图 10-1　网民遭遇各类网络安全问题的比例

通过对遭遇网络诈骗的网民的进一步调查发现，2022 年，网民遭遇网络购物诈骗、网络兼职诈骗和利用虚假招工信息诈骗的比例均有所下降。其中，遭遇网络购物诈骗的比例为 33.9%，较 2021 年 12 月下降 1.4 个百分点；遭遇网络兼职诈骗的比例为 27.9%，较 2021 年 12 月下降 0.7 个百分点；遭遇利用虚假招工信息诈骗的比例为 19.5%，较 2021 年 12 月下降 0.3 个百分点（见图 10-2）。

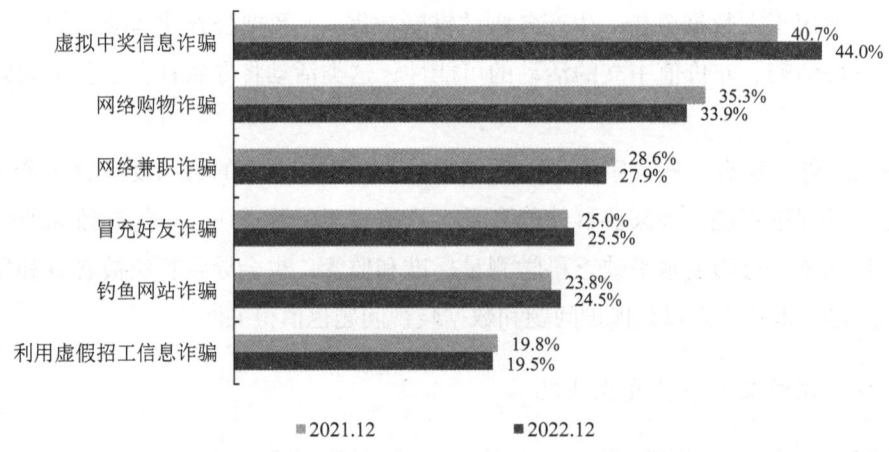

图 10-2 网民遭遇各类网络诈骗问题的比例

3. 国家间数字权力角力

国家间数字权力角力是数字全球化进程中的系统性风险,数字博弈、数字冷战和数字霸权影响数字秩序和数字发展。[①] 数字博弈因缺乏强力的全球规制和稳定的大国关系环境而形成数字风险的旋涡。

20 世纪 90 年代末,数字经济开始兴起,全球数字格局发生巨大变化。美国的微软、苹果、Facebook 等公司做大做强,中国的华为、腾讯、阿里、百度等公司迅速崛起,欧洲的数字公司也紧随其后。奥巴马执政期间,世界经济运行平稳,美国和世界上其他国家的合作,尤其是美国与中国的合作处于正常状态。特朗普上台之后,鼓吹"美国优先"和"美国吃亏论",大搞"贸易战",排挤中国的数字公司,尤其是打压华为的 5G 技术。美国以国家安全为由,动用"长臂管辖",伙同加拿大扣押华为财务总管孟晚舟女士,造成极为恶劣的影响。美国在世界范围内拉帮结派,破坏华为 5G 技术在欧洲的拓展。

数字博弈不只发生在中美之间。2019 年,日本因"强征劳工"案将韩国移出出口优待"白名单",禁止向韩国出口半导体产业的关键原材料,日韩的数字博弈促使韩国转向包括中国在内的其他数字产业原材料市场,调整对外数字战略,提升数字发展的独立性。可见,政治环境的变化是激化数字博弈的重要因素,数字博弈成为对外政策的筹码和工具。欧洲高等商学院的《2021 数字崛起者报告》提出,2018 年至 2020 年,中国、越南和沙特阿拉伯等国是全球数字崛起速度最快的国家,其中中国是 20 国集团中数字竞争力崛起最快的国家。而印度、日本和德国是 20 国集团中数字竞争力下降幅

---

① 薛晓源,刘兴华.数字全球化、数字风险与全球数字治理[J].东北亚论坛,2022(3):3-18,127.

度最大的国家。该报告采用两大指标体系：数字生态系统（风投充裕程度、创业成本、创业耗时、雇用外国劳动力的便利程度、毕业生的技能水准）和数字观念模式（职业人口的数字技能、在创业风险问题上的态度、劳动人口的多样性、移动互联网和宽带使用度、对颠覆式观点的包容度）。报告指出，与中国形成鲜明对比的，是美国在数字领域竞争力持续下滑。政府对数字议程的支持将大幅度推动数字领域的进步，中国在这方面是全球首屈一指的范例。

数字竞争力的变化是大国关系转变的一个缩影和信号。未来世界大国的实力较量将聚焦数字权力，算力、科技力、数字规则领导力、数字话语力都是大国综合国力要素中越来越引人瞩目的组成部分。此外，数字巨头在产业和金融体量上已可以和中等强国匹敌，苹果市值已突破3万亿美元。数字公司之间司空见惯的博弈，数字公司与主权国家的博弈都已经悄然拉开序幕。一旦数字巨头具有某种政治倾向，将深刻影响国内政治和世界政治。数字霸权是充斥遏制和胁迫行为的数字风险。美国执迷于永久霸权的幻想，在数字领域同样如此。美国利用超强的数字权力资源优势，尤其是数字技术优势，压制其他国家对信息的开发利用，并加强本国价值观和意识形态的输出。

在关键数字领域，美国正在为此进行战略规划。比如美国的人工智能战略就试图构建超前的战略布局，美国重视其在军事领域的应用，以中国为竞争对手，巩固和维持其数字霸权。数字全球化为各国共同感受、分享、受益，任何国家都有权利用数字全球化的机遇实现发展。但是美国对数字世界中新崛起的国家不断排挤、遏制，为了维护自身在数字技术、数字产业、数字规则和话语权等方面的霸主地位，它不惜随意将中美双边贸易、科技合作和人文交流"安全化"，试图阻止高技术成果、产品、工艺和零部件流向中国。美国动辄封杀制裁，将中国的高科技公司列入实体清单，通过泛安全化的做法打压中国公司，其中大部分是与数字科技相关的公司。美国信奉数字霸权理念者试图扼杀具有挑战能力的新兴大国，由此引发数字战、科技战。

数字霸权成为突出的安全风险，美国是数字全球化的危机源头之一。数字霸权影响了美国国内数字产业的发展和数字基础设施建设，美国最终也将无法抵挡数字全球化的大趋势。数字冷战是具有高烈度对抗性特征的数字风险。2020年，时任美国国务卿蓬佩奥推出"清洁网络计划"，要求在运营商、应用商店、应用程序、云服务、海底光缆、5G六个核心领域全面排除异己，逼迫西方网信运营商和中国脱钩，用心险恶地将冷战氛围引入数字领域。"清洁网络计划"基于技术来源方的身份对其他国家进行识别判定，带有严重的意识形态偏见，违背产业规律，扰乱全球产业链。这是美国维护和推行数字霸权的手段，是借安全之名设置的非关税壁垒。它凭借想象力制造敌人，以丛林法则为行事指南，大搞意识形态对立，企图在数字领域孤立中国。在数字技术全球拓展和数字多元化发展的大潮下，数字霸权地位对美国来说是一个越来越无法单独实现的战略目标。因此美国拉拢西方盟友，刻意制造对峙氛围，渲染中俄数字威胁，并以意识形态为基准给国家数字发展道路"贴标签"，大肆炒作"民主"和"民主国家"概念，将盟友拉进数字对峙的旋涡，逼迫他们在中美之间选边站，并与盟友一起实施干涉、恐吓、制裁和遏制的行动。拜登政府还着手建立所谓的"民主国家"科技联盟，试图以集团化的对抗举措打击中国的高科技产业。

数字冷战就是这样以意识形态对立和数字遏制为特征，被美国发展为不合时宜的战略手段。面对数字冷战导致数字失序的危险局面，中国提出《全球数据安全倡议》，倡导国际社会抓住数字机遇，共谋合作发展，共同致力于构建基于对话交流、合作共享和原则规范的网络空间命运共同体。

二、青少年数字交往风险研判

1. 青少年网络成瘾初现，危害心理健康

我国未成年网民工作日平均每天上网时长在 2 小时以上的为 11.5%，节假日平均上网时长在 5 小时以上的为 12.2%。① 但是互联网并不总是一个对儿童友好的环境，许多儿童已经暴露在潜在的危害中。英国的一项研究显示，在接受调查的 12—15 岁青少年中，超过一半的人表示他们在网上有过负面经历。② 在手机上，这些经历中最常见的是"被一个你不认识的人在网上联系，他想成为你的朋友"（有 30% 的人提到），很大一部分人看到过可怕或令人不安的事情（18%），或者看到过让他们感到不舒服的性内容（17%）。儿童也遇到过欺凌。1/4 的 8—11 岁儿童和 1/3 的 12—15 岁儿童表示他们个人在网上或网下受到过欺凌。年龄较大的孩子更有可能在社交媒体和信息应用程序中遭受欺凌，而年龄较小的孩子更有可能在网上玩游戏时受到欺凌。大多数孩子会告诉别人他们在网上看到了"令人担忧或令人讨厌的"事情。年龄较大的孩子有可能告诉朋友，而年龄较小的孩子更有可能告诉老师。

韩国大邱天主教大学医学院精神病学系吴京秀、奉秀贤、崔泰英、金俊元进行了一项关于青少年智能手机使用时间和心理健康的相关性调查。该调查的目标人群是韩国全国范围内具有代表性的 12—18 岁的初中和高中学生。每年都有来自 400 所抽样初

---

① 共青团中央维护青少年权益部，中国互联网络信息中心.2020 年全国未成年人互联网使用情况研究报告［EB/OL］.（2021-07-23）［2024-01-18］. https://pic.cyol.com/img/20210720/img_960114c132531c521023e29b6c223e438461.pdf.

② VICTORIA R, ALANNA P, SUPREET M, et al.The Common Sense Census：Media Use by Tweens and Teens, 2021［EB/OL］.（2022-03-09）［2024-01-18］. https://www.commonsensemedia.org/research/the-common-sense-census-media-use-by-tweens-and-teens-2021.

中和 400 所高中的大约 75,000 名学生参加调查。学生们在学校的计算机实验室中匿名完成问卷。在 800 所学校的 64,991 名潜在受访者中，799 所学校的 62,276 名学生参加了调查，参与率为 95.8%。

该研究是根据智能手机的使用目的，确定智能手机屏幕时间与心理健康之间的联系。该研究考察了韩国青少年在工作日使用智能手机的屏幕时间，当智能手机屏幕时间大于 4 小时，研究对象的压力感知、睡眠不满、抑郁、自杀意念、自杀计划和自杀史方面的风险都有所增加。这意味着，一周内以社交为目的的智能手机使用少于 4 小时并不增加心理健康风险，即使这超过了每天 2 小时的常规屏幕时间准则。然而，当一周内以非社交为目的智能手机使用平均屏幕时间为 2 小时或以上时，心理健康就会恶化。[①]

2. 面临不健康网络内容骚扰，缺乏有效沟通

调研报告显示，1/3 青少年在网络上遇到过色情信息骚扰，遭遇场景包括社交软件、网络社区和短视频等；他们遇到的网络诈骗信息比例为 35.76%；而遇到网络欺凌的青少年比例最高，达 71.11%，其中以网络嘲笑和讽刺、辱骂或者用带有侮辱性的词汇的形式比例最高，其余表现形式还有恶意图片或者动态图、语言或者文字上的恐吓等，遭遇场景多样化，包括社交软件、网络社区、短视频和新闻评论区等。

根据调研报告，不管是面对色情信息、诈骗，还是网络欺凌、网络骚扰，"当作没看见，不理会"是青少年最常用的应对方式，占比分别高达 76.43%、68.12%、60.17%、63.74%。但引发关注的是，青少年虽不理会，但也不愿"告诉父母"，沟通比例最高的是诈骗风险，达到 15%，而他们面对网络欺凌和网络色情信息风险时与父母沟通的比例均不足 10%。相比之下，他们更愿意与同学或朋友进行沟通。

三、元宇宙中的数字风险

1. 网络信息安全风险

元宇宙构成因素包括技术、设备、用户和数据，它形成一个复杂的数字系统。这个系统存在诸多网络信息安全问题。元宇宙带来技术创新、体验升级的同时，也带来负面影响。高度发达的人工智能可能消解人的主观性和意志。数字孪生虚拟"造物"无法完全还原真实环境，对其过度依赖将导致决策失误，造成严重后果。量子计算甚

[①] KYUNG S W, SU H B, TAE Y C, et al. Mental Health, Smartphone Use Type, and Screen Time Among Adolescents in South Korea [J]. Psychol Res Behav Manag, 2021（14）：1419-1428.

至可以轻松破解元宇宙加密系统，入侵将变得更加简单。奠定和构造元宇宙大厦的众多设备成为风险集中点。一方面，设备漏洞无法避免，客观风险始终存在；另一方面，任何设备出现漏洞都将带来广泛而深远的影响，这些影响包括设备遭遇障碍，系统瘫痪，甚至用户会遭受物理伤害。人在元宇宙中的实践活动产生大量数据，数据的收集和利用将无处不在，这会带来数据泄露、隐私侵犯等信息安全风险。趋势科技报告称，隐私在元宇宙中将被重新定义，它将可能不存在。①

2. 数字化虚幻和资产泡沫

元宇宙支持的数字交易和数字资产催生了通胀和泡沫。国外数字藏品拍卖火爆一时，包括艺术画作、奢侈品、房地产等成为元宇宙的"新宠"。纯虚拟作品《每一天：前5,000天》在元宇宙概念的助推下被拍出近7,000万美元。元宇宙中的虚拟房地产更是形成了一条虚拟产业链，炒房开始"由实入虚"。各式各样的元宇宙商标如雨后春笋般涌现，八竿子打不着的白酒、奶茶、家具等行业纷纷蹭热度，更有甚者会新瓶装旧酒戴上元宇宙光环骗取投资割"韭菜"。更具风险的是，NFT作为元宇宙产品和服务价值的承载，它使得数字内容生产和消费得以实现。但"万物都NFT"将进一步推动数字产物膨胀，衍生出更多虚拟资产，进一步放大泡沫风险。NonFungible报告显示，2021年全球NFT市场交易量达百亿美元，销售量超两千万枚，交易账号超过百万。元宇宙资产泡沫已经显现，我们需警惕元宇宙数字市场被杀成一片"红海"。

3. 去中心化金融风险

元宇宙创造的数字经济系统依赖去中心化的金融体系，存在较大金融风险。NFT的金融属性给实体金融以及元宇宙经济系统带来挑战。美国、韩国等金融监管部门相继提示NFT存在洗钱、欺诈、恐怖融资等风险，我国也对此发布了风险警示倡议。NFT如果得不到有效监管将干扰正常金融秩序，产生系统性风险。在元宇宙中，加密货币将成为经济流通媒介，智能合约将主导交易体系。加密货币的流通必将对虚拟和现实金融系统构成挑战，可能与法定货币"脱钩"，采用何种加密货币以及如何监管将是难题。目前，全球对加密货币还未达成统一共识，部分国家采取禁止措施，部分国家限制使用。另外，基于智能合约的DeFi（Decentralized Finance，去中心化金融或开放式金融）作为元宇宙中的金融服务存在诸多风险。国际货币基金组织、世界经济论坛、多国央行认为DeFi威胁金融稳定，除了前述NFT风险，技术不成熟、区块链运营错误、智能合约被修改等问题也都存在。

---

① 袁卫平. 元宇宙繁荣下莫忘数字安全［J］. 中国电信业，2022（9）：30-34.

4. 内容安全面临重大挑战

元宇宙的虚拟性与互联网无本质区别，虚假信息、仇恨言论、网络暴力、恐怖主义、极端思想、不良文化将转移到元宇宙这一空间并被放大和延伸。元宇宙让虚拟"现实主义"找到了绝佳的土壤，虚实合一、3D互动营造了充实的现实感，人性的贪婪和欲望被放大了。网络乱象将以动态、立体的方式呈现，更多不良行为和犯罪活动将会被诱发。学者指出，元宇宙或将为恐怖主义提供新的发育土壤，数字历史虚无主义、数字民粹主义和极端主义可能会冲击意识形态安全。

5. 虚拟世界强化带来数字成瘾

数字成瘾正成为互联网社交的一大弊端，元宇宙将加剧数字成瘾。元宇宙提供的丰富、立体的虚拟现实更具吸引力，虚拟互动更激烈、更刺激，它甚至传导连通大脑感知，让用户迷失其中而无法自拔。有调查显示，VR游戏成瘾性比传统2D游戏高44%。[1]元宇宙在购物、旅游、社交、娱乐等领域的应用将增强数字成瘾性。人工智能、推荐算法等技术帮助在元宇宙中创造许多现实生活中不存在的事物和场景，它能精准定位和围猎用户兴趣爱好，产生封闭虚拟环境，增加人们对元宇宙的依赖性。更有甚者，不法分子可能通过技术制造带有成瘾性的"数字毒品"。青少年由于自制力不强，更容易沉迷元宇宙，其行为、情感和意识有可能被不良思想支配，数字成瘾危害青少年身心健康。

第三节 数字交往安全治理

数字治理是多主体共同参与的过程。全球化和新数字技术使多主体互动和多议题融合（如电信—贸易—文化）成为数字时代的常态，治理所需的协调网络涉及国家、网络巨头、互联网提供商以及国际组织等。在数字交往安全治理过程中，政府依然应当扮演主导角色，数字公司既是治理参与者也是治理的对象。数字交往安全问题涉及国际社会和国内社会的多个问题领域，包括经济发展、政治建设、社会伦理、公众舆论、数据流动和规则制定等。[2]

---

[1] 袁卫平.元宇宙繁荣下莫忘数字安全［J］.中国电信业，2022（9）：30-34.
[2] 薛晓源，刘兴华.数字全球化、数字风险与全球数字治理［J］.东北亚论坛，2022（3）：3-18，127.

一、数字经济

　　数字产品和数字服务是数字经济的主要内容,数字经济活动时刻伴随着数字交往。数字经济的发展涉及数字生产、数字贸易、数字交易、数字信用、数字支付、数字融资、数字物流和数字知识产权保护等新议题。

　　数字经济已成为占发达国家经济总量超过一半、占发展中国家经济总量四成的具有巨大潜力的新经济形态,它是新冠疫情下全球经济复苏和增长的主要动力,也是国家发展模式转型的重要依托。发展中国家和发达国家之间的数字发展鸿沟说到底还是要依靠发展数字经济加以弥合,迎接和融入经贸活动的数字化浪潮可以带动发展中国家数字基础设施建设,提高数字化普及率。二十国集团多次峰会就数字经济问题发出治理倡议,尤其关注全球数字鸿沟和数字贸易规则问题。《数字经济伙伴关系协定》(DEPA)建立了数字贸易、数字身份、数字产品、数字隐私和数字安全等问题的规则体系。

　　数字经济治理体系的建构将使国家间数字博弈在规制下开展,不至于演变为混乱无序的数字争夺,也将减轻数字霸权和数字冷战给全球数字活动带来的负面后果,对数字霸权国形成制约。数字经济的创新机制和创新形式将有助于完善数字经济治理结构。中国互联网金融协会与世界银行联合筹建了全球数字金融中心,发展中国家的金融发展及与发达国家的金融交流将受益于该机构的全球金融治理行动,这对于缩小数字金融鸿沟具有重要意义。中国、日本和加拿大等国已经开始了由央行主导的国家数字货币的开发。中国的数字人民币已经领先全球,这对拉动数字交易增长、增加数字监管渠道和提升中国参与全球数字金融标准制定,都有重大意义。未来一旦数字货币实践在各国取得突破,将带动新的双边和多边数字货币合作浪潮,这有助于应对数字霸权,构建均衡的数字货币体系。

　　数字技术还导致传统产业和贸易在采购、生产、交易、仓储物流和融资等环节发生变革,为产业升级提供有利条件,提高效率,降低风险,扩大进入全球商业空间的机会,产业链、供应链和价值链也将被重塑。在数字经济中,数字税问题争议颇大。长期以来,数字巨头(尤其是美国的社交媒体和搜索引擎)跨越国界在全球范围经营,获得巨额利润,但是却因公司所在地不在用户所在国的国土范围内而避开了征税,在用户体量日益巨大时,这种虚拟的经济活动就会侵害经营活动所在国的税收权益,并且数字巨头可以借此积累更高的利润,形成全球数字垄断。欧盟极力主张应当对跨国数字巨头征税,而拥有众多全球数字科技公司的美国显然不愿看到这样的结果。

二、数字政府

数字政府建设的依托是信息和通信技术,尤其是互联网,它的目的是提升政府的公信力、数字全球化、数字风险与全球数字治理效能和可预测性,形成政府与社会的良性互动关系。

英国政府提出打造数字政府,新加坡政府致力于建设"智慧国",马来西亚提出"马来西亚数字"计划。中国从中央到地方都在开展数字政府建设,利用人工智能和大数据建设网络服务平台来完成一站式政务服务和便民服务,打通信息数据节点,强化信息共享和信息发布,建设政务微博等贴近公众的平台,进行市场监管和异常企业监测,以此提升国家治理、社会管理和公共服务水平,打造"数字中国"。

政府是数字发展议程的缔造者和引领者,各国数字政府建设将提升全球数字化水平,使政府能够综合运用各种手段应对多种数字风险,使公众享受数字发展的福祉,也使各国能够互相借鉴,共同谋划数字合作。对于发展中国家来说,数字政府建设应成为数字治理的重中之重,这不仅是应对风险的前提,也是提升国家数字治理能力、缩小与发达国家数字鸿沟的前提。在没有世界政府的数字交往空间中,数字政府为全球政务的互联互通奠定了基础,国家与国家之间,国家与国际组织之间,甚至国家与外国公众之间,可以在数字政府网络之中寻找沟通对话的数字化渠道。面对日益多样化的新安全挑战,尤其是蔓延于数字空间的风险和危机,数字政府建设将有效提升国家的治理能力,并为全球响应、全球联动和全球集体行动提供政府间联络的架构基础。

三、数字伦理

数字伦理是一个全新的治理领域,由于全球范围内缺乏数字治理制度和国际法,数字伦理还处于倡议阶段。数字空间中的数字安全,以及数字自由和数字隐私权等权利涉及道德标准、权利边界、主权规范,数字伦理的健全和发展需要借助数字治理的过程。

在互联网出现后,长期以来人们对网络冲突和网络战有着较多的关注,但即便在这一领域,也是众说纷纭。人们对网络冲突和网络战这样的概念都有诸多解释,更不用说关于它们的伦理道德。当今世界不存在任何关于网络安全的统一伦理道德协议,甚至关于道德概念本身也存在很多不同理解(这些可以归类为"民间道德"),这些理解有些可能是错误的,或者相互冲突的。不过值得庆幸的是,国际社会开始出现援引国际法用于管控网络冲突和网络战的尝试,在国际社会制定统一网络规范意愿不强的情况下，这是值得肯定的进步。

除了战争和冲突，社会层面的跨国和国内挑战已与数字技术紧密联系在一起，系统性的数字伦理架构也需要建立。人工智能伦理需要界定人与智能机器的关系、深度学习和人类智慧的关系、智能应用与数字安全的关系，我们应为人工智能开发设定伦理限度，使之服务于人类福祉而不是侵蚀人类的自由权利、价值观和规范。

大数据伦理则需要规定数据分析与知情权、隐私权和数据处理权的关系，安全议程下的数据采集处理与公民数字基本权利的关系，以及数据跨国化趋势下的数据搜集使用与数据主权、数据所有权的关系。

四、数字舆论

数字交往天生就与数字舆论紧密联系在一起，数字媒介、数字内容、数字传播、数字舆论和意识形态在社交媒体和数字技术的影响下发生了深刻变化。与数字舆论相关的事务已经成为国家生活和综合国力的重要因素。韩国是一个典型例子，它非常重视数字内容产业、数字娱乐、数字传播对国家综合国力提升的作用。国内数字舆论的国际化和数字政治化趋势十分明显，"黑人的命也是命"运动在数字空间迅速扩散到美国以外的许多国家。

同时，我们也要高度警惕其他国家和其他势力借由数字化工具和平台对本国进行意识形态渗透与舆论干涉，更要警惕隐蔽在数字空间角落的从事"颜色革命"的团体组织和个人。网络空间中的谣言和极端言论所导致的舆情危机、网络民族主义引发的网络舆论动荡和网络宗教仇恨所催生的舆论对峙是数字舆论治理中的棘手而敏感的问题，它既可能滋生于国内数字舆论空间，也可能有国际根源或带来国际后果。政府需要开展审慎的舆论管理，并从经济社会发展、机制创新和文化建构的视角进行系统性防范，降低此类复杂舆论问题升级为数字极化的社会危机的可能性。

从全球范围来看，舆论话语权不均衡的问题依然十分突出，全球数字空间中舆论炒作压倒事实、拥有强势话语权的国家责难他国、以舆论联盟形式向政治体制不同的国家施压等问题困扰着舆论弱势的国家，个别数字巨头凭借其拥有的大用户体量的媒体平台形成局部舆论市场的数字垄断。国际机构、各国政府和数字平台都应肩负起数字舆论治理的责任，全球对话和协作治理势在必行。此外，数字舆论治理还要求增强公民的数字素养、数字技能和数字意识，为全民数字化、国家数字化和数字全球化做好准备。

五、跨境数据流动

欧盟在个人数据保护方面走在世界前列，已与美国达成关于公民个人隐私和数据安全方面的协议。涉及个人隐私权的跨境数据流动只要形成规模，还会成为影响国家安全甚至全球安全的风险点。

欧盟的《一般数据保护条例》已成为欧洲乃至全球数据保护的重要规则。中国正在制定的网络数据安全管理条例对"数据出海"涉国家安全的情形作出了明确规定，掌握重要数据的互联网平台在合并、重组或分立时如涉及国家安全则必须受网络安全审查，数据处理者掌握用户信息量达百万人以上的，如要在国外上市或者在中国香港上市并涉及国家安全时，也需要接受相关审查。数据安全和数据主权是新时期的重要安全议题，尽管各地区和各国在数据政策上有较大差异，但在维护数据正常流动和维护国家数据权益方面，国际社会仍有很多相向而行的机会。跨境数据流动的治理不仅关涉国家主权、信息安全、个人隐私，还关系舆论安全和社会稳定，国家政策、地区政策和全球治理目标将在碰撞互动中不断调适，逐渐形成可通约的数据治理规范体系。

六、数字规则

网络黑客、"网络恐怖主义"、网络欺诈、网络走私、网络洗钱和网络反政府运动等跨国和国内数字挑战都是影响数字交往秩序的安全问题，各国政府需要制定国内层面的法律法规和治理政策，打击违法犯罪行为，并与其他国家和国际组织开展合作，共同制定国际数字规则，应对数字化时代网络失序和网络犯罪跨国蔓延的问题。

数字博弈、数字霸权和数字冷战所反映的国家权力、国家利益和国家战略野心凌驾于其他国家权益之上的问题也需要通过建立数字规则体系加以应对，只有数字规则才能防止全球数字领域陷入混乱无序状态。全球性的规则体系还遥遥无期，目前进展较快的是区域性和国家内部的规则体系建构。欧盟正在打造单一数字市场，建立欧盟数字化标准和共同规范，维护欧洲范围内的数字秩序。中国已经形成基于《网络安全法》《数据安全法》《个人信息保护法》的数字规则体系。这些区域性和国家内部的规则塑造实践将有助于各国抵御数字风险，并在此基础上形成基于规则的全球共同体。

数字规则的实施和数字秩序的维护需要数字人才，从社区治理到城市治理，再到国家治理、地区治理和全球治理，需要有数字人才队伍作为后盾，他们应当熟知数字管理、信息运营和安全维护、参与政府决策和信息化建设的知识。数字治理的目标是实现数字世界的公平性、非歧视性、非霸权性、开放性、高效性，在维护国家数字利益的同时增进全球数字福祉。

数字治理的重要目标是提升发展中国家尤其是最不发达国家的数字化水平和数字治理能力，缩小全球数字鸿沟。数字治理应当建设一个有管理的自由开放的数字体系，通过应用各种新数字技术手段提升治理能力和治理效力，建立良性循环的政府、企业与公众的互动关系以及国家与国家、国家与国际社会的互动关系。

全球数字福祉的实现不能一蹴而就，应当从局部性进展逐步迈向全球性进展。全球数字治理无法在短期内达成全球协议和全球规范，但是它可以通过局部的双边和多边行动积累经验和合作基础，创造局部的数字福祉。比如，《数字经济伙伴关系协定》对推动全球数字经济合作具有重要的意义，但是只有较少国家参加，代表着局部性的努力。《全面与进步跨太平洋伙伴关系协定》（CPTPP）条款涉及电子商务中数字产品的非歧视待遇、电子认证和签名、在线消费者权益和个人信息保护，以及电信服务及监管等;《区域全面经济伙伴关系协定》（RCEP）中电子商务方面的条款涉及电子认证和签名、在线消费者权益和个人信息保护、电子商务的非应邀商业电子信息管理和跨境信息传输等。这两个自贸协议在数字贸易方面都制定了相关规则，反映了亚太地区的努力。推动数字贸易便利化和全球数字经济治理尚需各国和各地区通力协作。全球加密货币的治理尚无统一标准，但美国司法部的加密货币执行小组从司法角度出发制订应对利用加密货币从事违法犯罪活动的行为的规则。中国和阿拉伯国家联盟签订了《中阿数据安全合作倡议》，这既表明了支持多边主义的立场，又增进了应对数据风险和构建数据规范的共识。中国与老挝、沙特阿拉伯等国共同发起了《"一带一路"数字经济国际合作倡议》，数字丝绸之路的建设使共建国的数字经济获得新发展契机，促进了跨境电子商务的发展，在量子计算和人工智能等数字技术领域开展了卓有成效的合作，相关国家的数字化水平提升了。局部福祉不断累积，最终汇集成全球福祉，这是数字全球化时代全球数字治理切实可行的道路。

课堂讨论

数字交往空间最大的潜在风险是什么，应当如何识别与规避？

如何看待数字交往安全治理及数字开放与自由？

思考题

1. 什么是总体国家安全观？
2. 什么是数字交往空间安全？
3. 数字交往安全治理涉及哪些具体议题？

参考文献

[1] 阿尔文·托夫勒.第三次浪潮[M].黄明坚,译.北京:中信出版社,2018.

[2] 兰德尔·柯林斯.互动仪式链[M].林聚任,王鹏,宋丽君,译.北京:商务印书馆,2021.

[3] 马修·萨尔加尼克.计算社会学:数据时代的社会研究[M].赵红梅,赵婷,译.北京:中信出版集团,2019.

[4] 曼纽尔·卡斯特.网络社会:跨文化的视角[M].周凯,译.北京:社会科学文献出版社,2009.

[5] 迈克尔·加扎尼加.人类的荣耀:是什么让我们独一无二[M].彭雅伦,译.北京:北京联合出版公司,2016.

[6] 尼尔·波斯曼.技术垄断:文化向技术投降[M].何道宽,译.北京:中信出版集团,2019.

[7] 尼古拉·尼葛洛庞蒂.数字化生存[M].胡泳,范海燕,译.北京:电子工业出版社,2021.

[8] 帕维卡·谢尔顿.社交媒体:原理与应用[M].张振维,译.上海:复旦大学出版社,2018.

[9] 汤姆·斯丹迪奇.社交媒体简史:从莎草纸到互联网[M].林华,译.北京:中信出版社,2019.

[10] 吴洁.数字人类的起源:1964-2001[M].上海:同济大学出版社,2016.

[11] 西蒙·林德格伦.数字媒体与社会[M].王蕾,译.北京:中国传媒大学出版社,2022.

[12] 许小可,胡海波,张伦,等.社交网络上的计算传播学[M].北京:高等教育出版社,2015.

[13] 雪莉·特克尔.群体性孤独:为什么我们对科技期待更多,对彼此却不能更亲密?[M].周逵,刘菁荆,译.杭州:浙江人民出版社,2014.

[14] 扬·盖尔.交往与空间[M].何人可,译.北京:中国建筑工业出版社,

2002.

［15］余歌.社交货币：移动社交时代的商业变现之路［M］.北京：人民邮电出版社，2017.

［16］中共中央马克思恩格斯列宁斯大林著作编译局.马克思恩格斯选集（第1卷）［M］.北京：人民出版社，1995.

［17］《总体国家安全观干部读本》编委会.总体国家安全观干部读本［M］.北京：人民出版社，2016.